# 质量管理学

邓富民　唐建民　梁学栋　主编

科学出版社

北　京

## 内 容 简 介

本书的主要内容包括质量管理概论、全面质量管理、质量管理体系、质量策划、质量控制、质量改进、质量检验、可靠性、工序能力、质量功能展开、质量经济与成本分析、六西格玛管理、质量管理老七种工具和质量管理新七种工具等。本书力求全面系统地向学生介绍质量管理知识，有重点地介绍质量管理的基本方法和工具。

本书可作为高等学校相关专业本科生和研究生的教材，也可供管理人员及技术人员参考。

图书在版编目（CIP）数据

质量管理学/邓富民，唐建民，梁学栋主编. —北京：科学出版社，2021.8

ISBN 978-7-03-066804-2

Ⅰ. ①质… Ⅱ. ①邓… ②唐… ③梁… Ⅲ. ①质量管理学–高等学校–教材 Ⅳ. ①F273.2

中国版本图书馆 CIP 数据核字（2020）第 220959 号

责任编辑：方小丽 / 责任校对：贾娜娜

责任印制：张 伟 / 封面设计：蓝正设计

科学出版社出版

北京东黄城根北街 16 号

邮政编码：100717

http://www.sciencep.com

北京中科印刷有限公司印刷

科学出版社发行 各地新华书店经销

*

2021 年 8 月第 一 版 开本：787×1092 1/16

2024 年 1 月第三次印刷 印张：16 1/2

字数：392 000

**定价：58.00 元**

（如有印装质量问题，我社负责调换）

# 作 者 简 介

## 邓富民

邓富民，管理学博士，教授，博士生导师，四川大学商学院院长，四川大学经济与企业发展研究所所长。担任四川省数量经济学会副会长，四川新型智库“现代产业体系发展研究智库”和“民营经济发展研究智库”首席专家，中国优选法统筹法与经济数学研究会常务理事，中国管理现代化研究会常务理事，四川省系统工程学会常务副理事长，四川省哲学社会科学重点研究基地“系统科学与企业发展研究中心”副主任；主要讲授质量管理与可靠性、工程经济学、企业战略管理等课程；主持并参与国家社会科学基金项目、省社会科学规划重大项目、国家自然科学基金项目、单位委托课题等科研项目 26 项，在《经济研究》、《管理世界》、*Industrial Marketing Management*、*Fuzzy Optimization and Decision Making* 等期刊发表学术论文 60 余篇；曾获四川省社会科学优秀成果奖一等奖 1 次（第一）、四川省社会科学优秀成果奖二等奖 2 次（第一）、四川省科学技术进步奖二等奖、中国高校人文社会科学研究优秀成果奖三等奖，2018 年 8 月获第十二批四川省学术和技术带头人；2022 年获四川省高等教育教学成果奖特等奖；2023 年获高等教育（本科）国家级教学成果奖二等奖。

## 唐建民

唐建民，四川大学商学院讲师，管理学博士。作为主研人员参加国家自然科学基金项目等多项课题研究，主持省级课题 2 项、校级课题 4 项、单位委托项目 3 项，已出版专著 1 部、教材 2 部，发表学术论文多篇，研究成果两次获国家领导人肯定性批示，参加管理咨询项目十余项，曾在大型国有企业从事管理工作三年。

## 梁学栋

梁学栋，工学博士，教授，博士研究生导师。出版《战略管理》《工程经济学（第三版）》《供应链管理》等专著及教材 8 部；主讲的供应链管理课程获国家级一流本科课程。指导学生获得“互联网+”大赛国赛金奖、“挑战杯”国赛金奖、中国工程管理案例大赛国赛一等奖等10余项。国家“区块链+教育”创新应用试点项目负责人、四川省新技术基础设施蜀信链运营负责人、《成都市智慧蓉城标准化白皮书》牵头单位（四川大学）负责人，担任四川省区块链行业协会副会长、四川省物流类专业教学指导委员会副主任委员。授权发明专利5项，实用新型专利3项，发表SCI/SSCI论文80余篇，获得省部级科研成果一等奖、二等奖各1次，四川大学“好未来教学名师奖”。主持国家区块链创新试点项目、四川省重点研发计划等项目，在“区块链+供应链”双链融合以及城市建设数字治理等方面取得了一定的工作成效。

# 前　言

习近平在党的二十大报告中指出，坚持把发展经济的着力点放在实体经济上，推进新型工业化，加快建设制造强国、质量强国、航天强国、交通强国、网络强国、数字中国。加快建设质量强国，是以习近平同志为核心的党中央对党和国家事业发展作出的重大战略决策，是在激烈的国际竞争中把握先机、赢得主动的关键。我国经济已由高速增长阶段转向高质量发展阶段，正处在转变发展方式、优化经济结构、转换增长动力的攻关期。制约我国经济高质量发展的因素有周期性、总量性的，但主要是结构性的，尤其是供给侧的结构性因素。提高供给质量是供给侧结构性改革的主攻方向，全面提高产品和服务质量是提升供给体系的中心任务。我国质量总体水平稳步提升，质量安全形势稳定向好，有力支撑了经济社会发展。同时，我国经济发展的传统优势正在减弱，实体经济结构性供需失衡矛盾和问题突出，建设质量强国是推动高质量发展、促进我国经济由大向强转变的重要举措，是满足人民美好生活需要的重要途径。

制造业是立国之本、强国之基，从根本上决定着一个国家的综合实力和国际竞争力。在经济全球化发展和市场竞争日趋激烈的背景下，质量强国是中国制造获得全球认可，满足国内人民日益增长的美好生活需要的必然要求。我国制造业经过多年高速增长，“有没有”的问题已基本解决，“好不好”的问题日益突出，主要表现在低端产品过剩、高端产品不足、供给无法精准匹配需求。无论是参与国际竞争，还是适应国内消费升级，都要求制造业加快向高质量发展转变。《中国制造 2025》提出，坚持把质量作为建设制造强国的生命线，强化企业质量主体责任，加强质量技术攻关、自主品牌培育。因此，新时代质量教育的意义显得更为重大。

编者从新时代质量教育的背景出发，在充分吸纳和参考借鉴国内外优秀质量管理教材及书籍的基础上编写了本书。全书分为理论篇、职能篇、方法篇和工具篇。其中，理论篇介绍了质量管理概论、全面质量管理、质量管理体系，分布在本书的第 1 ~ 3 章；职能篇介绍了质量策划、质量控制、质量改进，分布在本书的第 4 ~ 6 章；方法篇介绍了质量检验、可靠性、工序能力、质量功能展开、质量经济与成本分析和六西格玛管理，分布在本书的第 7 ~ 12 章；工具篇介绍了质量管理的老七种工具和新七种工具，分布在本书的第 13 章、第 14 章。全书由四川大学邓富民教授提出编写大纲和主审，四川大学唐建民博士负责统稿，四川大学梁学栋教授负责定稿。四川大学陈利琼、邓佳、黄子恒、金亚男、乐龙飞等同学参与了资料收集整理和文稿校对工作。

本书适用于相关专业的本科生和研究生教学，也可用于质量管理领域的培训。

在本书的编写过程中，编者参阅了质量管理领域大量文献资料和教材著作，吸收了其中许多有益的内容。限于篇幅，书后仅列出了主要的参考文献。在此，向质量管理领域的各位前辈和同仁表示衷心的感谢。

限于编者水平，书中难免存在不足之处，恳请读者批评指正。

编　者

2023 年 10 月 5 日

# 目　录

## 第一篇　理 论 篇



## 第二篇　职 能 篇

## 第三篇 方法篇

# 第四篇 工具篇

# 第一篇　理　论　篇

# 质量管理概论

**学习目标**

1. 理解质量与质量管理的概念。
2. 理解产品质量管理的形成过程。
3. 了解质量管理的发展历程。
4. 理解质量管理的基本原理。

**导读**

习近平强调："质量是人类生产生活的重要保障。人类社会发展历程中，每一次质量领域变革创新都促进了生产技术进步、增进了人民生活品质。"质量问题既是民生问题又是发展问题，关系人民群众切身利益，关乎经济社会发展全局。质量管理是现代社会和各国经济发展中一个受到普遍关注的突出问题。不论是发达国家还是发展中国家，都提出要高度重视产品质量和服务质量，并纷纷努力寻找提高产品质量和服务质量的有效途径。本章的任务是陈述质量和质量管理的基本概念，介绍产品质量管理的形成过程和质量管理的发展历程，阐述质量管理的基本原理，帮助读者更好地理解质量和质量管理，为后续学习奠定基础。

## 1.1 质量管理基本概念

### 1.1.1 质量的概念

1. 质量的定义

ISO 9000：2015《质量管理体系　基础和术语》中给质量下了如下定义："一组固有

特性满足要求的程度”。也就是指产品、体系和过程的一组固有特性满足顾客及其他相关方要求的能力。

对于这个定义，我们可以从以下几个方面加以理解。

（1）质量的载体不仅针对产品，即过程的结果（如硬件、流程性材料、软件和服务），也针对过程和体系或者它们的组合。也就是说，质量既可以是零部件、计算机软件或服务等产品的质量，也可以是某项活动的工作质量或某个过程的工作质量，还可以是企业的信誉、体系的有效性（陈国华和贝金兰，2018）。

（2）ISO 9000：2015 对特性的定义是“可区分的特征”。特性可以是固有的或赋予的。固有特性是事物本来就有的，它是通过产品、过程或体系设计和开发及其之后实现过程形成的属性，如产品的尺寸、体积、重量等。赋予特性是指完成产品后因不同的要求而对产品所增加的特性，如产品的价格、交货期、保修时间、运输方式等。

（3）ISO 9000：2015 对要求的定义是“明示的、通常隐含的或必须履行的需求或期望”。“明示的”需求和期望，通常可能通过口头、成文信息或其他明确的方式表达，诸如在供应商手册、合同或协议中明确规定的需求和期望。“隐含的”需求和期望，通常是组织和相关方的习惯做法，或是一种惯例和潜规则，一般是不言而喻的需求和期望。组织和相关方这种“隐含的”需求和期望在很多情况下是不需要言明的。例如，春节临近，很多在外求学的学子和身在异乡的游子均想方设法赶回家与亲人团聚，这就是一种习俗的、不言而喻的力量在驱使着人们满足其需求和期望。“必须履行的”需求和期望，通常是指组织和相关方需要遵守的国际公约、法律、法规、规章和规范等强制性规定（郭庆华，2017）。

（4）在质量管理过程中，除了产品质量之外，还包括工作质量。质量管理不仅要管好产品本身的质量，还要管好质量赖以产生和形成的工作质量，并以工作质量为重点。

### 2. 质量的特性

质量有狭义和广义两方面的含义。狭义的质量就是指产品质量；广义的质量既包括产品质量，还包括工作质量。

1）产品质量

产品是一个广义的概念，包括硬件、软件、流程性材料、服务。

硬件是指由制作的零件和部件组成或由其组装成的产品，如手机、电脑、飞机、空调等。

软件是指由承载在媒体上的信息组成的智力产品，如书籍内容、歌曲等。软件能以概念、记录或程序的形式存在。

流程性材料是指由固体、液体、气体或其他组合体构成的产品，包括粒状材料，块状、丝状或薄板状结构的最终产品或中间产品，如汽油、打印机的墨油等。

服务是指在供方和顾客接口处完成的至少一项活动的结果，如笔记本电脑的维修、快递的送货上门等。

很多的产品都是由不同类型的产品构成的，笔记本电脑由服务（如售后人员的相关讲解）、软件（如 Windows 8 操作系统）、硬件（如屏幕、键盘）所组成。

服务、软件等产品通常是无形的，硬件、流程性材料产品通常是有形的，人们常说的货物或具体产品指的就是硬件、流程性材料产品。

产品质量是产品的适用性和符合性的总和。产品的适用性是指产品适合社会需要的程度；产品的符合性是指产品质量符合规定要求的程度。产品质量特性的含义是很广泛的，它可以是技术的、经济的、社会的、心理的及生理的。另外，不同类别的产品，其产品特性的具体表现形式也不尽相同。一般来说，常把反映产品使用目的的各种技术经济参数作为质量特性。

尽管不同的具体产品之间存在着一定差异，但从本质上讲可将其特性归纳为以下几个方面。

（1）性能。这是为满足顾客需求必须具备的某种特性，如手机屏幕的分辨率、电脑处理器的运算速度等。

（2）可信性。它反映了产品可用的程度及其影响因素，包括可靠性、维修性、维修保障性。可靠性是指产品在规定的时间内完成规定任务的能力。维修性是指在规定的时间内，产品按照规定的维修方式修好后，恢复到规定状态的能力。维修保障性是指在维修的过程中所用的资源满足产品维修的能力。

（3）安全性。它反映了产品在生产、运输、使用、储存的过程中保证不引起人员伤亡、环境破坏、财产流失的能力。

（4）适应性。它反映了产品适应环境变化的能力。这里的环境包括自然环境、人文环境等。

（5）经济性。它反映了使用产品整个生命周期阶段所产生的费用，包括设计、制造、销售、员工工资、售后等一系列费用。

（6）时间性。它反映了产品的寿命长短。

这些特性区分了不同产品的不同用途，满足了人们的不同需要。人们就是根据产品的这些特性满足社会和人们需要的程度来衡量产品质量的。质量特性有一些是可以直接定量测定的，如几何尺寸、化学成分、物理性能；而有一些则是难以定量测定的，如容易操作、舒适、美观、大方等，需要用间接方法定量表达，并称其为代用质量特性。不管是直接定量的或是间接定量的质量特性，它们都应该明确地体现在产品图纸、技术规格等技术文件中，作为产品生产及验收的依据，称为质量标准。

一般来说，产品质量是否合格是根据质量标准来判断的。符合标准的就是合格品，不符合标准的就是不合格品。而产品质量是否适用，则最终应由使用者来判断。

2）工作质量

工作质量是指在企业内部，不论是单独的每个部门，还是员工的工作活动对产品或服务质量工作的保证程度。工作质量直接决定了产品质量，不仅涉及企业的每个部门这一层次，同时涉及具体的人员。需要特别注意的是，工作的主体是人，因此工作质量受到人的因素的影响较大，包括质量意识、进取心、专业水准等。其中，高层领导者起到战略性指导作用，中低层领导起到基础性落实作用。

我们可以根据具体的使用情况、他人的评价等比较直观地看出来硬件质量的好坏。但是对于工作质量，它很难清晰、直观地表现在人们眼前，一般通过各个生产工作环节、日常经营活动的工作效率体现出来。

### 1.1.2 质量管理的概念

1. 概念

质量管理是整个企业管理工作中最重要的环节，它的结果将对产品质量产生决定性影响。按照《质量管理体系　基础和术语》(ISO 9000：2000)，质量管理是指“在质量方面指挥和控制组织的协调的活动”。

就此定义，可以从下面几点加以理解。

(1) 作为组织经营管理重要一环的质量管理具有管理的基本职能，即计划、组织、控制、指挥和协调。其中，控制职能表现得比较突出。

(2) 质量管理的首要任务是分析质量问题，找出质量原因，制定质量方针，落实质量政策。

(3) 质量管理的基本活动是通过计划、控制、改进等措施，贯彻落实所制定的质量方针。

(4) 质量管理的核心是建立一套质量管理体系。围绕这套体系，配备相应的人员与物资，激发员工的工作热情，提高顾客的满意程度。

2. 八大质量管理原则

八大质量管理原则是 ISO 9000 族标准建立的基石，是总结大量质量管理成功案例的结晶。为了实现质量目标，必须遵循八大质量管理原则。八大质量管理原则包括以下方面。

(1) 以顾客为关注焦点。这是指组织依赖于顾客。因此组织应当理解顾客当前和未来的需求，满足顾客要求并争取超越顾客期望。

(2) 领导作用。领导者确立组织统一的宗旨及方向。他们应当创造并保持良好的内部环境，使员工能充分参与实现组织目标的活动。

(3) 全员参与。各级人员都是组织之本，只有他们的充分参与，才能使他们的才干为组织带来收益。

(4) 过程方法。将活动和相关的资源作为过程进行管理，可以更高效地得到期望的结果。

(5) 管理的系统方法。将相互关联的过程作为系统加以识别、理解和管理，有助于组织提高实现目标的有效性和效率。

(6) 持续改进。持续改进总体业绩应当是组织的一个永恒目标。

(7) 基于事实的决策方法。有效决策是建立在数据和信息分析的基础上。成功的结果取决于活动实施之前的精心策划和正确决策，决策是一个在行动之前选择最佳行动方案的过程。

(8) 与供方互利的关系。组织与供方是相互依存的，互利的关系可增强双方创造价值的能力。

# 1.2　产品质量形成过程

## 1.2.1　质量螺旋

产品质量有一个产生、形成和实现的过程。美国著名质量管理专家朱兰（Juran）于 20 世纪 60 年代用一条螺旋曲线来表示质量的形成过程，称为朱兰质量螺旋曲线（图 1-1）。这种螺旋结构反映了质量职能间的相互影响，它将各职能用逻辑顺序联系起来，形成一条成螺旋状上升的曲线，表示产品质量形成的全过程，并揭露了其中的规律性。从图 1-1 中可以看出朱兰质量螺旋曲线阐述了五个重要的理念：①产品质量形成的整个过程包含了 13 个不同的环节，如市场研究、开发（研制）、设计、制定产品规格、制定工艺、采购、仪器仪表及设备装置、生产、工序控制、检验、测试、销售、服务（马风才，2009）；②产品质量形成的环节一环扣一环，周而复始，但不是简单的重复，而是不断上升、不断提高的过程；③产品质量形成是全过程的，对质量要进行全过程的管理；④质量螺旋同时是一个开放的系统，产品质量形成的全过程受供方、销售商和顾客的影响，即涉及组织之外的因素，所以，质量管理是一个社会系统工程；⑤人对质量形成起到决定性的作用，各个质量职能的实施都离不开人的因素，因此一定要做到以人为本。

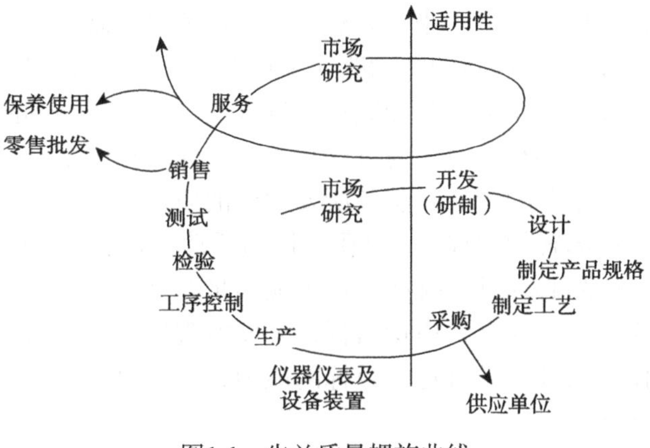


图1-1　朱兰质量螺旋曲线

## 1.2.2　质量环

除了质量螺旋之外，反映质量形成规律的还有质量环，质量环是现代企业建立质量体系的理论依据，它实际上可以近似看作质量螺旋的俯视投影。质量环是指从识别需要到评定这些需要是否得到满足的各个阶段中，影响质量的相互作用活动的概念模式。质量环包括 12 个环节，如图 1-2 所示。与质量螺旋相比，质量环更加站在用户的角度来考虑问题，突出了安装和投入运行、售后等环节，在生产阶段，将产品的包装和储存单独分列出来，成为一个阶段。另外，应注意的是，这种质量环不是简单的重复循环，它与朱兰质量螺旋曲线有相同的意义。

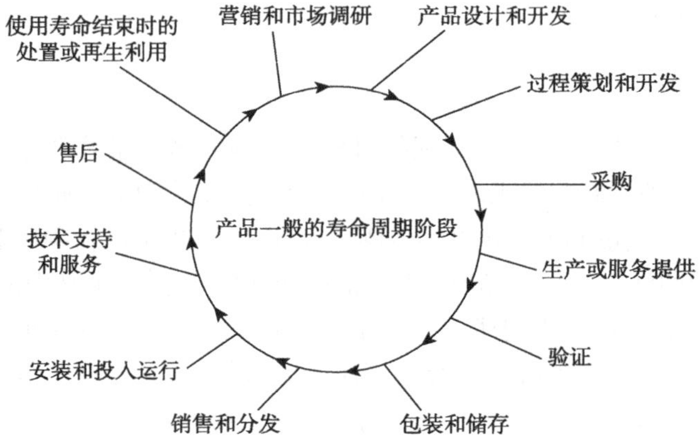


图1-2　质量环

## 1.2.3　朱兰质量管理三部曲

20 世纪 70 年代末期，朱兰主张“要想解决质量危机，就需要破除传统观念，从根本上改造传统的质量管理，按照新的行动路线来行事”。这一路线便是他所提出的三部曲，即质量管理是由质量计划、质量控制和质量改进这三个互相联系的阶段所构成的一个逻辑的过程，并且每个阶段都有其关注的目标和实现目标的相应手段。

质量计划是指明确企业的产品和服务所要达到的质量目标，并为实现这些目标所进行的各种活动的规划和部署的过程。通过质量计划活动，企业应当明确谁是自己的顾客，顾客的需求是什么，产品必须具备哪些特性才能满足顾客的需求；在此基础上，还必须设定符合顾客和供应商双方要求的质量目标，开发实现质量目标所必需的过程和工艺，确保过程在给定的作业条件下具有达到目标的能力，为最终生产出符合顾客要求的产品和服务奠定坚实的基础。

就一般含义而言，控制是指制定控制标准、衡量实绩、找出偏差并采取措施纠正偏差的过程。控制应用于质量领域便成为质量控制。质量控制也就是为实现质量目标而采取措施满足质量要求的过程。应用统计方法来解决质量问题是质量控制的主要特征之一。

质量改进是指突破原有计划，从而实现前所未有的质量水平的过程。实现质量改进有三个方面的途径，即通过排除导致过程偏离标准的偶发性质量故障，使过程恢复到初始的控制状态；通过排除长期性的质量故障使当前的质量提高到一个新的水平；在引入新产品、新工艺时从计划开始就力求消除可能会导致新的慢性故障和偶发性故障的各种可能性。

在质量管理三部曲中，质量计划明确了质量管理所要达到的目标及实现这些目标的途径，是质量管理的前提和基础；质量控制确保事物按照计划的方式进行，是实现质量目标的保障；质量改进则意味着质量水平的飞跃，标志着质量活动是以一种螺旋式上升的方式在不断攀登和提高。图 1-3 所示为朱兰质量管理三部曲。

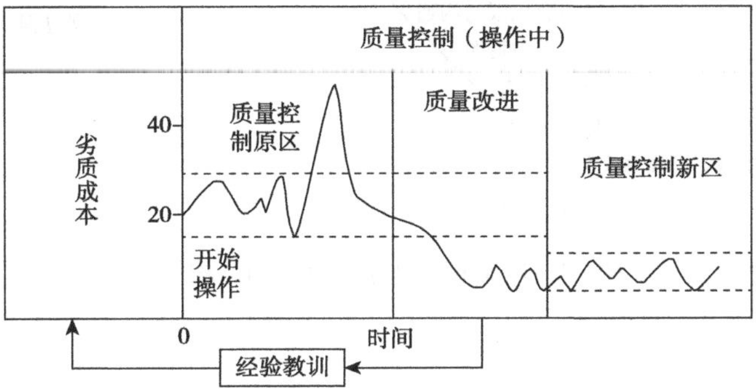


图1-3　朱兰质量管理三部曲

## 1.2.4　质量管理体系三维空间结构模型

上面提到的质量环及质量螺旋将质量形成过程中的职能活动划分为直接职能活动与间接职能活动，这造成质量职能之间的关系未能充分体现，在具体进行质量管理过程中，导致质量职能之间的相互关系模糊，自然影响了质量改进的效果。

按照霍尔的观点，系统被分为时间维、知识维和逻辑维，依此构建质量管理三维结构模型。企业面向消费者进行相关方面的开发、设计、采购、生产、服务等明显具有时间顺序的质量职能类似于霍尔三维模型的时间维；企业以正确的质量目标指导进行组织结构的完善、责权限定、资源分配及技术实施等活动类似于霍尔三维模型的知识维；企业进行质量测定、数据收集、整理分析类似于霍尔三维模型中的逻辑维。经过对生产全过程的具体划分，根据质量管理体系相关过程各自的作用将其分别命名为：产品实现过程维、过程策划维和质量改进维，进而构成了质量管理体系三维空间结构模型，如图 1-4 所示。

值得注意的是：质量管理体系三维空间结构模型是由三条维度坐标构成的相互影响、相互联系的空间矩阵网络，由三条坐标上分别任意某个因素可决定空间中一点，这样总共 16 个过程可形成 150 个作用点，企业在进行质量管理时可按照实际需要将模型实施切割分析，具有很强的可操作性。

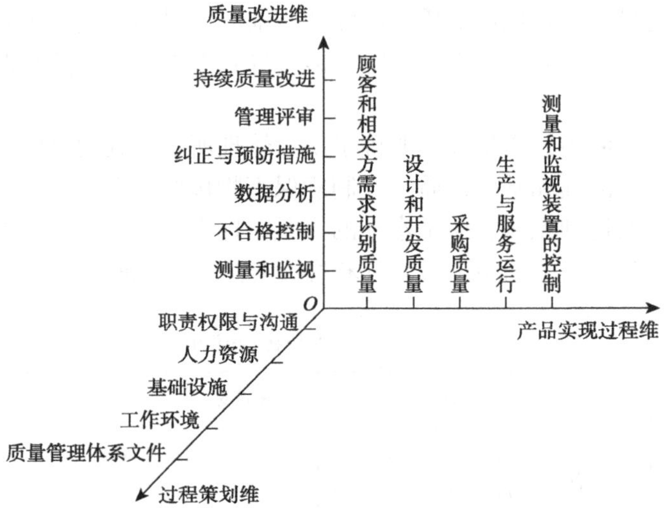


图1-4 质量管理体系三维空间结构模型

# 1.3 质量管理发展历程

## 1.3.1 质量检验阶段

19 世纪 70 年代，人们根据生产和使用的需要，提出了零件互换的概念，认为零件只要经过精密加工，减少尺寸误差，就可以保证相互之间具有替换的性能，同时人们注意到，在保证零件互换的前提下，其尺寸的加工误差允许有一个波动范围，于是又提出了加工公差的概念，从而初步为质量检验的技术理论奠定了基础（温德成，2009）。

20 世纪以前，质量检验基本需要依靠操作者的经验来进行严格的把关与筛选，故称之为“操作者的质量管理”。直到 20 世纪初，美国人泰勒在系统总结以往生产管理实践和经验的基础上，提出了科学管理的思想，同时建立了一套科学管理的理论和方法。他主张管理人员与操作人员进行合理分工，建立“工长制”，着重强调车间内工长对于产品质量的作用，工厂内设有专门负责质量检验的职能工长，于是质量管理的职能就从操作人员的身上逐步转移给了工长，故称之为“工长的质量管理”。后来，随着企业规模的增大和产品复杂性的增加，生产规模和生产批量都呈现巨大的扩大，管理分工的概念逐渐被人们所接受，在此概念的影响下，企业中专门出现了全职的质量检验人员，检验这一职能就由工长转移给了质量检验员，故称之为“检验员的质量管理”。

虽然设置专职的质量检验部门对保证产品的质量有十分明显的作用，但是随着社会科技、文化和生产力的发展，逐步暴露出质量检验阶段存在的许多弱点。质量检验就是从成品中挑选出废品，当然这可以在一定程度上保证出厂产品的质量，但是总的来说其管理效能非常差。

首先，它属于事后检验，这种事后把关式的检验根本不能起到预防与控制的作用，一旦发现废品，就是既成的事实，很难补救。

其次，它要求对成品进行百分之百的检验，增加了检验费用，而且对于某些产品采用破坏性试验或者大批量生产这种检验方式显然也是不可能的，如汽车的碰撞试验、炮弹的质量检验等。

最后，专职检验的特点是“三权分立”，即制定标准、执行标准、产品检验，三者所对应的就是质量标准制定部门、产品制造部门、检验部门，它们各管一方，通常只强调相互制约，忽视相互配合、促进、协调，缺乏系统的观念。上述问题在第二次世界大战期间表现得尤为突出，从而推动了质量管理理论的进一步发展。

### 1.3.2 统计质量控制阶段

早在19世纪20年代，事后检验产生的不足就引起了许多著名质量管理专家的注意，并且尝试运用数理统计学的原理来解决这些问题。1917年，美国贝尔电话研究所的休哈特博士运用数理统计原理和方法，为美国国防部准确地解决了第一次世界大战参战部队的军服尺寸规格问题，从而为如何经济和科学地制定产品质量标准提供了范例。1924年，他又针对怎样预防产生不合格品问题，进一步运用数理统计原理和方法，提出了控制产生不合格品的方法，而且亲临生产现场，指导使用由他设计的预防不合格品产生的控制图。1931年，他出版了《工业产品质量的经济控制》一书，对统计质量控制做了系统的论述。与此同时，贝尔电话研究所成立了一个检验工程小组，主要由休哈特、戴明等提出抽样检验的概念，并设计可以运用的抽样检验表，这些人最早将数理统计的方法系统地引入质量管理，成为统计质量管理的先驱，为产品质量管理的发展奠定了科学的基础。但是，20世纪二三十年代，受资本主义世界经济大萧条的影响，各国生产发展处于停滞状态，对产品质量和质量管理要求不迫切，因此休哈特等创立的一套质量管理技术和方法没有引起重视，更没有被推广应用。

第二次世界大战爆发后，由于对军用产品的需求激增，美国许多生产民用产品的企业转为生产军用产品。但是，军用产品不仅批量大而且多数属于破坏性检验，企业要采用事后检验的办法来保证军用产品的质量，是不可能也不允许的。由于检验工作量大，军火商经常延误交货期，影响前线的军需供给，同时在战场上面经常出现武器弹药的质量事故。美国政府专门组织质量管理专家来解决这些实际问题，这些质量管理专家以数理统计为基础，制定了战时国防标准，即《质量控制指南》《数据分析用控制图法》《生产过程质量管理控制图法》。这三个标准的实施收到了显著的效果，扭转了军需品的生产局面，保证了产品质量。第二次世界大战后，除了原来的军火商还在继续使用质量管理的条例方法，许多民用工业也纷纷效仿，开始积极推行实施统计质量管理方法。由此，统计理论、方法和工具得到了广泛应用，这一阶段称为统计质量控制阶段。

统计质量控制是质量管理发展过程中的一个重要阶段，在指导思想上，由以前的事后把关转变为事前预防；在控制方法上，广泛深入地应用数理统计的思考方法和检验方法；在管理方式上，专职检验人员把关转移给专业质量工程技术人员控制。因此，统计质量控制与单纯的质量检验相比，不论是指导思想，还是使用方法，都有很大的进步。但是这个阶段过分强调质量控制的统计方法的作用，忽视了作为一个群体的组织的管理工作，使人们错误地认为质量管理就是统计手法。数理统计方法理论深奥难懂，让人退避三舍，这在一定程度上限制了它的推广与发展。

### 1.3.3 全面质量管理阶段

自 20 世纪 50 年代以来，科学技术和生产制造技术得到极大的发展，人们对产品和服务的质量要求也日趋提高。为了适应这一发展，相关研究人员将系统工程的思想引入了质量管控，从系统的角度出发把质量问题作为一个有机整体加以研究，实现全员、全过程、全企业的管理。随后以梅奥为代表的管理学家于 20 世纪 60 年代建立了行为科学学派，并提出主要观点：强调人的积极性，主张发挥人的主观能动性，突出人在管理中的作用。国内、国外的市场压力导致竞争不断加剧，迫使各国企业从新的角度来审视产品责任和质量保证问题。

在上述背景条件下，单纯地依赖传统质量检验和统计质量管理已经很难保证及提高产品的质量，也不能满足消费者更高的要求。于是美国通用电气公司的费根堡姆和质量管理专家朱兰提出了全面质量管理（total quality management）概念。费根堡姆于 1961 年出版了《全面质量管理》一书。全面质量管理实质上是一个企业或组织以产品质量为核心，以全员参与为基础，旨在通过顾客满意和本组织所有成员及其他相关方面受益而达到长期成功的管理途径。日本于 20 世纪 50 年代引入了美国的质量管理思想，并在国内对其进行了良好的本土化，日本企业对全体职工进行质量管理知识的教育培训，同时创造开发了一系列易于掌握的质量管理工具，其中，得到最广泛运用的“新老七种工具”对全面质量管理进行了有力补充，使产品的生产更加安全可靠。

从质量管理的发展历史来看，人们解决质量问题时所运用的方法和手段是在不断发展和完善的，并且是同科学技术的进步和社会生产力的发展密切相连的。可以预料，随着新技术革命的兴起，人们解决质量问题的方法和手段将更加丰富与完善，从而促使质量管理发展到一个更新的阶段。

## 1.4 质量管理基本原理

质量的形成过程有其客观规律，质量管理也只有在一系列科学的原理指导下才能取得成效。现代质量管理必须严格遵循的三个基本原理：人本原理、过程监控原理和体系管理原理。

### 1.4.1　人本原理

质量管理以人为本，只有不断提高人的质量，才能不断提高活动或过程质量、产品质量、组织质量、体系质量及其组合的实体质量，这就是人本原理。

1. 人才是质量管理的第一要素

从理论上分析，人才是质量管理要素中的第一要素，对质量管理的开展起到决定性的作用。人才是指那些在社会实践活动中，具有一定的专门知识、技能并以自己创造性的劳动对本职工作、对认识和改造世界、对人类社会进步做出贡献的人。

目前，关于质量管理要素有"三大要素论"与"五大要素论"两种观点。"三大要素论"是说质量管理的要素是人、技术和管理，如图 1-5 所示。但在这三大要素中，人是处于主宰地位的，就如骑自行车一样。自行车的两个轮子是技术要素和管理要素，而骑车者这个"人"的要素在其中起主导作用。没有人，这辆自行车只能如死物那样，停放在原地，不能发挥任何作用。

图1-5　三大要素论

"五大要素论"是说质量管理由人、机器、材料、方法与环境构成，但在这五个要素中，人是处于中心位置和驾驶地位的，就像行驶的汽车一样，汽车的四只轮子是机器、材料、方法、环境四个要素，驾驶员这个"人"的要素才是主要的，没有驾驶员，这辆汽车也就只能原地不动，成为废物了。

就企业质量管理而言，首先是企业最高管理者的质量；其次是各级管理人员的质量，尤其是质量管理人员的质量；最后是企业全体员工的质量（技能）。他们的质量决定了企业的质量，也决定了其产品的质量。

2. 确定人的质量标准是现代质量管理的基本出发点

要提高人的质量，首先就应弄清什么是人的质量标准，从哪些方面来衡量人的质量，这是现代质量管理的一个基本出发点。

世界各国、各行业都有各种各样的执照与证书。例如，汽车驾驶员要有驾驶证，电焊工要有上岗证书，工程师要有技术职务资格证书，2019 年，仅我国就已有百种左右的执照与证书。这些执照和证书在某种程度上来说，就是有关人员的质量标准。这说明，人的质量标准已进入一个科学化、定量化和规范化阶段。

### 3. 质量人才的培训与教育是贯穿质量管理的重要基础工作

质量人才的形成绝不是天生的，也不是自然形成的，靠的是坚持不懈的质量培训与教育。美国质量管理协会设有一个专门从事质量教育培训的机构——教育培训学院。这个教育培训学院经常与各高等院校及高级中学合作，利用学校作基地，开展各类培训班，从质量管理的基础理论到提高质量技巧的培养及可靠性理论等，广泛开展质量教育。其设置有质量管理与利润、质量成本、质量管理基本原理、领导层的质量管理、统计工序质量控制、质量审核、设计质量工程、可靠性工程、软件质量保证和质量工程等15门课程。此外，大工业公司都十分重视在职质量管理人才的培训，做到有基地、有队伍、有制度、有计划、有教材，进行系统、全面的质量培训教育。例如，IBM公司就在纽约开设了一个质量学院，每年培训各级质量经理和质量管理工程师3000人。美国的一些工科和管理工程大学中，也开设了质量管理和质量保证课，社会上还有各种培训与咨询公司也开展质量管理培训教育，从而组成一个纵横交错、多层次的质量教育网，为美国质量管理工作的广泛深入发展奠定了厚实的基础。

日本更是始终抓住质量教育不放。日本企业在推行全面质量管理时，首先是对全体经营者及管理干部进行质量管理教育，其次是对现场职工进行质量教育。这种以质量管理教育为主的管理技术教育，是日本产品畅销世界的重要原因。另外，日本规格协会每年举办标准化培训班，同时讲授质量管理课程，使标准化教育与质量管理教育有机结合、融为一体。

### 4. 充分调动人的积极性是提高质量管理成效的关键

人的良好素质，固然是发挥人的作用的重要前提。然而，人的因素能否产生巨大作用，还有赖于是否能调动和发挥人的工作热情、积极性和创造性，这就是激励问题。

人们从事质量活动是一种有目的的行为，但其行为是要受环境条件和心理因素影响与制约的。俗话说“近朱者赤，近墨者黑”，这是说，人的思想与行为要受到环境条件的严重影响。又说“身居闹市，一尘不染”，这是说，在同样的“闹市”环境中，由于个人的内在心理素质不同，可以产生不同的行为。心理素质好的人仍可保持“一尘不染”的高尚品格。因此，既要通过质量培训与教育提高人的质量意识和质量技术水平，也要充分重视社会和企业的质量文化建设，造就良好的质量工作氛围。尤其在企业，质量文化是企业文化的重要组成部分，没有明确的“质量第一，服务第一，用户第一”的质量精神和职业道德观念，没有先进的质量标准、严明的质量纪律和奖优罚劣的质量制度，就绝不可能造就一流的企业、一流的产品。

在质量工作中，思想教育与精神激励固然重要，但物质激励的作用也不可忽视。因此，在劳动用工、工资与奖金分配上，一定要奖优罚劣，激励人们去追求高质量的工作。此外，任何一个组织的管理者，还应充分运用各种手段和方法，激励广大职工参与质量管理，实现民主管理，形成群体凝聚力。

## 1.4.2　过程监控原理

所有质量工作都是通过过程完成的，质量管理要通过对过程的监控来实现。任何一个组织都应该识别、组织、建立和管理质量活动过程网络及其接口，创造、改进和提供持续稳定的质量，这就是质量管理的过程监控原理。

### 1. 过程的含义

过程是一个基本概念，任何事物都可以用过程的概念加以分析。2008 版、2015 版 ISO 9000 族标准弥补了 1994 版的不足，其中，重要的一点就是过程的概念，过程是“把输入转化为输出的一组互相关联的资源和活动”。这里，“资源”可包括人员、资金、装置、设施、技术和方法。不论是外部顾客还是内部员工，每一个人都是顾客，以人为本，顾客至上，顾客满意是评价质量的唯一标准。该标准认为，标准结构应建立在过程方法模式的基础上，以取代 20 个要素，使过程的相关性和通用性更好，组织的运作实际上是通过过程来完成的。同时指出为使组织有效运行，必须识别和管理许多相互关联及相互作用的过程。通常一个过程的输出将直接成为下一个过程的输入。系统的识别和管理组织所使用的过程，特别是过程之间的相互作用，称为过程的方法。对于企业来说，输出的主要是一种产品，形式为硬件产品及其连带的服务或独立的服务。输入可以是人力、材料和机器，也可以是电流、温度和湿度，甚至是决策和信息。

这就是说：过程本身是通过人、财、物、信息等资源在输入与输出之间转换而增值的活动。例如，一个机床厂，输入了厂房、机器、原材料、电、煤、技术图纸、产品标准等有形资源与无形资源，并通过该企业职工的劳动，转化为机床、产品使用说明书、销售服务等输出，实现了增值目的，这就是企业的生产经营过程，也是机床产品质量形成过程。例如，对于设计单位或部门，输入国家有关法规、标准、市场调研报告、产品设想报告、设计用具等资源，通过设计工程师的劳动，转化为新产品的图样、标准、工艺文件等输出，实现了资源（产品）增值，这就是产品设计过程，也是设计质量活动过程。

因此，所有的质量工作都是通过质量过程来完成的，如图 1-6 所示。而工作都有质量问题，质量工作也不例外。从图 1-6 中可以看到：每个过程都有有形资源和无形资源输入与输出，而输出则是过程的结果，过程本身是通过人来实现增值转换的。当然，人的质量也通过过程而得到提高，输出的人至少要比输入的人增加了有关的知识，所谓实践出真知，就是这个道理。

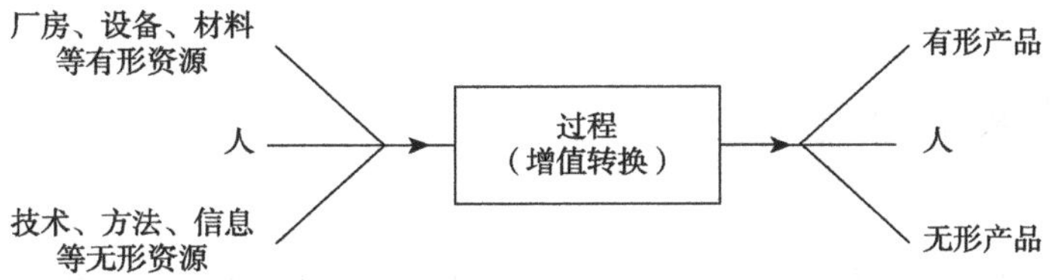


图1-6　质量过程

### 2. 质量环是表述产品质量形成过程阶段的理想模式

每个组织都存在大大小小、纵横交错的过程，组成了复杂的过程网络。为便于管理，就要突出主要过程，理顺和简化过程网络及其接口，按先后次序有条不紊地排列起来。

质量环是从识别需要至评定这些需要是否得到满足的各个阶段中，影响质量的相互作用的各种活动的理论模式，也是从市场调研直到产品售后服务、处理全过程网络中的主干过程，它简化为若干个阶段，是按先后次序排列起来的框架模式。

从市场调研识别质量开始，直到产品使用寿命期结束后的处理和再循环为止的活动过程分成 12 个阶段：①营销和市场调研；②产品设计和开发；③过程策划和开发；④采购；⑤生产或服务准备；⑥验证；⑦包装和储存；⑧销售和分发；⑨安装和运行；⑩技术服务和维护；⑪售后活动；⑫使用寿命期结束时的处置或再循环（即回收利用）。

### 3. 质量体系是过程网络的组合

质量体系由若干个要素组成。而要素的控制却是把要素展开为一系列过程后实现过程控制的。因此，也可以说，质量体系是通过一系列过程的组合而形成的，任何一个质量体系，都是相关的各个过程网络的组合。而且，只有在组成质量体系的过程网络相互协调又接口兼容时，才能使质量体系有效地运行起来。

例如，采购是质量体系的一个要素，但它可由以下一系列过程组成。

（1）编制采购文件。

（2）选择合格供方。

（3）签订购销合同和质量保证协议书。

（4）进货质量检验等。

上述过程又可进一步展开为若干个小过程，如选择合格供方这一过程可由以下 5 个小过程构成。

（1）对供方的质量保证能力或质量体系进行现场评价。

（2）对供方的产品样品进行检测分析和评价。

（3）对比供方类似产品的质量历史情况。

（4）对比类似产品的检验或试验结果。

（5）了解和对比其他用户的使用经验等。

这些大大小小的过程虽然总归为采购职能部门，但又跨越了采购部门的职能范围。例如，采购文件的编制需要技术部门配合；进货质量检验、对比类似产品的检验或试验结果又必须请质量检测和计量部门承担等。因此，必须明确各职能部门的职责、分工和协调，才能实现对每一个过程的有效控制，进而实现质量体系的有效运行。

## 1.4.3 体系管理原理

任何一个组织，只有依据其实际环境条件和情况，策划、建立和实施质量体系，实现体系管理时，才能实现其质量方针和质量目标，这就是质量管理的体系管理原理。

1. 质量体系的环境

任何组织都处于一定的环境之中，质量体系也有一个环境问题，只有适应环境要求的质量体系才能有效实施，否则，只会是空耗人力和财力，浪费资源。质量体系有四类环境：①非合同环境；②供需双方之间合同环境；③第二方（需方）的批准或注册；④第三方认证或注册。

1）非合同环境

在非合同环境中，供方根据市场环境、产品特性、生产或服务过程、顾客需求等实际情况，策划（设计）、建立和保持一个全面、有效的内部质量体系，以强化管理，提高效率，降低成本，在满足顾客需求、提高市场竞争力的同时，也提高本组织的效益。

2）供需双方之间合同环境

在供需双方之间的合同环境下，应选择那些需方关注的影响质量的要素，建立一个合同规定的使需方信任的质量体系。

3）第二方（需方）的批准或注册

第二方的批准或注册环境一般适用于第二方对第一方，如企业集团对其成员或主机厂对其零部件、元器件协作企业的质量保证能力要进行批准或注册的情况。这种环境一般由第二方（需方）依据其章程、制度、标准或合同规定，定期或不定期地对第一方（供方）进行质量体系审核，而供方必须按需方的要求建立其质量体系，以获得批准或注册。否则，需方确认供方达不到其质量体系要求时，就会撤销其被批准或注册的资格。

4）第三方认证或注册

第三方认证或注册环境一般是由认证机构代表第三方，按照认证法规、规章及合同对供方（第一方）的质量体系进行审核和复审。通过审核或复审，即授予使用认证证书，并注册公布供方能对顾客提供符合某一质量保证标准规定的质量保证能力，以减少第二方（顾客）对供方质量体系的评审次数及费用。显然，供方也必须按认证的质量体系要求建立有效的质量体系。

2. 质量体系结构与要素

质量体系是实施质量管理所必需的组织结构、程序、过程和资源。这就是说，质量体系由组织结构、程序、过程和资源四大部分组成。

1）组织结构

组织结构是一个组织为实施其职能而设置的模式，它包括职责、权限和相互关系。质量体系的建立和实施，首先要组织落实。任何一个组织都应是建立与质量体系相适应的组织机构，并明确其职责、权限及其相互关系，做到责权统一、责利相符。

组织机构的设置及名称可以多种多样，没有也不需要统一固定的形式与名称，但均应遵循高效、精干、分工协作、统一指挥、分级管理原则，按质量体系要素和质量职能设置，并明确其职责、权限和隶属关系。

2）程序

程序是为完成某项活动所规定的方法。它一般均应文件化，即编制成控制质量活动过程的程序文件，具体描述各质量体系要素所涉及的活动，对这些活动进行恰当而连续的控制。

3）过程

过程是构成质量体系的最基本单元，每个过程都包含着一定的质量活动。每项质量活动都依赖于过程之中，没有过程，质量体系就成为一个僵死的空架。

4）资源

资源是质量体系的运行基础，它包括人员、资金、设备装置、技术、方法等。

3. 质量体系文件

质量体系的建立和运行是通过质量体系文件的编制和实施来体现的。质量体系文件是实行体系管理的依据，它们可以有不同的形式和名称，但均是表述质量体系结构、质量体系运行规则及提供质量体系有效运行见证的文件的总称。质量体系文件包括质量手册、质量责任制度和一般程序文件、质量计划和专用程序文件、质量记录等。

## 本章小结

本章主要介绍了质量和质量管理的概念、产品质量管理的形成过程、质量管理的发展历程、质量管理的基本原理。

按照 ISO 9000：2015，质量是指“一组固有特性满足要求的程度”，也就是指产品、体系和过程的一组固有特性满足顾客及其他相关方要求的能力。质量管理是整个企业管理工作中最重要的环节，它的结果将对产品质量产生决定性影响。质量管理是指“在质量方面指挥和控制组织的协调的活动”。产品质量形成过程包括质量螺旋、质量环、朱兰质量管理三部曲、质量管理体系三维空间结构模型。质量管理发展历程主要包括质量检验阶段、统计质量控制阶段、全面质量管理阶段。

质量的形成过程有其客观规律，质量管理也只有在一系列科学的原理指导下才能取得成效。现代质量管理必须严格遵循以下三个基本原理：人本原理、过程监控原理和体系管理原理。人本原理是指质量管理以人为本，只有不断提高人的质量，才能不断提高活动或过程质量、产品质量、组织质量、体系质量及其组合的实体质量。过程监控原理是指所有质量工作都是通过过程完成的，质量管理要通过对过程的监控来实现。任何一个组织都应该识别、组织、建立和管理质量活动过程网络及其接口，创造、改进和提供持续稳定的质量。体系管理原理是指任何一个组织，只有依据其实际环境条件和情况，策划、建立和实施质量体系，实现体系管理时，才能实现其质量方针和质量目标。

## 思考题

1. 什么是质量？什么是质量管理？
2. 简要阐述产品质量管理的形成过程。

3. 简要阐述质量管理的发展历程。
4. 什么是质量管理的人本原理？
5. 什么是质量管理的过程监控原理？
6. 什么是质量管理的体系管理原理？

# 全面质量管理

**学习目标**

1. 了解全面质量管理的发展历程。
2. 理解全面质量管理的含义和特点。
3. 掌握全面质量管理的基本方法。
4. 了解全面质量管理的基础工作。

**导读**

全面质量管理是为了能够在最经济的水平上，并且在充分考虑到满足顾客要求的条件下进行的市场研究、设计、制造和售后服务，把企业内各部门的研制质量、维持质量和提高质量的活动构成为一体的一种有效体系。全面质量管理强调为取得真正的经济效益，管理必须始于识别顾客的质量要求，让顾客对其手中的产品感到满意。全面质量管理就是为了实现这一目标而指导人、机器、信息的协调活动。本章的任务是陈述全面质量管理的背景、含义、特点，介绍全面质量管理的基本方法和基础工作，帮助读者更好地理解全面质量管理。

## 2.1 全面质量管理概述

### 2.1.1 全面质量管理的背景

科学技术的迅速发展使大量的技术密集型产品和大型复杂机电产品投入使用，而这些产品中任何一个元器件的失效，都将导致严重的后果。为此，人们对产品（或服务）质量提出了安全性、可靠性、维修性和经济性的要求。由于产品的质量在很大程度上依赖于对各种影响质量因素的控制来提高，这就要求质量管理必须向深度和广度发展（宋明顺，2005）。

20 世纪 50 年代开始，随着科学技术的不断发展及市场竞争的不断加剧，统计质量管理逐渐向全面质量管理过渡。

最早提出全面质量管理概念的是美国通用电气公司质量管理部的部长费根堡姆博士。1961 年，他出版了一本著作，该书强调执行质量是公司全体人员的责任，应该使全体人员都具有质量的概念和承担质量的责任。因此，全面质量管理的核心思想是在一个企业内各部门中做出质量发展、质量保持、质量改进计划，从而在最为经济的水平进行生产与服务，使用户或消费者获得最大的满意。

从 1961 年费根堡姆提出全面质量管理的概念开始，世界各国对它进行了全面深入的研究，使全面质量管理的思想、方法、理论在实践中不断得到应用和发展。概括地讲，全面质量管理的发展经历了以下四个阶段。

第一阶段：日本从美国引入全面质量管理。

1950 年，戴明博士在日本开展质量管理讲座，日本人从中学习到了这种全新的质量管理的思想和方法。当时，全面质量管理的思路和概念并没有像如今一样被完整地提出来，但是它对日本经济的发展起到了极大的促进作用。到 1970 年，全面质量管理已经逐步渗透到了全日本企业的基层。

第二阶段：质量管理中广泛采用统计技术和计算机技术。

从 20 世纪 70 年代开始，日本企业从全面质量管理中获得巨大的收益，充分认识到了全面质量管理的好处。日本人开始将全面质量管理当作一门科学来对待，并广泛采用统计技术和计算机技术进行推广与应用，全面质量管理在这一阶段获得了新的发展。

第三阶段：全面质量管理的内容和要求得到标准化。

随着全面质量管理理念的普及，越来越多的企业开始采用这种管理方法。1986 年，ISO 把全面质量管理的内容和要求进行了标准化，并于 1987 年 3 月正式颁布了 ISO 9000 族标准，这是全面质量管理发展的第三个阶段。因此，我们通常所熟悉的 ISO 9000 族标准实际上是对原来全面质量管理研究成果的标准化。

第四阶段：质量管理上升到经营管理层面。

随着质量管理思想和方法往更高层次发展，企业的生产管理和质量管理被提升到经营管理的层次。无论是学术界还是企业界，很多知名学者如朱兰、石川馨等，都提出了很多有关这个方面的观念和理论，“质量管理是企业经营的生命线”这种观念逐渐被企业所接受。

### 2.1.2　全面质量管理的含义

全面质量管理是指一个组织以质量为中心，以全员参与为基础，目的在于通过让顾客满意和本组织所有成员及社会受益而达到长期成功的管理途径。其实质就是企业全体员工、所有部门同心协力，综合运用现代管理技术、专业技术和数理统计方法，经济合理地开发、研制、生产和销售用户满意的产品的管理活动过程的总称。它包括以下几个方面。

（1）“全面”是相对统计质量控制中仅仅依靠数理统计方法来进行质量管理而言的，在统计质量控制阶段，人们一般采用抽样等方法来预测和解决质量问题，而忽略了组织的协调性，全面质量管理从系统出发注重理论、方法和结果的统一，更好地解决了产品的质量问题。

（2）“全面”同时相对制造过程而言的，它不只从加工制造，更从研发、设计、原料采购、加工制造、销售、售后服务等方面进行质量管控，使质量控制形成一个有机整体。

（3）“最经济的水平”是指在进行质量控制的时候要从经济的角度进行考虑，比如，对有些环节进行质量控制的花费远远大于控制后带来的价值就应该考虑其经济性。

后来各个国家结合自己的实际情况，如美国、日本和苏联都以此定义为基础产生了符合自身发展的全面质量管理理论，目前国际上广泛使用的全面质量管理定义是国际标准《质量管理和质量保证的术语》（ISO 8042：1994）中提到的：“一个组织以质量为中心，以全员参与为基础的一种管理途径，目的在于通过让顾客满意和本组织所有成员及社会受益而达到长期成功的管理途径”。这一定义意味着，企业想在激烈的市场竞争中长期占据优势地位，就必须实施质量经营战略以质量作为一切工作的核心，通过全员参与的质量管理和控制，以高质量的产品和优质的服务使顾客得到最高的满意度，最终使得企业获取最大的经济效益。

### 2.1.3 全面质量管理的特点

传统质量管理认为，质量管理是企业生产部门和质量检验部门的工作，重点应放在生产过程的管理上，特别是工艺管理及产品质量检验上，把质量管理委托给质量经理去管理。全面质量管理就是要在“全”字上做文章，要树立“三全一多样”管理的理念。

#### 1. 全面质量的管理

全面质量管理强调的全面质量是朱兰博士提出的“大质量”的概念，从开始仅指产品固有的特性质量，扩展到产品的成本、交货期和支持性服务；从局限于产品的狭义质量，扩展到包括产品、体系和过程的广义质量，进而扩展到企业的经营质量、绩效质量。质量不仅要满足顾客要求，还要满足其他相关方的要求。

#### 2. 全过程的质量管理

全过程是指使产品满足顾客和其他相关方要求所需的全部过程。这些过程包括产品实现过程、管理过程和支持过程，它们对产品质量的产生、形成和实现都是不可缺少的。实现全过程的质量管理的有效载体是全面质量管理体系，组织应通过建立体系，对所确定的全部过程进行系统的管理。

3. 全员参与的质量管理

产品质量是工作质量的反映，企业中每一个部门、每一个生产车间及每一位员工的工作质量都必然直接或间接地影响产品的质量，而且现代企业的生产过程十分复杂，前后工序、车间之间相互影响和制约，仅靠少数人设关保质量是不能真正解决问题的。所以全面质量管理的另一个重要特点是，要求企业的全体人员都必须为提高产品质量尽职尽责，只有这样生产优质产品才有可靠的保证。因此，全员性、群众性是全面质量管理的重要特点。

全面质量管理要求全体成员树立质量第一的思想，这个思想体现在预防、服务、科学、改进这几个方面。

1）预防——以预防为主

产品质量是制造出来的，而不是检验出来的。统计资料表明，产品质量缺陷的 70% 是由设计阶段决定的，剩下的 30%是由制造等其他阶段造成的，如图 2-1 所示。因此在质量形成的所有环节采取预防措施是不容忽视的一项重要工作。在全面质量管理中，要求把质量管理工作的重点从事后把关转移到事前预防，真正做到以防为主，把不合格品消灭在产品质量的形成过程中。为此，在生产过程中要采取各种措施，把影响产品质量的有关因素都控制起来，形成一个稳定的生产系统。当然，预防为主并不排斥检查，而是将其职能由单纯的“把关”变为“把关加预防”。

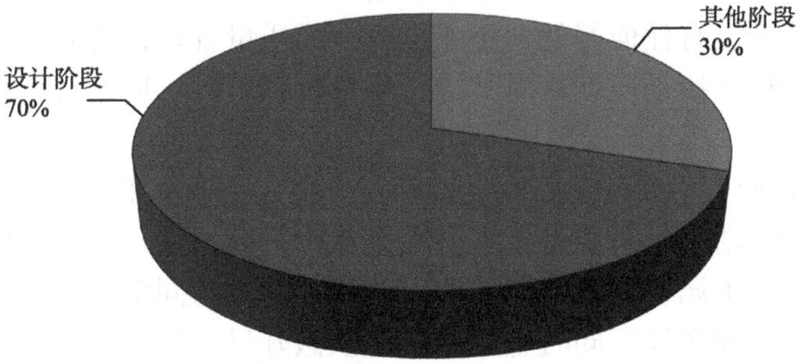


图2-1　产品质量缺陷产生来源统计图

2）服务——为用户服务

用户分为外部和内部两种，他们都是企业服务的对象。为用户服务的思想包含两方面的含义：一是企业产品的使用者就是企业的用户，企业必须为他们服务；二是在企业内部，下道工序就是上道工序的用户，上道工序必须为下道工序服务。

3）科学——用事实和数据说话

全面质量管理的过程是科学分析和坚持实事求是的过程。对可以量化的特性要保持数据的及时、准确和完整，充分利用科学分析的结果。对不能量化的特性，要及时、准确地记录特性的全部信息，供有关人员分析、判断。

4）改进——持续改进

全面质量管理的目标是产品质量的持续改进，这也是企业面对竞争激烈的市场的必然选择。要实现产品质量的持续改进，其前提是工作质量的不断改进，而其基础是全体员工质量意识的不断提升。六西格玛（six sigma，符号6σ）方法中设计了一套很好的持续改进质量的体系，为解决质量管理中人的质量意识问题提供了具有可操作性的方案。

质量管理采用的方法是全面且多种多样的，它是由多种管理技术与科学方法所组成的。科学技术的发展对质量管理提出了更高的要求，进而推动质量管理向科学化、现代化发展。在质量管理过程中应自觉地利用先进的科学技术和管理方法，应用排列图、因果图、直方图、控制图、数理统计、正交试验等技术来分析各部门的工作质量，找出产品质量存在的问题及其关键的影响因素，从而有效地控制生产过程的质量，达到提高产品质量的目的。

## 2.2 全面质量管理基础工作

### 2.2.1 质量教育工作

中国有句古话："授人以鱼不如授人以渔。"国外有句名言："质量管理起于教育，同时也终于教育。"质量检查工作是全员性的工作，不能每次进行质量检验的时候只由专人负责，这对质量管理没有任何好处，企业推行全面质量管理，首先需提高员工的素质，而提高员工素质的最直接手段就是对其进行质量教育培训。质量教育的内容主要包含以下几项。

（1）质量意识教育。推行全面质量管理首先要让企业职工树立质量意识，同时使大家怀着饱满的工作激情来进行质量管理。在企业中，高层管理人员应该做出表率，通过自己的身体力行影响下属，培养他们的质量意识；同事与同事之间应就对方的质量问题提出自己的中肯意见和建议。同时企业内部应该做好目视管理，张贴有关质量管理的标语、海报。

（2）质量管理知识与方法培训。不同层次的人会有不同层次的质量责任，因此，进行质量管理培训也得因地制宜，对不同的人员制订不同的培训方案。针对最高管理层，应使其重点掌握质量管理理论和原则，了解领导责任和质量管理各职能的活动，以进行正确的引导和协调；对管理岗位的员工和质量活动关键岗位的人员，应使其掌握质量管理的基本原理和方法，以便提高质量领域的工作效率，通过改进质量提高经济效益；对基层员工，重点是使其掌握在本岗位开展质量控制和质量保证活动所需的质量管理知识技术。

（3）专业技能培训。各岗位人员的技术与技能水平直接影响产品质量。熟练的工人可以用最低的时间成本、体力成本完成某项工作，不熟练的工人不仅会花费更多的时间、劳动力完成某项工作，甚至会造成不必要的损失，因此，应该时刻对职工的专业技能培训，让职工在自己的工作岗位上尽可能地提高其产品质量。

## 2.2.2　标准化工作

古人云："不以规矩，不成方圆。"这句话讲的是做任何事都需要规则、规矩。而这里的"规矩"也可以理解为"标准"，GB/T 20000.1—2002《标准化工作指南 第 1 部分：标准化和相关活动的通用词汇》中对标准的定义："为了在一定的范围内获得最佳秩序，经协商一致制定并由公认机构批准，共同使用的和重复使用的一种规范性文件。"

质量管理与标准化有着千丝万缕的联系，一个组织的标准就是组织的"最高准则"，标准化工作为企业实行全面质量管理提供了基础和依据。为完善地建立企业质量体系标准，掌握必要的标准化知识是企业的基础工作。

标准化是指在经济、技术、科学及管理等的社会实践中，对重复性事物和概念通过制定、发布和实施标准，达到统一，以获得最佳秩序和社会效益的活动。标准化具有以下特点。

（1）标准化的基本目的是寻求工作的最佳顺序，提高工作效率，从而得到最大的生产效益。

（2）标准化的对象具有多样、相连等属性的重复性事物。所谓多样性是指事物具有多种表现形态。标准化的对象已经从传统工业延伸到文化、经济、政治等与人类息息相关的各个领域。

（3）标准化不是指死板的条文，而是一个过程，即专业人员制定标准、工作人员贯彻标准的过程。

标准化工作在质量管理中的重要性体现在以下几个方面。

（1）标准是衡量产品质量和各项质量的尺度，也是企业进行生产技术活动和经营管理工作的依据。在企业管理中，标准化与质量管理的关系非常密切，可以说没有标准，企业的质量管理也就无从谈起。

（2）某种程度而言，进行全面质量管理也就是进行标准化，标准化的基本任务就是通过制定和贯彻标准，使企业繁杂的管理工作简洁化、系统化、条理化，保证生产过程中提高效率、降低成本，以最少的投入实现企业的目标。

企业做好标准化工作，就是为企业的经营活动建立一定的秩序，保证各个工作环节协调一致，企业的标准化是企业进行质量管理的支柱与基础，同时对企业的其他方面的提高有着重要意义，在开展标准化工作中，企业应从以下几个方面进行。

（1）了解标准化的基本任务。企业在进行标准化实施过程中的基本任务有：认真贯彻落实国家、行业与地方和标准化有关的规定，不能使企业的标准化与法律法规相冲突；在此基础上参考国内国际先进的标准并结合自身实际情况，正确制定、完善标准；健全和维护相关标准体系；时刻检查监督企业内部标准化的实施情况。

（2）坚持"顾客第一"的指导方针。必须坚持"顾客第一"的指导方针，把企业生产的产品和服务能满足顾客的需要作为衡量企业标准化工作的重要标志之一。需要注明的是，按照标准制造出来的产品只能被称为合格品，并不一定可以取得消费者的满意，产品的质量最终只能由顾客评价。因此，与顾客要求背道而驰的标准毫无作用，甚至会对企业产生毁灭性的打击，所以企业标准必须根据消费者需要的变化而及时修订。只有坚持“顾客第一”的原则，企业的标准才能真正发挥作用，企业的标准化工作才能取得事半功倍的效果。

（3）必须坚持“系统性”原则。标准化的对象是企业生产经营全过程中具有多样性、相关性、重复性的事物。因此针对这些重复性事物所进行的标准化工作也应该具有多样性、相关性，如果在制定标准的时候为了某一标准的制定而忽视另一标准的制定或者倾向性地注重某一方面标准的制定会使得标准体系无法正常发挥应有的效果。因此，企业标准化必须坚持系统性原则，具体表现为以下两个方面。

第一个方面，企业的标准与标准之间、企业标准与企业外部相关标准之间必须协调统一。标准之间存在着相互连接、相互依存、相互制约的内在联系，只有彼此之间协调统一，才能发挥预期的作用。

第二个方面，企业的标准还必须做到完整配套。如对某种产品而言一般包含使用、安全、经济等相关功能，所以就要求有包括技术标准、安全标准、经济标准等一整套标准。因此，为了生产让消费者满意的产品，仅仅制定和实施产品的质量标准是远远不够的，必须使那些以产品为中心的相关质量因素和工作都形成一整套标准。

### 2.2.3 计量工作

计量工作是工业生产的重要环节，它是实施全面质量管理的一项基础工作，是保证并提高产品质量的常用手段。

计量工作的重要任务是保证量值和计量单位的统一准确，只有在统一的条件下生产才不会出现混乱，只有在统一的条件下各种质量数据传递才不会失真，才能使企业规范地在客观准确的数据的基础上进行质量管理。

如何做好计量工作？这里对它提出了以下几点基本要求。

（1）根据实际生产情况，配备计量仪器和计量人员。针对不同的计量任务，会用到不同的计量仪器，会有不同的计量精度要求，需要不同素质的计量人员，在计量仪器与计量人员的配备上不能出现“杀鸡用牛刀”的情况。

（2）建立健全的计量管理制度。企业的计量管理制度主要有：计量器具的使用制度、计量人员的责任制度、计量器具的交接制度、计量器具的保管制度等。

（3）正确、合理地使用计量器具。在进行计量工作的时候，要由熟练的计量人员操作或培训，对计量仪器做到精心维护和正确使用，对于有危险的计量仪器做好防范措施，防止人员伤亡。

（4）定期进行计量器具的验定。计量结果关系到生产结果，计量器具一旦出现损坏就会造成难以估计的损失，企业应该制定计量器具周期检验的制度，计量人员也应该养成随时检验器具的习惯。计量器具的检定包括入库检定、定期自检、返厂检定等。

（5）对计量器具进行妥善保管。不同的计量器具会有不同的存放要求，因此，器具的保管、存放的环境条件必须符合技术标准，如适当的湿度，适当的温度、是否存在强电磁场、是否存在易燃易爆物品等。

## 2.2.4　质量信息工作

现在是信息时代，信息的重要性自然不言而喻，一个企业想要获得可持续性发展，必须牢牢地做好信息的收集与共享。在全面质量管理过程中，质量信息的作用也是毋庸置疑。

质量信息是反映产品质量和企业生产、供货、销售等各个环节工作质量的基础和依据，以及产品流入市场后不断得到的反馈情报。

为了更好地开展质量管理工作、改进产品质量、做出重大的质量决策，一定要做好质量信息的收集、整理、分析、反馈等工作。

一般而言，质量信息来自以下三个方面。

### 1. 产品生产制造过程中的质量信息

（1）原材料的质量信息。如订购一批原材料时的考察信息、原材料入库时的质量信息、存放过程中的原材料质量信息等。

（2）生产过程中的质量信息。如工艺流程图、人机作业分析图、半成品入库信息登记表、控制图等。

（3）成品质量检验信息。

（4）机器设备、计量仪器的检测记录。

（5）工作记录本的其他事项的记录信息等。

### 2. 产品使用过程中产生的质量信息

（1）消费者主动反馈的意见和反映。

（2）企业主动进行质量调查收集到的质量信息。

### 3. 市场上同类产品的质量信息

比如，一个企业通过调查研究发现某个产品很有销量，但是自己公司从来没有生产过，对于可能出现的缺陷不了解，这时就可以从市场上搜集同类产品，获得需要的质量信息。

## 2.2.5　质量责任制

质量责任制是指企业各个职能部门和各个岗位的员工在质量管理中的职责与权限，它要求明确规定各部门和各类人员在质量工作中的具体职责与任务，落实其责任和权利，并与考核和奖励相结合，以便做到质量工作事事有人管、人人有专责、办事有标准、工作有检查。一旦发现产品质量问题，就可以查清责任，总结经验教训，更好地保证和提高产品质量。实行质量责任制，把质量责任作为质量考核的主要内容，能增强职工的责任心，保证和提高产品质量。因此，质量责任制是质量管理的基础工作，是稳定和提高产品质量行之有效的措施。

企业只有首先建立质量责任制，才能建立起经济责任制。质量责任制明确提出，每个人都具有检查、监督工作环节的权利，只是更进一步的具体的责任、权利对应到专门的人员负责，做到事有人管，人有专责，一旦发现问题，可以迅速找出来源，及时挽救生产。

### 2.2.6 质量文化建设

质量文化是企业文化的重要组成部分之一，是指企业在生产经营活动中形成的质量形象、质量管理体系文件、质量目标、质量意识、质量精神、质量行为和质量价值观等“软件”，以及企业所提供的产品质量水平等“硬件”的总和。进行质量文化建设对一个企业的生存和发展至关重要。在进行质量文化建设时，应注意如下几个方面的工作：重视企业最高决策人的作用；不断加强质量意识教育；创造良好的工作环境和实施质量文化工程。

## ➢本章小结

本章的主要内容是陈述全面质量管理的背景、含义、特点，介绍全面质量管理的基本方法和基础工作。

全面质量管理是指一个组织以质量为中心，以全员参与为基础，目的在于通过让顾客满意和本组织所有成员及社会受益而达到长期成功的管理途径。其实质就是企业全体员工、所有部门同心协力，综合运用现代管理技术、专业技术和数理统计方法，经济合理地开发、研制、生产和销售用户满意的产品的管理活动过程总称。全面质量管理要求全体成员树立“质量第一”的思想，这个思想体现在以预防为主、为用户服务、用事实和数据说话、持续改进、多种多样方法的质量管理等方面。全面质量管理的特点包括全面质量的管理、全过程的质量管理、全员参与的质量管理。

## ➢思考题

1. 全面质量管理发展经历了哪些阶段？
2. 全面质量管理的含义是什么？
3. 全面质量管理有哪些主要特点？
4. 全面质量管理的基本内容有哪些？
5. 全面质量管理基础工作有哪些？简述其与全面质量管理工作程序之间的关系。

# 质量管理体系

**学习目标**

1. 理解质量管理体系的基本概念及其相关作用。
2. 掌握质量管理体系的基本构成要素。
3. 掌握质量管理体系的要求。
4. 了解质量管理体系标准及实施。
5. 掌握组织实施质量管理体系的方法。

**导读**

当今时代，质量管理的重点已转变到以“顾客满意、持续改进”为核心的质量管理体系的建立和有效运行上，而质量管理体系得以有效运行的基础是ISO 9000族标准的建立和执行。质量管理体系是组织管理体系中的一个重要组成部分。它旨在为组织活动建立质量方针和目标，并为实现质量方针和目标确定相关的组织结构、过程、活动与资源。质量管理体系包括制定质量方针、目标及质量策划、质量控制、质量保证和质量改进等活动。本章的主要任务是介绍质量管理体系的概念、要求、标准、建立与实施，帮助读者更好地掌握质量管理体系的内容构成、建立程序和实施要点。

## 3.1 质量管理体系概述

### 3.1.1 体系

在质量管理学中，我们把体系定义为相互关联或相互作用的一组要素。其中，要素指的是构成体系的基本单元，也可以理解为组成体系的基本过程。所以，体系也泛指一定范围内或同类的事物按照一定的秩序和内部联系组合而成的整体，是不同系统组成的系统。

自然界的体系遵循自然的法则，而人类社会的体系则要复杂得多。影响人类社会体系的因素一方面是人性的自然发展，另一方面是人类社会对自身认识的发展。

### 3.1.2 管理体系

体系中，管理类要素相互关联与作用的一组要素的组合称为管理体系（management system）。管理体系是人类社会体系中的重要组成部分，通常我们所说的管理体系是企业组织制度和企业管理制度的总称，指的是企业或组织建立方针和目标并实现这些目标的体系。因此，管理体系是指在企业运作过程中建立方针和目标，并实现这些目标的一系列相互关联或相互作用的一组要素。

由此可见，一个组织建立管理体系时，应首先致力于建立相应的方针和目标，然后再根据方针和目标设计出一组实现该方针和目标所需的相互关联和相互作用的要素。当然，承担这些相互关联和相互作用的要素需要一定的组织结构，这就需要在组织内划定组织结构和职责，提供必要的资源，规定开展各项活动的方法和途径。

一个组织的管理体系可包括一个或多个不同的管理体系，如质量管理体系（ISO 9000）、职业健康与安全管理体系（OHSAS18001）、信息安全管理体系（BS 7799/ISO 27001）、环境管理体系（ISO 14001）、汽车供应行业的质量管理体系（ISO/TS 16949）、电信行业的质量管理体系（TL9000）、食品安全管理体系（ISO 22000）等。

### 3.1.3 质量管理体系

管理体系中，与质量相关的细分板块就成为质量管理体系这一分支。质量管理体系是指在组织内部建立实现质量目标所必需的、系统的质量管理模式，属于组织的一项战略决策内容。它将资源与过程结合在一起，以过程管理作为方法进行系统的管理，并根据企业特点选用若干体系要素加以组合，一般包括与管理活动、资源提供、产品实现及测量、分析与改进活动相关的过程的组合。因此，质量管理体系涵盖了从确定顾客需求、设计研制、生产、检验、销售、交付之前全过程的策划、实施、监控、纠正与改进活动的要求，一般以文件化的方式，成为组织内部质量管理工作的要求。

质量管理体系是组成组织整个管理体系中的一个重要部分。它旨在为组织活动建立质量方针和目标，并为实现质量方针和目标确定相关的组织结构、过程、活动和资源。

### 3.1.4 质量管理体系基本构成

质量管理体系由管理职责、资源管理、过程管理、测量分析与改进四个基本要素构成（图 3-1）。

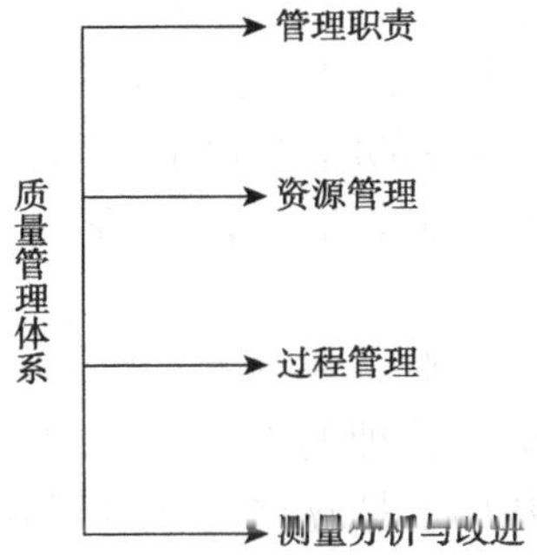


图3-1　质量管理体系基本要素构成图

管理职责由计划、组织、人事、协调、控制五大部分组成。组织中，只有各司其职，尽到自己的岗位管理职责，才能保证组织的正常运营与发展。组织内部各层级管理人员应严格遵守组织的法规、章程，高效完成自己的工作，履行自己的管理职责，保证企业有序运营。

质量管理体系中的资源管理是指组织为了实施现有的质量管理体系而采取的对组织资源整合利用的过程及为改进这些过程所必不可少的配套性工作。组织的资源可以分为组织的内部资源和可用的外部资源。资源管理要求组织及时识别由内外部环境变化而引起的资源需求，并及时提供这些资源。随着组织的不断发展，资源的供应也是动态发展的，其中，主要影响因素在于组织内外部环境的变化、需持续满足的顾客需求及改进需求等方面。

管理职责是组织的定岗定编工作，资源管理是组织合理规划的范畴，而过程管理是组织实施过程的重中之重。ISO 9000：2000 将过程定义为："任何使用资源将输入转化为输出的活动或一组活动可视为一个过程。"由此可知，过程的任务在于将输入转化为输出。资源是转化的条件，我们所说的资源通常包括人、机、料、法、环及测。而增值是对过程的期望，为了获得稳定和最大化的增值，组织应当对过程进行必要的策划，建立过程绩效测量指标和过程控制方法，并持续改进和创新。

测量分析与改进是质量管理过程中不可或缺的一环，是指在管理体系中找到问题，并对问题进行分析，提出解决问题的方案并予以实施，是提高质量的重要环节。

## 3.2　质量管理体系要求

### 3.2.1　质量管理体系的总要求

首先，质量体系文件作为企业众多文件中的重要组成部分，由描述企业的质量体系的一整套文件组成，是一个企业 ISO 9000 贯标。

其次，质量体系文件是企业建立并开展质量管理和质量保证活动的重要基础，也是质量体系审核和质量体系认证的主要依据。企业建立并完善质量体系文件是为了进一步理顺关系，明确职责与权限，协调各部门之间的关系，确保各项质量活动能够顺利、有效地实施，使质量体系实现经济、高效的运行，以满足顾客和消费者的需要，并使企业取得明显的效益。

一个企业的质量管理就是通过对企业内各种过程进行管理来实现的，因而要求企业首先要明确对过程管理的要求、管理的人员、管理人员的职责、实施管理的方法及实施管理所需要的资源，在此基础上把这些用文件形式表述出来，形成该企业的质量体系文件。

质量体系文件在实施 ISO 9000 的质量管理中起着非常重要的作用，它是对质量体系的开发和设计的体现，是企业质量活动的章程，是各级管理人员和全体员工都应遵守的工作规范。ISO 9000-1 中对体系文件的作用定义为“编写和使用文件是具有动态的高增值的活动”。实现高增值的目标离不开开发和创造性劳动，离不开在文件的编制时必须遵从的一些重要的原理和原则。

### 3.2.2 质量管理体系的文件要求

质量体系文件在质量管理体系中起着至关重要的作用，我们常见的作用有五大方面，具体如下。

第一，满足顾客要求。在现代组织里，想要正常生产就必须有文件指导。质量体系文件是生产经营活动中使产品质量得以实现的必要条件。越是大型的组织规模，越要求员工思想统一、步调一致，也就越需要体系文件的指导。同时，文件的复杂程度与组织的规模和产品的复杂程度是成正比的。

第二，确保了重复性和可追溯性。组织的生产或工作，绝大多数是一个重复的工作过程，具有重复性，而这种重复性是确保质量处在同一个水平的前提。由于文件记录在案，也就有了追溯的依据。

第三，提供客观证据。发展到法治社会，组织面临日臻完善并日趋严厉的法治环境，组织在对内和对外所做的任何事情、发表的任何声明都要求有客观的证据。

第四，提供培训。组织内部的培训偏重具体的要求而与学校的理论性培训不同。质量体系文件作为直接指导员工工作或操作的规范，员工在学习后掌握文件内容，也就意味着掌握了工作的要求、要领和程序，在此基础上就能有效地工作。

第五，评价质量管理体系的效能。ISO 9001 族标准所强调的评价，一方面是第三方评价，另一方面是自我评价。在评价的过程中，体系文件作为评价的标准和评价的客观证据而发挥作用。

组织应以灵活的方式将其质量管理体系形成文件。质量管理体系文件可以与组织的全部活动或部分活动有关，必须强调这是指“一个形成文件的质量管理体系”，而不是一个“文件体系”。

1. 文件结构

质量管理体系文件应包括如下内容。

（1）形成文件的质量方针和质量目标。

（2）质量手册。

（3）本标准所要求的形成文件的程序和记录。

（4）组织确定的为确保其过程有效策划、运行和控制所需的文件，包括记录。

不同组织质量管理体系文件的详略程度应依据组织的规模、人员的能力、工序的复杂程度等因素而定。

2. 文件控制

应对质量管理体系和本标准所要求的形成文件的信息进行控制，以确保如下几项。

（1）需要文件的场所能获得适用的文件。

（2）文件得到充分保护，如防止泄密、误用、缺损。

（3）分发、访问、回收、使用。

（4）存放、保护，包括保持清晰。

（5）更改的控制（如版本控制）。

（6）保留和处置。组织所确定的策划和运行质量管理体系所需的外来文件应确保得到识别与控制。

### 3.2.3　组织的背景环境

组织环境是指对组织建立和实现目标的方法有影响的内部和外部因素的组合。ISO 9001 族标准提出应从组织宗旨及战略高度分析和确定其所处的内部和外部环境，并从相关方需求和期望、组织的质量管理体系的覆盖范围等方面来确定质量管理体系及其过程。

组织应按下列过程建立和实施质量管理体系并改进其有效性。

（1）确定这些过程所需的输入和期望的输出。

（2）确定这些过程的顺序和相互作用。

（3）确定和应用所需的准则和方法（包括监视、测量和相关绩效指标），以确保这些过程的有效运行和控制。

（4）确定这些过程所需的资源并确保可获得。

（5）确定这些过程的职责和权限。

（6）确定应对的风险和机遇。

（7）评价这些过程，实施所需的变更，以确保实现这些过程的预期结果。

（8）改进过程和质量管理体系。

### 3.2.4 质量管理体系的四大过程

由 ISO 9001：2015 表述的质量管理体系模式是以过程为基础的，体现了质量管理的原则——过程方法。如图 3-2 所示，在整个质量管理体系大过程中，包含了管理职责，资源管理，产品实现，以及测量、分析和改进四个主要过程（方志耕等，2015）。

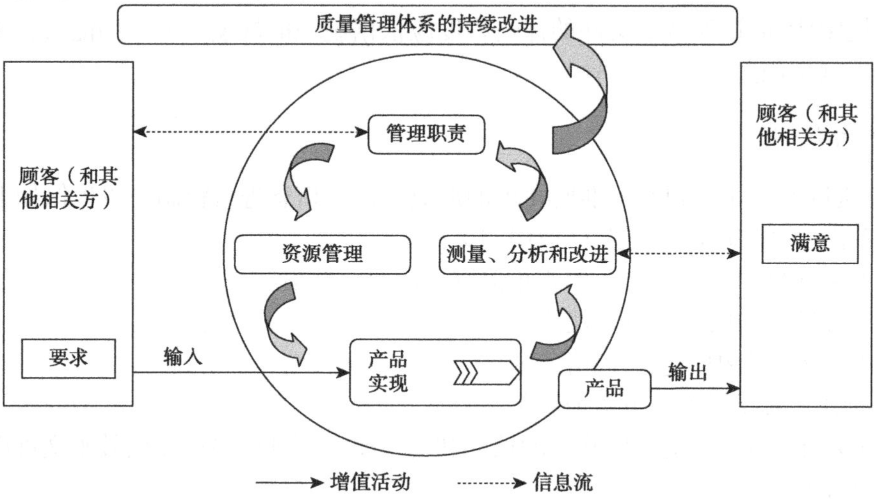


图3-2 以过程为基础的质量管理体系模式

1. 管理职责

ISO 9001：2015 规定了组织最高管理者（在最高层指挥和控制组织的一个人或一组人）在质量管理体系中应履行的职责，主要包括领导作用和策划。

1）领导作用

（1）领导作用与承诺。

（2）针对质量管理体系的领导作用与承诺。

（3）针对顾客需求和期望的领导作用与承诺质量管理体系。

（4）质量方针。最高管理者应制定质量方针，方针应：①与组织的宗旨相适应；②提供制定质量目标的框架；③包括对满足适用要求的承诺；④包括对持续改进质量管理体系的承诺。

（5）组织的作用、职责和权限。最高管理者应确保组织内相关的职责、权限得到规定和沟通。最高管理者应对质量管理体系的有效性负责。

2）策划

（1）风险和机遇的应对措施。

（2）质量目标及其实施的策划；组织应在相关职能、层次、过程上建立质量目标。

（3）变更的策划。组织应确定变更的需求和机会，以保持和改进质量管理体系绩效。组织应有计划、系统地进行变更，识别风险和机遇，并评价变更的潜在后果。

2. 资源管理

（1）资源。组织应确定、提供、建立、实施、保持和改进质量管理体系所需的资源。

（2）基础设施。组织应确定、提供和维护其运行及确保产品、服务的符合性与顾客满意所需的基础设施。

（3）过程环境。组织应确定、提供和维护其运行及确保产品、服务的符合性与顾客满意所需的过程环境。

（4）监视和测量设备。组织应确定、提供和维护用于验证产品符合性所需的监视和测量设备，并确保监视和测量设备满足使用要求。组织应保持适当的文件信息，以提供监视和测量设备满足使用要求的证据。

（5）知识。组织应确定质量管理体系运行、过程、确保产品和服务的符合性及顾客满意所需的知识。这些知识应得到保存、保护，需要时便于获取。在应对变化的需求和趋势时，组织应考虑现有的知识基础，确定如何获取必需的更多知识。

（6）能力。组织应确定在组织控制下从事影响质量绩效工作的人员所必要的能力，并基于适当的教育、培训和经验，确保这些人员是胜任的，采取措施以获取必要的能力，并评价这些措施的有效性。

（7）意识。在组织控制下工作的人员应意识到：①质量方针；②相关的质量目标；③他们对质量管理体系有效性的贡献，包括改进质量绩效的益处；④偏离质量管理体系要求的后果。

（8）沟通。组织应确定与质量管理体系相关的内部和外部沟通的需求。

3. 产品实现

（1）运行策划和控制。组织应策划、实施和控制满足要求与标准，包括如下几项。

（a）建立过程准则。

（b）按准则要求实施过程控制。

（c）保持充分的文件信息，以确信过程按策划的要求实施。

组织应控制计划的变更，评价非预期的变更的后果，必要时采取措施减轻任何不良影响。组织应确保由外部供方实施的职能或过程得到控制。

（2）市场需求的确定和顾客沟通。组织应实施与顾客沟通所需的过程，以确定顾客对产品和服务的要求。

（a）产品和服务信息。

（b）问询、合同或订单的处理，包括对其修改。

（c）顾客反馈，包括顾客抱怨。

（d）顾客财产的处理。

（e）关系重大时，应急措施的特定要求。

（3）与产品和服务有关要求的确定适用时，组织应确定如下几项。

（a）顾客规定的要求，包括对交付及交付后活动的要求。

（b）顾客虽然没有明示，但规定的用途或已知的预期用途所必需的要求。

（c）适用于产品和服务的法律法规要求。

（d）组织认为必要的任何附加要求。

（4）与产品和服务有关要求的评审。组织应评审与产品和服务有关的要求。评审结果的信息应形成文件。若顾客没有提供形成文件的要求，则组织在接受顾客要求前应对顾客要求进行确认。若产品和服务要求发生变更，则组织应确保相关文件信息得到修改，并确保相关人员知道已变更的要求。

（5）外部供应的产品和服务的控制。组织应确保外部提供的产品和服务满足规定的要求。

（6）外部供应的控制类型和程度。组织应根据外部供方按组织的要求提供产品的能力，建立和实施对外部供方的评价、选择与重新评价的准则。评价结果的信息应形成文件。

（7）提供外部供方的文件信息。在与外部供方沟通前，组织应确保所规定的要求是充分与适宜的。组织应对外部供方的业绩进行监视。应将监视结果的信息形成文件。

（8）产品和服务的开发。

（a）开发过程。组织应采用过程方法策划和实施产品与服务开发过程。

（b）开发控制。

（c）开发的转化。组织不应将开发转化为产品生产和服务提供，除非开发活动中未完成的或提出的措施都已经完毕或者得到管理，不会对组织稳定地满足顾客、法律和法规要求及增强顾客满意的能力造成不良影响。

（9）产品生产和服务提供的控制。组织应在受控条件下进行产品生产和服务提供。

（a）标识和可追溯性。适当时，组织应使用适宜的方法识别过程输出。

（b）顾客或外部供方的财产。组织应爱护在组织控制下或组织使用的顾客、外部供方财产。

（c）产品防护。在处理过程中和交付到预定地点期间，组织应确保对产品和服务（包括任何过程的输出）提供防护，以保持符合要求。

（d）交付后的活动。适用时，组织应确定和满足与产品特性、生命周期相适应的交付后活动要求。

（e）变更控制。组织应有计划地和系统地进行变更，考虑对变更的潜在后果进行评价，采取必要的措施，以确保产品和服务的完整性。

（f）产品和服务的放行。组织应按策划的安排，在适当的阶段验证产品和服务是否满足要求。

（g）不合格产品和服务。组织应确保对不符合要求的产品和服务进行识别与控制，以防止其非预期的使用和交付对顾客造成不良影响。

#### 4. 测量、分析和改进

组织应考虑已确定的风险和机遇，确保质量管理体系的符合性和评价顾客满意度的有效性，组织应建立过程，确保监视和测量活动以与监视和测量的要求相一致的方式实施。组织应保持适当的文件信息，以提供“结果”的证据。组织应评价质量绩效和质量管理体系的有效性。

（1）顾客满意。组织应监视顾客对其要求满足程度的数据。适用时，组织应获取以下方面的数据。

（a）顾客反馈。

（b）顾客对组织及其产品、服务的意见与感受。

应确定获取和利用这些数据的方法。组织应评价获取的数据，以确定增强顾客满意的机会。

（2）数据分析与评价。组织应分析、评价来自监视和测量及其他相关来源的适当数据。这应包括适用方法的确定。

（3）内部审核。组织应按照计划的时间间隔进行内部审核。

（4）管理评审。最高管理者应按策划的时间间隔评审质量管理体系，以确保其持续的适宜性、充分性和有效性。管理评审策划和实施时，应考虑变化的商业环境，并与组织的战略方向保持一致。组织应保存形成文件的信息，以提供管理评审的结果及采取措施的证据。

（5）持续改进。组织应持续改进质量管理体系的适宜性、充分性和有效性。组织应评价、确定优先次序及决定需实施的改进。

## 3.3　质量管理体系标准

### 3.3.1　标准与标准化

标准化作为一门新的学科，它的发展历史源远流长，可以追溯到几千年之前。恩格斯在《自然辩证法》文中提出，科学的兴起与发展从开始便由生产所决定。标准化也遵循这条客观规律，它也是为了适应社会生产的需要，为了使人们的经济技术活动遵循共同的准则，为了使复杂的管理工作系统化、规范化、简单化。这就是说，标准化学科是在人类历史发展中客观形成的，是人类生产社会化的必然产物。

#### 1. 定义

标准是指为取得全面的最佳效果，依据科学技术和实践经验的综合成果，在充分协商的基础上，对经济、技术和管理等活动中具有多样性、相关性特征的重复事物和概念，以特定的程序和形式颁发的统一规定。

标准化则是在经济、技术、科学及管理等社会实践活动中，对重复性事物或概念，通过制定、发布和实施标准，获得最佳秩序和效益的活动过程。

标准是标准化活动过程的成果，标准化是标准制定—实施—修订—再实施的活动过程。

2. 标准化活动

标准化是一个包括制定标准、实施标准等内容的活动过程，其目的是获取秩序的效益，具体来说包括以下五个方面。

（1）标准化不是一个孤立的事物，而是一项有组织的活动过程。主要活动就是制定标准，贯彻标准，进而修订标准，又实施标准，如此反复循环，螺旋式上升，每完成一次循环，标准化水平就提高一步。标准化作为一门学科就是标准化学，它主要研究标准化活动过程中的原理、规律和方法。标准化作为一项工作，就是制定标准、组织实施标准和对标准的实施进行监督或检查，它要根据国民经济等客观环境条件的变化不断地促进标准化循环过程的正常进行，以促进国民经济的发展，提高社会文明程度和人们的生活水平。

（2）标准是标准化活动的成果。标准化的效能和目的都要通过制定和实施标准来体现，所以，制定各类标准、组织实施标准和对标准的实施进行监督或检查构成了标准化的基本任务和主要活动内容。

（3）标准化的效果只有当标准在实践中付诸共同与重复实施之后才能表现出来。标准化不是制定一个或一组标准就可以了事的，有再多、再好、水平再高的标准或标准体系，没有共同与重复运用，就没有效果。因此，在标准化的全部活动中，“化”即实施标准，是十分重要、不可忽视的环节，这一环节中断，标准化循环发展过程也就终止，更谈不上“化”了。

（4）标准化的对象和领域随着时间的推移不断地扩展和深化。如过去只制定产品标准、技术标准，现在又要制定管理标准、工作标准；过去主要在工农业生产领域，现在又要在安全、卫生、环境保护、人口普查、行政管理等领域；过去只对实际问题进行标准化，现在还要对潜在的问题实行标准化。这充分说明标准化正随着社会客观需要不断地发展和深化，并且有相对性。标准化的这种相对性，表现在标准化与非标准化的互相转化上，非标准事物中包含标准化的因素，标准的事物中也应允许非标准的东西，使其适合社会多样化的需要。

（5）标准化的目的和重要意义就在于改进活动过程和产品的使用性，提高活动质量、过程质量和产品质量，同时便于交流和协作，消除经济贸易壁垒。

## 3.3.2 ISO 9000 族标准的结构及内容

1. ISO 9000 族标准的结构

ISO 9000 族标准是指由 ISO 发布的有关质量管理的一系列国际标准、技术规范、技术报告、手册和网络文件的统称。其中，主要约有 25 个文件，该族标准在动态需求中，分阶段由一些新文件或修订文件持续制定。ISO 9000 族标准的核心文件如表 3-1 所示。

**表 3-1　ISO 9000 族标准的构成简介**

| 项目 | 内容 |
| --- | --- |
| 核心标准 | 《质量管理体系　基础和术语》（ISO 9000:2015）<br>《质量管理体系　要求》（ISO 9001:2015）<br>《组织持续成功的管理　一种质量管理方法》（ISO 9004:2009）<br>《质量管理体系　审核指南》（ISO 19011:2018） |
| 其他标准 | 《测量设备的质量保证要求》（ISO 10012） |
| 技术报告 | 《项目管理指南》（ISO/TR 10006）<br>《技术状态管理指南》（ISO/TR 10007）<br>《质量管理体系文件指南》（ISO/TR 10013）<br>《质量经济性指南》（ISO/TR 10014）<br>《教育和培训指南》（ISO/TR 10015）<br>《统计技术在 ISO 9001 中的应用》（ISO/TR 10017） |
| 小册子 | 《质量管理原则》<br>《选择和使用指南》<br>《ISO 9001 在小型企业的应用》 |

在这里对 2000 版 ISO 9000 族标准作简要说明。

（1）《质量管理体系 基础和术语》（ISO 9000）取代了原 ISO 8402：1994。

（2）《质量管理体系 要求》（ISO 9001:2000）取代了原 ISO 9001：1994、ISO 9002：1994 和 ISO 9003:1994。

（3）《质量管理体系 业绩改进指南》（ISO 9004:2000）取代了原 ISO 9004:1994。

可见，从 2000 年底开始 ISO 发布的 ISO 9000 族标准在结构上有了重大调整。族标准中所含标准的数量明显减少，标准的“要求”和“指南”却更加通用、方便，适用范围也更加广泛了。

ISO 遵循国际标准修订的原则，分别于 2015 年 9 月修订并颁发了 ISO 9000：2015 的核心标准，使该族标准日趋完善。

2. ISO 9000 族标准的内容

（1）ISO 9000 族标准是该族标准最基础的应用文件，主要内容如下：①基本概念和质量管理原则；②建立质量管理体系的基本概念和原理；③术语和定义。

（2）ISO 9001 族标准是当前应用最广泛的标准之一，通常应用条件环境如下：①质量管理体系认证；②验厂，如供应商评价、3C（China compulsory certification，中国强制性产品认证）或 QS（quality standard，质量标准）现场审核等；③追求质量稳定；④追求风险预防；⑤追求顾客满意。通常主要内容如下：①质量管理体系策划需考虑的因素；②PDCA 的方法；③风险控制。

（3）ISO 9004 族标准是企业学习、改进的重要参考资料，该标准的参考价值概括如下：①便于理解 ISO 9001 族标准；②提出了超越 ISO 9001 族标准基础要求的管理要求；③提供了可供选择的管理思路或建议；④强调业绩和效率，激发企业潜能。通常主要内容如下：①超出 ISO 9001 族标准范围的成本和风险控制、财务管理等要求；②提供贯彻实施 ISO 9001 族标准时参考；③相关方满意；④企业自我评定。

（4）ISO 19011 族标准是审核人员、检查人员、调查人员的重要参考资料，应用条件环境如下：①内审的策划和组织；②提供对供应商现场考察、评价工作的思路；③广泛用于某些有公正性要求的检查活动。通常主要内容如下：①审核原则；②审核方案策划；③文件审核和现场审核；④公正性要求；⑤审核人员管理。

（5）ISO/TR 10013 族标准是体系文件策划、编写人员的重要参考资料。通常主要内容如下：①体系文件的类型；②文件的目的和作用；③文件的层次；④文件的格式；⑤体系文件的审批和其他控制要求；⑥体系文件的编制方法。

### 3.3.3 ISO 9000 族标准的实施模式

ISO 9000 族标准自发布以来，在管理者推动和受益者推动两方面影响下，已经发展成为一个大的标准家族，称为 ISO 9000 族标准。

#### 1. 管理者推动

管理者推动是指组织建立质量体系的动力来源于企业的最高管理者，其为了提高企业的管理水平，采取主动积极的态度建立并实施一个质量体系。

通常建立质量体系分为以下几个步骤。首先，以 ISO 9004-1 和 ISO 9004 族标准其他适用的标准为指导建立一个质量体系，以改善和提高企业的质量管理水平，使企业取得更大的成功。其次，在此基础上选择一个相适应的质量保证模式标准（ISO 9001 族标准、ISO 9002 族标准或 ISO 9003 族标准），补充原体系中没有的要素，使其实施，并寻求认证。这样一来，不但满足了企业内部质量管理的需要，而且满足了顾客对产品或服务的质量保证要求。

#### 2. 受益者推动

受益者推动是指在受益者（包括顾客、员工、投资者）推动下企业所建立起来的质量体系。受益者推动建立质量体系的特点是，企业的最高管理者处于被动地位，在经营过程中顾客要求其出示质量认证或注册的证明。企业为了满足顾客的要求，不得不贯彻 ISO 9000 族标准。这种建立质量体系的做法是，企业根据顾客的要求做出分析，选择一个适用的质量保证模式，建立并实施一个质量体系，并取得认证，然后在此基础上增加 ISO 9004-1 和其他标准中适用的要素完善质量体系。

实践表明，由管理者推动和受益者推动两种途径建立质量体系的方法都是可行的。

按管理者推动的方法建立质量体系，虽然最高管理者处于主动地位，但在建立质量体系的过程中，一般来说会出现领导决策难、所用的时间长、中间有反复的问题。用受益者推动的方法建立质量体系，虽然最高管理者处于被动，但一经决策，一般不会停下来，而且所用时间较短，所以绝大多数企业采用此种方法建立质量体系。

## 3.4 质量管理体系建立、实施与审核

质量管理体系是一个随着时间的推移不断发展的动态系统。无论其是否经过正式策划，客观上每个组织都有质量管理活动。ISO 9000 族标准为如何建立一个正规的管理体系提供了指南。有必要确定组织中现有的活动和这些活动对组织环境的适宜性。ISO 9000 族标准、ISO 9001 族标准及 ISO 9004 族标准可用于帮助组织建立一个统一的质量管理体系。

正规的质量管理体系为策划、实施、监视和改进质量管理活动的绩效提供了框架。质量管理体系无须复杂化，而是要准确地反映组织的需求。在建立质量管理体系的过程中，ISO 9000 族标准给出的基本概念和原则可提供有价值的指南。

质量管理体系策划不是一个孤立的活动，而是一个持续的过程。这些计划随着组织的学习和环境的变化而逐渐完善。这个计划要考虑组织的所有质量活动，并确保覆盖 ISO 9000 族标准的全部指南和 ISO 9001 族标准的要求，该计划应经批准后实施。

组织定期监视和评价质量管理体系计划的执行情况与绩效状况，对组织来说是非常重要的。组织应周密考虑这些指标，以便这些活动易于开展。

审核是一种评价质量管理体系有效性、识别风险和确定满足要求的方法。为了有效地进行审核，需要收集有形和无形的证据。在对所收集的证据进行分析的基础上，采取纠正和改进措施。由此，知识和经验的增长可能会带来创新，使质量管理体系的绩效达到更高水平。

### 3.4.1 质量管理体系的建立

建立质量管理体系是一项复杂的工件，特别是按照 2008 版的 ISO 9000 族标准建立一种以过程为基础的质量管理体系，要涉及许多工作，既要考虑标准的要求，又要考虑组织自身的情况。质量管理体系的建立过程如图 3-3 所示。

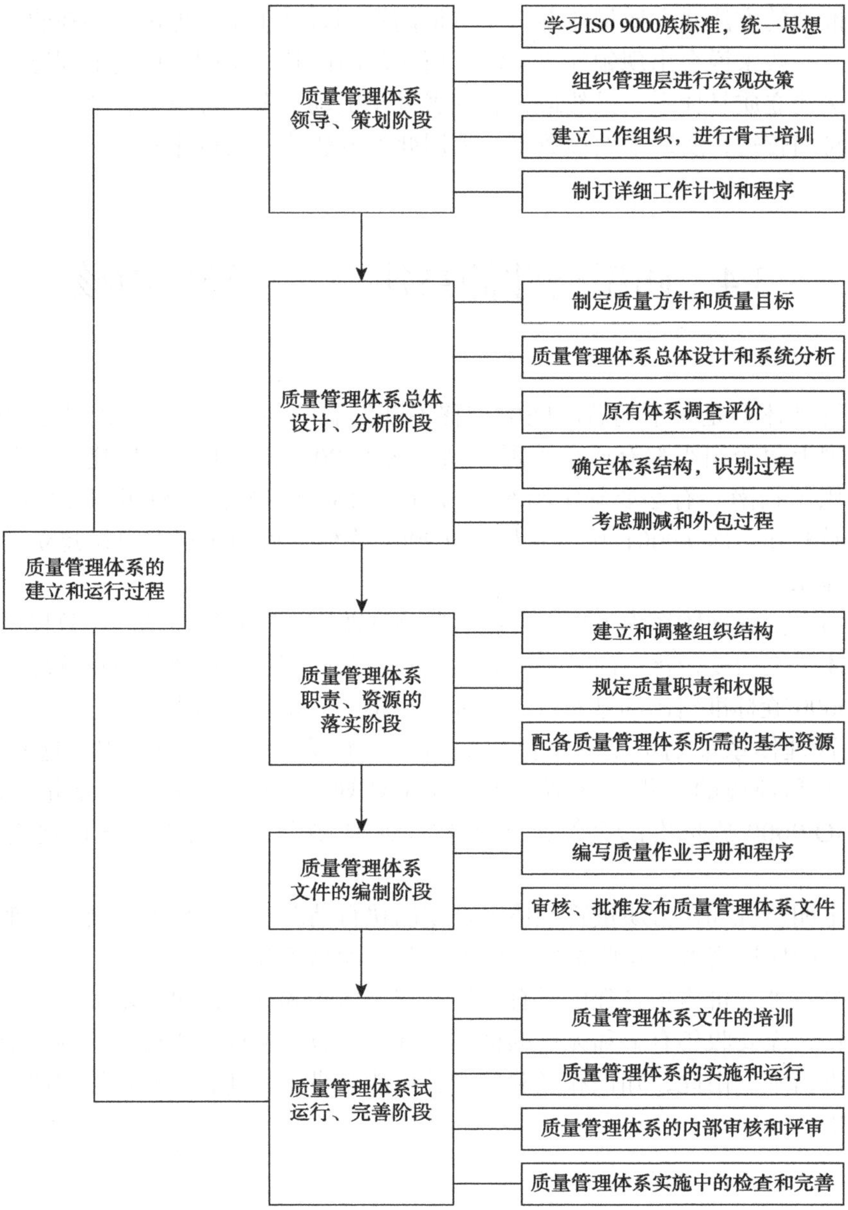


图3-3 质量管理体系的建立过程

1. 组织准备

（1）宣传动员，统一思想。按照 ISO 9000 族标准建立质量管理体系是对传统的质量管理方式进行的改革，涉及组织内的每一个员工，所以必须在整个组织内加大宣传力度，使组织内全体员工都能统一思想，贯彻 ISO 9000 族标准，建立质量管理体系。

（2）培训队伍，成立贯标小组。对队伍的培训主要包括 ISO 9000 族标准知识的培训、内审员的培训、编制质量管理体系文件的培训。

### 2. 总体规划

质量管理体系的总体规划是根据 ISO 9000 族标准的要求，结合本单位的具体情况，对质量管理体系建立进行通盘考虑的一个过程。具体包括如下几点。

（1）现状调查，分析组织的质量管理体系环境。一个组织的质量管理体系，既要适应组织内部管理的需要，又要符合外部质量管理体系证实的要求。所以，在建立质量管理体系之前，首先要调查组织的现状，既要对组织内部的环境进行分析，也要对外部环境（顾客及其他相关方和法律法规）进行详细的分析。

（2）确定组织的质量方针、质量目标和质量计划。质量方针是由组织的最高管理者发布的该组织的质量宗旨和方向。质量目标是在质量方面所追求的目的。质量计划是质量管理的一部分，致力于制定质量目标，并规定必要的运行过程和相关资源，以实现质量目标（方志耕等，2015）。

## 3.4.2 质量管理体系的实施

### 1. 质量管理体系的实施、运行和保持

质量体系文件是否可行有效，要在运行中检查，这一阶段的工作包括如下几点。

（1）质量体系实施的教育培训。

（2）质量体系的实施运行。

（3）内审计划的编制与审批。

（4）内部质量体系审核。

（5）纠正措施跟踪。

（6）管理评审。

评价质量体系，首先看文件化的质量体系是否建立，其次看是否按文件要求贯彻实施，最后看在提供预期的结果方面是否有效，以上三个问题的回答决定了对质量体系的评价结果。内审与管理评审是企业内部对质量体系评审、检查、评价的方法，在体系文件中，对开展此项工作的目的、要求、时间间隔等均应有所规定。在质量体系实施、运行过程中，企业应逐步建立一种长期有效的信息反馈系统，对审核中发现的问题，应及时采取纠正措施，建立一种自我改进和完善的机制。

### 2. 质量管理体系的合格评定

在以上工作全部完成后，企业可根据需要申请第三方认证。

贯彻 ISO 9000 族标准，建立与实施质量管理体系是一项涉及全面性、系统性、复杂性的工作。很多企业在建立质量管理体系之前，没有接触过 ISO 9000 族标准，靠企业本身来完成这项工作有一定的难度，因此，聘请外部的专家或顾问师来指导、协助企业建立健全科学有效的质量体系，是多数企业的习惯做法。

企业建立与实施质量体系，无论采用何种途径，关键要树立正确的观念，坚持从头

做起，从领导做起，树立第一次就把事情做好的良好习惯，以此为起点，以质量管理为突破口，把这种观念、想法、做法推广到企业管理的方方面面，做到凡事有章可循、凡事有人负责、凡事有据可查、凡事有准控制，企业就会少走弯路，达到事半功倍的效果。

## 3.4.3 质量管理体系的审核

### 1. 质量审核

质量审核是指企业通过系统的、独立的检查和审查来确定质量活动与有关结果是否符合计划安排，以及这些安排是否得到了有效的实施、能否达到预定的目标的过程。

质量审核可分为狭义的质量审核和广义的质量审核。狭义的质量审核是对产品的审核。它以用户使用的观点为视角，对产品定期进行复查，以判断能否符合用户的需求并提出改进产品质量的建议。广义的质量审核称为质量管理审核，指的是对企业的质量方针、质量目标、质量计划和产品进行监督检查，对各部门执行质量职能活动的情况进行评价、鉴定并提出改进意见。

质量审核是一个有序的活动，它包括以下三个层次（表 3-2）：一是由企业评价自己的质量活动；二是由企业评价它的供应者、经营者和代理人等的质量控制活动；三是由管理机构判断它所管单位的质量控制活动。

**表 3-2 质量审核过程**

| 审核类型 | | 审核委托方 | 审核方 | 审核目的 | 审核准则 |
|---|---|---|---|---|---|
| 内部审核 | 第一方审核 | 本组织 | 本组织 | 评价组织质量体系的符合性和有效性，识别改进机会；提供组织自我合格声明的基础 | 质量体系标准、适用的法律法规及其他要求、组织的质量体系文件 |
| 外部审核 | 第二方审核 | 组织的相关方（如客户） | 组织的相关方（如顾客／其代表／认可、委托的第三方） | 确定受审核方的质量体系满足相关标准的要求（如 ISO 9001 族标准、ISO 14001 族标准等） | 第二方规定的要求／质量体系标准 |
| | 第三方审核 | 受审核方／法规规定的其他组织（如环境监察部门） | 外部独立的组织（如认证机构） | 合格评定，提供符合要求的认证和注册 | 质量体系标准、适用的法律法规及其他要求 |

质量审核作为一种特定的活动，有以下四个方面的特点。

一是质量审核是为获得质量信息以便进行质量改进而进行的质量活动，是提高企业质量职能有效性的手段之一。

二是质量审核过程中，质量审核人员是由与审核对象无直接责任并经企业领导授权的人员组成的（由经理或厂长授权按合同进行），所以质量审核具有独立性。

三是质量审核要求按规定日程进行，不做突击检查，审核人员与被审核对象的质量责任人员是相互合作的，所以质量审核是具有计划性的。

四是质量审核中发现的质量缺陷或问题，是在与被审核对象有关部门统一认识后才提出审核报告的，因此质量审核不是单方面评价，而是共同商量如何进行质量改进。

2. 内审系统构建

内部质量审核（简称内审）是指企业依据某一质量体系标准来评价自身的质量体系的活动，主要目的是验证企业自身的质量体系是否持续满足规定的要求，是否正在有效地运行。

根据审核的范围、目标和内容的不同，内审分为三种类型。

1）质量体系审核

质量体系审核以对产品质量有重要影响的各过程控制的职能工作为审核对象，具有强制性。

2）过程质量审核

根据对过程结果的要求，进行过程质量审核，以检查规定的方法和程序能否严格地贯彻执行及其有效性，是非强制性要求。

3）产品质量审核

根据对成品的质量要求进行产品质量审核，审核对象是产品。产品质量审核是依据测量和试验结果，来评价产品与要求的符合性，也是非强制性要求。

内审与其他审核的区别在于：内审的主要动力来自管理者，工作重点是推动内部改进。内审程序通常比第三方审核简单，规范要求也比第三方审核低。内审的人员来自组织内部，内审对纠正措施的跟踪控制比较及时有效，内审更有利于提高质量管理体系运行效果，内审是管理者介入质量管理的重要工具。

内审应按照审核策划、审核实施、审核报告、跟踪审核、审核评估的步骤进行操作。审核策划首先是制订年度审核计划，管理者授权成立审核组，然后由审核组长制订专项审核活动计划，准备审核工作文件，通知审核。其中，工作文件的准备主要是指审核所依据的标准和文件、现场审核记录、不合格报告等。

需要注意的是，标准和文件必须是有效版本，必须已在现场实施。它们主要有：ISO 9001族标准；质量手册、程序文件、质量计划和记录；合同要求；社会要求（有关法律、法规和卫生、生态要求）；有关质量标准（包括产品、设备、材料、环境、方法、人员等产品、资源性标准）。检查表是审核员需准备的重要文件，应精心策划。通知审核是审核组向受审核方通知具体的审核早期、安排和要求。必要时受审核方应准备基本情况的介绍。审核实施是以首次会议开始现场审核，在审核组长实施审核的全过程控制下，审核员运用各种审核方法和技巧，收集审核证据，得出审核发现，进行分析判断，开具不合格项报告，并以末次会议结束现场审核。

## ➤本章小结

本章主要介绍了质量管理体系的概念、要求、标准、建立与实施。质量管理体系是指在组织内部建立实现质量目标所必需的、系统的质量管理模式，属于组织的一项战略决策内容。它将资源与过程结合在一起，以过程管理作为方法进行系统的管理，并根据企业特点选用若干体系要素加以组合而成的系统管理。质量管理体系由管理职责、资源管理、过程管理、测量分析与改进四个基本要素构成。

建立质量管理体系是一项复杂的工作，特别是按照2015版的ISO 9000族标准建立的一种以过程为基础的质量管理体系，其涉及许多工作，既要考虑标准的要求，又要考虑组织自身的情况。建立质量管理体系包括组织准备、总体规划等环节。质量体系文件是否可行有效，要在运行中检查，这一阶段的工作包括：质量体系实施的教育培训、质量体系的实施运行、内审计划的编制与审批、内部质量体系审核、纠正措施跟踪、管理评审。质量审核是指企业通过系统的、独立的检查和审查来确定质量活动与有关结果是否符合计划安排，以及这些安排是否得到了有效的实施、能否达到预定的目标的过程。

## ➤思考题

1. 什么是质量管理体系？
2. 质量管理体系由哪些基本要素构成？
3. 简述质量管理体系所包含的过程。
4. 简述衡量质量管理体系的标准，以及其所包含的结构及内容。
5. 质量管理体系如何建立？
6. 质量管理体系如何实施？
7. 质量管理体系的审核如何开展？
8. ISO 9000族标准对企业加强基层管理有何作用？

# 第二篇 职 能 篇

# 第4章

# 质量策划

**学习目标**

1. 理解质量策划的相关概念。
2. 了解质量策划的工作内容和一般过程。
3. 了解质量策划的实施过程。
4. 掌握质量策划的常用方法及工具。

**导读**

质量策划是质量管理的首要职能，其结果对后续的质量保证、质量评价、质量控制、质量改进等质量管理活动产生深远影响。如何认识和把握质量策划的基本属性与核心工作，如何开展质量策划工作，将是本章重点介绍的内容。通过本章的学习，帮助读者理解质量策划的内涵、目标，了解质量策划的原则与工作内容，熟悉质量策划的分类、层次、范围与一般过程，掌握质量策划的常用方法与工具。

## 4.1 质量策划概述

### 4.1.1 质量策划的内涵

随着质量管理的不断发展，人们对质量策划的认识也在逐步深入。朱兰认为质量策划即设定质量目标和开发为达到这些目标所需要的产品的过程。ISO 8402 中将质量策划定义为“确定质量及采用质量体系要素的目标和要求的活动”。GB/T 6583 中对质量策划的定义是“针对特定的产品、项目或合同规定专门的质量措施、资源和活动顺序的文件”。ISO 9000：2008 中指出：质量策划是质量管理的一部分，致力于制定质量目标并规定必要的运行过程和相关资源以实现质量目标。下文将对上述关于质量策划的内涵作简要阐述。

（1）质量策划是质量管理的一部分。质量管理是指导和控制与质量有关的活动，通常包括质量方针和质量目标的建立、质量策划、质量控制、质量保证与质量改进。质量控制、质量保证、质量改进只有经过质量策划，才可能有明确的对象和目标，才可能有切实的措施和方法。因此，质量策划是质量管理诸多活动中不可或缺的中间环节，是质量管理工作得以顺利有序开展的桥梁和纽带。

（2）质量策划致力于设定目标。质量目标是组织前进方向中期望达到的某一个点，质量策划就是要根据组织的方向结合具体情况来确立这个点，由于质量策划的工作内容不同、对象不同，因而所要达到的质量目标也不尽相同，但质量策划的首要结果就是设定质量目标。

（3）质量策划要为实现质量目标规定必要的作业过程和相关资源。质量目标设定后，如何实现呢？这就需要有相关的作业过程、措施来将其实现，包括“5W1H”，质量策划必须清楚地确定和描述这些内容：what（做什么？目标与内容）、why（为什么做？原因）、who（谁去做？人员）、where（何地做？地点）、when（何时做？时间）和how（怎么做？方式、手段）。在实现质量目标的过程中离不开人、机、材料、方法等资源的支持，因此质量策划除了设定质量目标外还要规定作业过程和相关资源，保障质量目标的实现。

（4）质量策划的结果应形成质量计划。质量策划要求将质量策划设定的质量目标及其规定的作业过程和相关资源用书面形式表示出来，最终形成的文件就是质量计划。

## 4.1.2 质量策划的范围

任何一项质量管理活动，不论其涉及的范围大小、内容多少，都需要进行产品质量策划。一般来说，它包括以下几个方面。

### 1. 有关质量管理体系的策划

这一种宏观的质量策划，是建立或完善组织质量管理体系必不可少的第一步，应由最高管理者负责执行，根据质量方针确定的方向设定质量目标，确定质量管理体系要素，分配质量职能等，从而建立质量管理体系的大体框架，设计出质量管理体系的蓝图。策划的质量往往决定了质量管理体系的质量，特别是能否结合组织实际情况进行策划很关键，因此质量管理体系策划在组织质量管理中具有重要的意义。

### 2. 有关质量目标的策划

质量目标是指在质量方面追求的目的。按质量策划的定义，任何质量策划都有设定质量目标的任务。组织已建立的质量管理体系虽不需要进行重大改变，但却需要对某一时间段（如中长期、年度、临时性）的业绩进行控制，或者需要对某一特殊的、重大的项目、产品、合同和临时的、阶段性的任务进行控制时，就需要进行这种质量策划，以便调动各部门和员工的积极性，确保策划的质量目标得以实现。这种质量策划的重点在于确定具体的质量目标和强化质量管理体系的某些功能，而不是对质量管理体系本身进行改造。

3. 有关过程的策划

过程是指一组将输入转化为输出的相互关联或相互作用的活动。过程策划是针对具体的项目、产品、合同进行的质量策划，同样需要设定质量目标，但重点在于规范必要的过程和相关的资源。这种策划包括对产品实现全过程的策划，也包括对某一过程（如设计和开发、采购、过程运作）的策划，还包括对具体过程（如某一次设计评审、某一项检验验收过程）的策划。也就是说，有关过程的策划，是根据过程本身的特征（大小、范围、性质等）来进行的。

4. 质量改进的策划

质量改进虽然可视为一种过程，但却是一种特殊的、可能脱离组织常规的过程，因此更应当加强质量策划。如果说有关过程的策划一旦确定，这些过程就可以按策划规定重复进行，而质量改进则不同，一次策划只可能针对一次质量改进课题（项目）。这样，质量改进策划就可以经常进行，而且是分层次（战略层、管理层、执行层、操作层）进行的。质量改进策划越多，说明组织越充满生机和活力。

### 4.1.3　质量策划的层次

组织由多个不同的部门相互联系而成，我们可以将其划分为四个层次：战略层、管理层、执行层、操作层。每个层次所关注的重点及目标不同，从而形成不同的质量策划（图 4-1）。

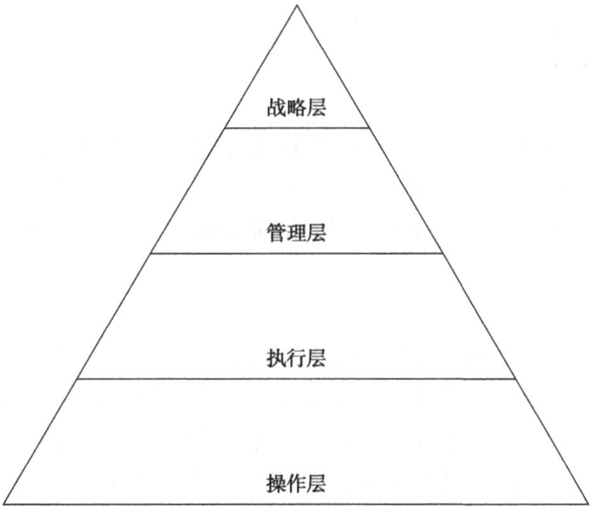


图4-1 组织的层次

战略层是组织战略目标的制定者，其主要任务是在综合考虑组织经营环境的基础上，确定组织的战略意图和战略行动。战略层的质量策划主要考虑的是组织的局限性、方向性及与目标有关的质量方针问题，质量策划中至关重要的质量目标一般是由战略层来制定的。

管理层是质量策划的具体制定者，在战略层制定的质量方针和质量目标的基础上制定详细的质量策划。管理层是组织战略质量目标能否实现的关键，是具体的战术制定者，其质量策划关注的重点是明确实现战略目标的具体措施、方法和工具，并将质量目标进行分解和落实，明确组织中各部门的职责和权限，以及实现质量策划所需要的各种资源。

执行层是质量策划的具体执行者，在管理层制定的质量策划的基础上，依据自身部门的职责和权限及自身的资源情况，制定本部门具体的质量策划。

操作层是质量策划的具体实现人员，这一层次的主要任务是按照组织制定的质量策划要求、措施、方法、工具等进行作业，实现质量策划的具体实施。

每个层次的质量策划关注的重点不尽相同，且各具特点，从战略层到操作层，质量策划期越来越短，质量策划的时间单位越来越小，覆盖的空间范围越来越小，质量策划的内容越来越详细，质量策划过程中的不确定性越来越小。

### 4.1.4 质量策划的制定

#### 1. 制定原则

为制定一个清晰、明确的质量策划，在其制定过程中要遵循一定的原则，具体而言包括层次性、系统性、可考核性、可操作性、权变性。

1）层次性

质量策划按照组织层次可以划分为战略层质量策划、管理层质量策划、执行层质量策划、操作层质量策划。

2）系统性

质量策划是一项复杂的工程，在质量策划过程中要将组织内有限的人员、材料、机械等资源同外在的顾客需求、质量目标等纳入一个系统，从系统的角度明确各部分之间的相关关系，并在此基础上确定质量策划的内容以使质量策划更加符合组织的实际情况。

3）可考核性

质量策划的可考核性原则主要是指质量目标的可考核性，其考核途径是将目标量化。目标量化是指人们必须能够回答这样一个问题：在质量策划实施中我们如何知道既定的质量目标已经完成了？比如，企业要求产品要有合理的返修率的目标，可以表示出产品质量返修率合格情况，但这并没有说明产品应该是多少返修率，因为人们对于“合理”的解释是不同的。如果我们明确地将目标定量为“本年度维持产品返修率不超过5%”，那么就对质量目标做出了明确的回答，从而为质量策划的实施成果提供了考核的标准。

4）可操作性

质量策划要建立在组织现实条件基础之上，只考虑要求，不考虑能力，质量策划所设定的质量目标就可能过高，从而导致质量策划的失败。反之，只强调自己的能力，不考虑要求，易设定较低的质量目标，从而使得质量策划难以满足利益各方的要求，导致顾客和其他相关方的不满。一个不具有操作性的质量策划可能给组织造成无可挽回的损失。因此质量策划必须建立在实事求是的基础上，一方面要明确自己的能力条件；另一方面要尽力满足各方要求，制定合理的、满足各方要求的、可实现的质量目标。

5）权变性

权变性方法是要求根据事件、时间、地点、人的不同而采取灵活变通的管理方法。质量策划是质量管理循环的开始，其制定过程包含很多的未知因素（如员工的离职、资金的短缺、宏观调控等），因此质量策划在实施过程中难免会出现一定的偏差。为使制定的质量策划按照既定的轨迹实施，就需要在实施过程中根据具体的实施环境和现实条件进行灵活性变通，因此质量策划要有一定的权变性。

### 2. 制定依据

为制定一个具有可操作性的质量策划，在其制定之初要明确质量策划的制定依据，一般而言，质量策划的依据主要体现在以下四个方面。

1）顾客和相关各方的需要和期望

顾客和相关各方满意度的提高是组织进行质量管理的重要目标之一，因此顾客和相关各方的需要和期望也就成为质量策划的重要依据，需要对其进行详细、全面的分析。

2）组织内外部环境

任何组织都不能够脱离环境而独立存在，组织的生存环境是质量策划能否成功的关键因素，一个脱离组织生存环境的质量策划难以具有可操作性，因此质量策划的制定必须建立在其生存环境的基础之上，它是质量策划的重要依据之一。这个环境既包括组织内部的环境（如员工数目、资源数量、业务范围等），也包括组织外部的环境（如行业发展方向、政策支持力度、宏观经济状况等）。

3）质量方针

质量方针是组织最高管理者正式发布的该组织总的质量宗旨和方向，是组织经营总方针的组成部分，体现出管理者对质量的指导思想和承诺，通常质量方针为制定质量目标提供框架。例如，某组织提出“顾客满意”的质量方针，该质量管理班子提出“提供无可挑剔的交付成果”的质量方针，从而与组织总的质量方针保持一致。质量方针一旦确定和颁布，就对组织每一个成员产生强有力的约束力，各成员都应理解、贯彻和执行。

4）标准和规范

不同行业和领域的项目都有相应的质量标准与规范，质量管理委员会在进行质量策划时，应明确一系列对项目质量产生重要影响的国家、行业、地方标准和法律法规等。

### 3. 制定要求

质量策划在制定过程中要符合相应的要求，尽管不同质量策划的制定要求略有不同，但一般都包括以下基本要求。

1）充分考虑质量策划的所有输入条件

质量策划的输入实际上主要包括两方面：一是要求，来自质量方针、上一级质量目标、顾客和其他相关方的需要和期望；二是能力条件，也就是组织的实际情况。

2）充分征求意见、集思广益

质量策划是一项内容广泛、过程复杂的工程，对策划人员具有较高要求，需要其充分调动自己的知识能力和经验教训。然而“智者千虑，必有一失”，如果质量策划仅依靠有限的策划人员来完成，很可能会出现意想不到的差错和漏洞。因此质量策划活动应当充分征求意见、集思广益。必要时，质量策划会议可以邀请有关专家或负责具体工作的人员（包括操作者）参加，与其在实施中受阻，不如事先消解阻力，从而保障质量策划顺利、高质量地进行。

3）注重质量策划的落实

质量策划的最终成果能否按照既定的计划有序、按时、高品质地完成，是质量策划是否成功的关键。为此，质量策划的制定、实施要遵循 PDCA 循环向上地进行。首先，在策划时，每一项措施（过程）都应规定相应的责任部门或责任人及相应的完成时间；其次，在质量策划实施过程中，组织在相应的节点要进行必要的检查、督促、协调、指导和帮助相关人员的工作；最后，在质量计划完成之后，组织需要进行必要的验证（验收），并对质量策划的参与人员及实施成果进行考核和奖惩。在 PDCA 循环中，质量策划属于 P（计划）阶段，是循环的起点，但关键还在于 C（检查）阶段和 A（处理）阶段，若没有检查和处理，PDCA 循环就是不成功的，没有循环起来。

4）实施质量策划的评审

质量策划的评审包括两个方面：一是质量策划的最终成果形成质量计划的书面文件之后，视其计划的内容广泛征求意见，使其更加完善；二是当质量策划在实施中遇到重大困难时，也可以对质量计划进行评审。如果质量策划所涉及的内容较多、时间较长（如中长期质量计划）或当环境发生变化时（如组织的状况发生变化、顾客的要求发生变化、市场发生变化、政府的经济政策发生变化等），应当进行定期的评审，并在必要时予以修订。但是对质量策划的评审和修订是建立在更好地满足要求的基础之上的，不能因为遇到一点困难就随意修订计划。

## 4.2 质量策划的工作内容

### 4.2.1 识别质量策划的需求

识别质量策划的需求是质量策划工作的首要任务，一个清晰、明确的需求对于组织质量策划的顺利进行具有重要的意义。识别质量策划的需求首先要明确需求的来源，这一阶段主要是在寻找质量策划的输入，尽管不同的质量策划会有不同的需求，产生不同的质量策划输入，但几乎所有的质量策划的需求都可以在下列项目中找到。

### 1. 质量方针

质量方针是由上层管理者对项目的整个质量目标和方向所做出的一个指导性的文件。项目的质量方针反映了项目总的质量宗旨和质量方向，质量方针提供了质量目标制定的框架，是项目质量策划的基础之一。

### 2. 上一级的质量目标

质量策划有可能是有关组织优化过程的策划，因此，上一级的质量目标也就成为本次质量策划的需求来源。上一级的质量目标包括两个方面：一是从层次上来说，是上一级；二是从时间来说，是上一级（如年底质量目标相对于长期目标是下一级，相对于季度质量目标就是上一级）。

### 3. 组织存在的问题

组织在日常的生产运营中不可避免会产生一系列的问题，质量策划在一定程度上正是为解决这些各式各样的问题而存在的。问题是为实现质量方针和质量目标所必须要解决的重要问题，包括不合格、缺陷、不足、与先进水平的差距等。未能满足质量目标要求或有碍于质量目标完成的资源、过程、产品、程序等都可能成为问题点，这样的问题点也就成为质量策划的需求来源。

### 4. 现状和未来的需求

现状是实现质量策划的基础，实现质量策划的内容在满足未来需求的同时可以改变组织的现状，但需要时间和资源。但二者的矛盾不能仅靠降低要求来解决，还要考虑未来的需求。

### 5. 组织所有相关方的满意程度

组织所有相关方满意度的提升是质量策划的重要目的之一，在这里我们所说的所有相关方包括顾客（内部的和外部的）、员工、所有者、供方（内部的和外部的）、社会，质量策划应当充分考虑他们的利益，当组织相关各方的满意度出现问题时（顾客购物体验下降、物流配送时间延长等），对于质量策划的需求就会产生。

以上是质量策划的绝大部分的需求来源，为使组织能够更加明确质量策划需求的表现情形，下面我们来看一下它们的具体表现形式，我们认为当组织出现下列情况之一时，就应进行质量策划。

（1）当顾客提出要求，组织根据这种要求建立质量管理体系或对其进行重大改进时。

（2）政府（包括出口对象国的政府）对组织的质量管理体系有强制要求时。

（3）组织需要改进质量管理，提升（包括建立和改进）自己的质量管理体系时。

（4）组织的质量管理经过审核（包括内部审核和外部审核），达不到预期的或规定的要求，需要进行重大改进时。

（5）组织的质量管理体系经过较长时间的运行，需要通过改进或重组来重新焕发生机和活力，以使组织的质量管理再上新台阶时。

（6）组织引进或创新的管理理念、管理方法，需要对质量管理体系进行重大调整时。

（7）组织的内外环境发生重大变化，原有的质量管理体系已不适应新环境的要求时。例如，内部组织机构或人员发生重大变化、外部市场发生重大变化等。

（8）组织的产品结构发生重大变化，原有的质量管理体系已不适应新产品的需要时。

（9）其他情况需要建立质量管理体系或对其进行重大改进时。

### 4.2.2 质量策划的输入

质量策划实际上是一个过程，也有输入—过程—输出的特殊要求。在进行质量策划时，力求将涉及该项活动的信息全部收集起来作为质量策划的输入。不同的质量策划可能有不同的输入内容，但下面这些是任何质量策划都必须要考虑的。

（1）质量方针或上级质量目标的要求。

（2）顾客和其他相关方的需求和期望。

（3）与策划内容有关的业绩或成功经历。

（4）存在的问题点或难点。

（5）过去的经验教训。

（6）质量管理体系已明确规定的相关要求或程序。

可见在进行质量策划时，必须首先明确要求。不管这种要求是来自内部还是来自外部，不管是顾客提出的（或隐含的）还是政府规定的，不管是现实情况迫切需要达到的，还是可以在将来达到而现在早一点达到更好的，都必须一一明确，最好能够形成书面的要求，以供策划时进行认真考虑。具体来说，这些要求可能是以下几点。

（1）合同的规定。

（2）市场调研的结果。

（3）对顾客的需求和期望及市场变化的预测。

（4）有关的法律法规。

（5）政府或上级主管部门（母公司）的规定。

（6）质量审核（包括内部审核和外部审核）的结果报告。

（7）管理评审的决定。

（8）最高管理者的指令。

（9）经最高管理者批准的有关建议或报告。

（10）相关的质量计划。

在质量策划的初始，这些要求可能是不明确、不具体的。在进行质量策划时，首先要将这些不明确、不具体的要求进行分析和确定，以使其明确化、具体化，质量策划为实现这些要求或者说目标而存在，但其实现要建立在实际情况的基础之上，因此质量策划既要满足质量目标的要求，又要符合组织实际情况。情况是组织现实存在的各种主客观条件，需要进行分析和确定。具体来说，包括以下一系列内容。

（1）组织的规模、性质及在市场上的地位。

（2）组织质量管理体系的现状和取得的业绩。

（3）产品结构、发展方向和市场占有率。

（4）组织的组织结构、人员结构和文化背景。

（5）过去的有关经验、教训，要结合现实情况加以分析而不能盲目照搬。

（6）组织所处的地理位置及由此带来的外部客观环境，包括政策环境。

（7）组织的财力状况和预计投入的经费。

（8）组织存在的重大缺陷和问题，包括质量管理体系存在的缺陷和问题。

（9）组织的需要和利益目标。

一般来说，现实情况与质量策划的目标往往是一对矛盾。目标要求提升而现实情况要求降低。在分析和确定情况时，可能存在着两种偏差：一是忽视现实情况或忽视现实情况对质量目标的制约，对现实情况不加以认真分析和确定；二是过分强调现实情况中存在的问题或负面效应，而忽视了其中的业绩和正面效应。为避免这两种情况，应深入分析情况，既确定其问题，又确定其业绩。组织在策划时，应当把要求和情况结合起来，将要求和情况作为质量策划必不可少的一种输入，在符合情况的基础上制定尽可能满足需求的质量策划，最终最好能够形成相关的文件材料，并且这些材料应尽早交与参与策划的所有人员。

### 4.2.3　质量策划的输出

质量策划都应形成文件输出，即形成质量计划文件。一般来说，质量策划输出应包括以下内容。

（1）为什么要进行质量策划或为什么要制定该项质量策划（将质量策划的输入进行简单表述），适当分析现状（问题点）与质量方针或上一级质量目标要求，以及顾客和相关方的需求和期望之间的差距。

（2）通过质量策划设定的质量目标。

（3）确定各项具体工作或措施（即各种过程）及负责部门或人员（即职责和权限）。

（4）确定实现质量策划的资源、方法和工具。

（5）确定其他内容（其中，质量目标和各项措施的完成时间是必不可少的）。

如果质量计划草案是预先准备好的，应根据质量策划会议的决定对其进行必要的修改。如果未预先准备好草案，则应委托或指令相关人员根据会议的决定起草。质量策划应由负责该项质量策划的质量管理委员会批准后下发实施。

### 4.2.4 质量策划的形成

一般来说，涉及组织层次的质量策划，应由最高管理者负责，由相关的管理人员组成相应的质量策划委员会或小组召开会议，质量策划的形成需要质量管理委员会的全程参与和指导。如果质量策划的内容涉及的范围很大，还可以扩大会议参与人员的范围，并利用头脑风暴的方法来进行质量策划。

为了提高质量策划会议的效率，可以选择由最高管理者自己或委托他人，在质量策划会议开始前根据质量策划的输入材料，事先拟定质量策划草案，并分发到质量策划会议的成员手中，让会议成员能够对会议内容有一个提前的了解，在质量策划会议上进行讨论、删减和修改。这种形式实际上是由某一个人或某几个人先进行了一次质量策划，可提高质量策划的效率和质量。但如果参与质量策划的其他人员对此不感兴趣，质量策划会议就有可能流于形式，起不到集思广益的作用，这就可能使质量策划产生漏洞和不足，从而对质量计划的完成产生很大的负面影响。因此，质量策划形成的关键在于如何召开质量策划会议，如何使参与质量策划的所有人员积极投入，充分发表意见和建议。

质量策划是一项十分复杂的工作，不仅需要有专门的机构和人员来进行，而且需要组织所有的部门和全体员工予以配合，其形成过程应当遵循以下步骤。

（1）最高管理者或者管理者代表必须亲自主持，自始至终参与策划。

（2）质量策划领导小组对策划形成的方案和计划进行评审。

（3）质量策划人员负责具体的策划工作、负责实施方案和计划。

（4）吸引员工参与质量管理体系策划，使策划过程形成一个开放的系统。

### 4.2.5 质量策划的修正

从广义上说，质量策划的修正从属于质量改进的内容，因为质量策划的修正一定程度上与一般的质量改进策划相似，二者都按照分析现状、分析原因、找出主因、制定措施四个步骤来进行。但是相较于质量改进，质量策划的修正更强调两方面：一是确定和评审不合格或潜在的不合格；二是确定不合格的原因。

由此可见，质量的修正策划不是由上级或他人选定了项目之后才开始策划的，它应当成为一项定期开展的活动。不管是组织的战略层、管理层、执行层还是操作层，都应当通过固定的或规定的渠道（主要是监视和测量的渠道、内部或外部顾客信息反馈的渠道）来获得不合格的信息，定期分析来确定潜在不合格的信息，然后通过分析原因、制定具体措施的方式来进行质量策划。

# 4.3 质量策划的实施过程

### 1. 设定质量目标

任何一种质量策划，都应根据其输入的质量方针或上一级质量目标的要求，以及顾客和其他相关方的需求与期望来设定具体的质量目标。组织的质量目标为组织全体员工提供了其在质量方面关注的焦点，同时，质量目标可以帮助组织有目的地、合理地分配和利用资源，以达到策划的结果。一个有魅力的质量目标可以激发员工的工作热情，引导员工自发地为实现组织的总体目标做出贡献，对提高产品质量、改进作业效果具有其他激励方式不可替代的作用。

在制定质量目标之前我们有必要了解所要制定的质量目标的类别，一般来说，无论何种项目，其质量目标都可以分为战术质量目标和战略质量目标两种。

（1）战术质量目标。人类各式各样的需求形成了不同的质量目标，如产品特征、过程特征及过程控制特征。我们称这些质量目标为战术质量目标，以区别于战略质量目标。在狭义的质量管理中，质量目标在性质上说几乎无一例外地是战术的，它们是由公司的中下层或工厂一级的职能部门设定的。

（2）战略质量目标。战略目标是由公司一级设定的，并作为公司整个经营计划的一部分。战略质量目标的概念是把质量列为公司目标中最优先考虑的目标，这一概念也因采用广义的质量管理概念而得到加强。战略质量目标是外加的，不能代替战术目标，它对战术质量目标的设定和实现都具有深刻的影响。

要想使质量目标真正地符合组织的实际情况，在质量管理中起到作用，需要对质量目标涉及的问题进行综合考虑，这是质量策划的重要内容之一。在质量目标的制定过程中要着重考虑以下四个方面：①确保质量目标与质量方针保持一致；②充分考虑组织现状及未来的需求；③考虑顾客和相关方的要求；④考虑组织管理评审的结果。质量目标的制定可以参照如下步骤进行：①找出组织目前的弱项和存在的问题；②对这些问题进行分析，确定问题的范围；③由所存在的问题引导出质量目标。

### 2. 确定达到目标的途径

要实现组织既定的质量目标，首先要将质量目标进行分解、层层展开，各级质量目标的实现也就保证了组织总质量目标的实现。质量目标展开后，组织相应的部门要明确自身的质量目标要求，并根据自身的人员、资源情况对每项质量目标编制实施计划或实施方案。在活动计划书或措施计划表中，应详细列出实现该项质量目标存在的问题、当前的状况、必须采取的措施、将要达到的目标、什么时间完成、谁负责执行等，从而使质量目标的实现步骤一目了然，以确保其顺利实施。

实现质量目标的过程多种多样，这些过程可能是链式的，从一个过程到另一个过程，最终直到目标的实现；也可能是并列的，各个过程的结果共同指向目标的实现；还可能是上述两种方式的结合，既有链式的过程，又有并列的过程。事实上，任何一个质量目标的实现都是多种过程的组合。例如，要实现产品合格率的目标，既需要产品生产运作的过程（链式过程），更需要各种管理控制过程（并列过程），因此，在质量策划时要充分考虑所需要的过程。当然，如果其中某一种或某一个过程对组织来说是已经存在着的并且是较为完善的，也可以不再纳入质量策划中考虑，需要指出的是质量策划考虑的重点应当放在那些新建的、需要改进的和需要加强的过程上。

3. 确定相关的职责和权限

质量策划是对相关的质量活动进行的一种事先的安排和部署，而任何实现质量目标的过程必须由人员来完成，质量策划的难点和重点就是落实相应质量策划人员的职责和权限，这又被称为质量职能展开，从而使质量目标纵到底、横到边，做到千斤重担大家挑，人人肩上有指标。将质量目标分解落实到各职能部门和各级人员，使质量目标更具有操作性的同时，使得各部门、各级人员明确自己的质量目标，知道努力的方向，明白应该干什么、什么时候干、怎样去干、干到什么程度，充分调动其积极性，以确保质量目标的顺利完成。

在质量策划会议上，进行相关职责和权限的划分时，有关人员很可能为此而发生矛盾和争执，出现推诿（无利时）、包揽（有利时）等现象。如果某一个质量过程所涉及的质量职能过去未能明确，没有相关文件给予具体规定（这种情况事实上是常见的），推诿扯皮现象可能更严重。这时，需要有相应权限的人员（如最高管理者）来“拍板”予以确定，不能因此而使质量策划受到损害。

4. 确定所需资源

质量策划中既定内容的实现是建立在组织各种资源输入的基础之上的，具体而言这些资源包括人员、设施、材料、信息、经费、环境等。但是，需要指出的是并不是所有的质量策划都需要确定这些资源，也就是说，一个质量策划不应事无巨细地将质量策划过程中所需要的所有人员、设施、材料、信息、经费、环境等资源一一罗列，这会导致质量策划的工作量超出所能承受的范围，而且在现实的组织运营中也是不可行的。事实上，如果质量职责已经落实，相应的资源准备工作理应由承担该项工作的部门或人员负责。而且，绝大多数质量策划所需的资源，完全可以从现有资源中予以调整解决，只有那些新增的、特殊的、必不可少的资源才需要纳入到质量策划中来。

5. 确定实现目标的方法和工具

对于质量目标的实现，不同类型的质量策划可能会有不同的方法和工具，需要说明的是这些方法和工具的确定也不是所有的质量策划都需要的。一般情况下，具体的方法和工具可以由承担该项质量职能的部门或人员去选择。但质量目标产生于新工作或者质量改进工作时，就需要确定实现目标的方法和工具。例如，在策划某一设计和开发项目时，就需要对其所使用的新的设计方法、验证方法、设计和开发评审方法等予以确定。

6. 制定考核形式与时间节点

由于现实情况的复杂多变性，质量策划在实施过程中可能会出现与既定内容相偏离的情况。因此，为了能够识别出各阶段质量策划的进展情况，需要制定详细的考核形式。具体的考核形式来源于质量目标中所要求的内容，这一工作包括质量目标和具体措施（也就是已确定的过程）完成的时间、检查或考核的方法、评价其业绩成果的指标、完成后的奖励方法、所需的文件和记录等。一般来说，完成时间是必不可少的，应当确定下来。而其他策划要求则可以根据具体情况来确定。

7. 输出质量计划文件

质量策划都应形成文件输出，也就是说，都应形成质量计划文件。此时输出的质量计划文件应当包括质量策划的输出部分包含的内容。

## 4.4　质量策划的方法与工具

质量策划是一个复杂、烦琐的过程，其过程离不开各种质量策划方法与工具的支持。经过众多学者的深入研究，质量策划发展至今已经出现一些适用范围较为广泛、应用程度较为成熟的方法和工具。

质量策划的工具在日本和美国的发展尤其迅速，如表 4-1 所示。

**表 4-1　日本和美国的质量策划工具**

| 质量策划工具（日本） | 质量策划工具（美国） |
| --- | --- |
| 亲和图 | 检查表 |
| 关系图 | 直方图 |
| 树状图 | 因果图 |
| 矩阵图 | 帕累托图（排列图） |
| 矩阵数据分析 | 控制图 |
| 过程决策规划图 | 展开图 |
| 箭头图 | 图示说明 |

从日本和美国的质量策划工具来看，其主要表现为对图表的应用，比较有代表性的图表类质量策划工具有质量策划路线图，如图 4-2 所示。

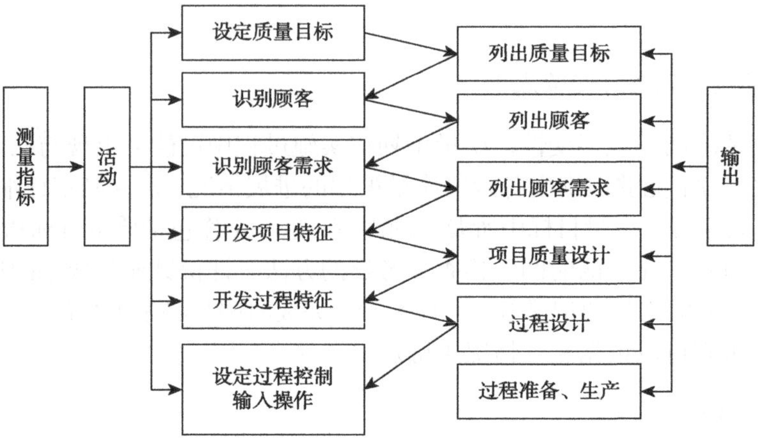


图4-2 朱兰提出的质量策划路线图

这些图表类的方法可以直观、生动地展现质量策划中所需要的各种数据信息和工作流程，对质量策划活动的顺利开展具有重要的意义。

由于质量策划的开展需要收集大量的信息，在这一过程中大量的统计工具方法被应用到质量策划中来，主要有：①批量试验；②过程能力分析；③统计公差；④差异分析；⑤回归分析；⑥可靠性量化；⑦预测可靠性；⑧韦布尔分析等。

针对质量策划过程中的各个层次和各个节点，出现了很多细分的质量策划方法，质量功能展开方法在本书质量功能展开一章中有详细介绍，本节不做一一赘述，在这里我们重点介绍质量标杆法、先期产品质量策划法两种比较常用的、典型的方法与工具。

1. 质量标杆法

质量标杆法是一种行之有效的质量策划方法，在一定程度上来说质量标杆法是一种发现自身不足，进而明确质量目标的方法，是一场广泛开展的调研与取经的运动，是一个产业研究的过程，能使管理者通过比较组织与组织之间的过程和行事方式来识别优中之优，从而实现卓越水准或建立起竞争优势。其基本原理是利用其他项目实际实施的、计划的质量结果或项目质量计划作为新项目的质量参照体系和比照目标，通过比较进行项目质量策划或制订出新项目质量计划。实施质量标杆法的组织必须不断对其他质量管理项目的产品、服务、成果、经验、不足等进行评价来发现优势和不足。

在开展质量标杆法之前要求组织理解以下基本原理。

（1）了解自身，评估优势和劣势所在。明确组织目前的重要绩效指标及对工作过程步骤和行事方式的文件化。

（2）了解行业领先者和竞争对手。只有清楚了解领先者的优势和劣势，才能够对自身的能力进行差异化。

（3）借鉴最佳经验以实现卓越。采用并消化最佳行事方式以取得组织的领先地位。

实施质量标杆法一般遵循以下四个步骤：①收集信息；②分析信息和资料，确定标杆项目或企业；③找出差距；④制定对策。质量标杆法的具体工作流程是以标杆项目的质量政策、质量标准与规范、质量管理计划、质量核检单、质量工作说明文件、质量改进记录和原始质量凭证等文件为蓝本，结合新项目的特点去制定出新项目的质量计划文件。在使用质量标杆法时，要注意标杆企业或项目在实施过程中产生的质量问题，在制订本计划时要吸取其经验教训，并制定防范措施和应急计划。

作为一种组织质量业绩评价的重要方法，质量标杆法之所以能引起组织的重视并被广泛使用，其根本原因在于它在通过辨识最佳实践、了解最佳组织的业绩及客观评价本组织业绩的基础上，为组织提供了一个奋斗目标，并且清晰、明确地表明了实现途径。通过质量标杆法组织可以发现和应用适合本组织的新战略，从而赶上并且超越竞争者。

2. 先期产品质量策划法

先期产品质量策划（advanced product quality planning，APQP）是一种结构化的方法，用来确定和制定确保某产品使顾客满意所需的步骤。先期产品质量策划的目标是促进与所涉及的所有相关人员的联系，以确保所要求的步骤按时完成。有效的产品质量策划依赖于高层管理者对努力达到使顾客满意这一宗旨的承诺。APQP 在组织的质量管理方面具有广泛的应用，因为它能够为组织带来以下益处：①引导资源，使顾客满意；②促进对所有更改的早期识别；③避免晚期更改；④以最低的成本及时提供优质产品。

APQP 方法的实施过程一般遵循以下五个步骤。

（1）计划和定义。本过程的主要任务有：①明确顾客的需要和期望；②制订计划和定义质量大纲；③将顾客满意作为一切工作的出发点。

（2）产品的设计与开发。本过程的主要任务和要点有：①确定质量策划过程中所涉及的产品设计特征的最终形式；②质量策划小组应考虑所有的设计要素；③制造样品以验证产品或服务满足需求；④一个可行的设计应能满足生产量和工期要求，也要考虑质量、可靠性、投资成本、重量、单件成本和时间等目标要求；⑤对技术要求和有关技术资料进行全面、严格的评审；⑥进行初始可行性分析，发现评审制造过程中可能发生的潜在问题。

（3）过程设计和开发。本过程的主要任务和要点有：①开发一个有效的制造系统，以满足顾客的各种需求；②明确为获得优质产品而建立的制造系统的主要特点及与其相关的控制计划。

（4）产品和过程的确认。本过程的主要任务和要点有：①通过生产运行明确制造过程的要点；②验证产品和过程是否遵循控制计划和过程流程图及产品是否满足顾客的要求。

（5）反馈、评定和纠正措施。本过程的主要任务和要点有：①质量策划不因策划过程的结束而停止，在产品的制造阶段，所有促使产品质量下降的特殊原因和普通原因都会表现出来，因此我们要对质量策划的输出进行评价，即对质量策划工作的有效性进行评价；②在此阶段，生产控制计划是用来评价产品和服务的基础。

## ➤本章小结

质量策划是质量管理的首要职能，是质量管理的一部分，致力于制定质量目标并规定必要的运行过程和相关资源以实现质量目标。质量策划的结果对后续的质量保证、质量评价、质量控制、质量改进等质量管理活动产生深远影响。对一个特定组织而言，不同层次、不同类型、不同对象的质量策划目的存在明显差异。更好地贯彻质量方针和实现质量目标通常是组织开展各类质量策划工作的目标。质量策划需要遵循层次性、系统性、可考核性、可操作性、权变性等基本原则，通常包括设定质量目标、确定达到目标的途径、确定相关的职责和权限、确定所需资源、确定实现目标的方法和工具、制定考核形式与时间节点、输出质量计划文件等核心环节。选用合适的方法与工具对于质量策划工作非常重要。

## 思考题

1. 什么是质量策划？质量策划有哪些方法？
2. 为什么要进行质量策划？请举例说明。
3. 在开展质量策划工作时，应遵循哪些原则？
4. 质量策划的依据有哪些？请简要论述质量方针、质量目标与质量策划之间的内在联系。
5. 在开展质量策划活动时，有哪些基本要求？
6. 不同层次的质量策划工作之间有哪些不同之处？请举例说明。
7. 简述质量策划的工作内容与实施过程。
8. 质量策划的常用方法有哪些？

# 第5章

# 质量控制

**学习目标**

1. 理解质量控制的相关概念。
2. 掌握质量控制的主要内容。
3. 了解质量控制的目标、标准分类和制定。
4. 掌握质量控制的常用方法。

**导读**

质量控制是质量管理的一部分，是致力于满足质量要求的活动。在过去很长的一段时间里，世界各国对质量控制一直存在多种理解和认识，目前ISO对这一术语的界定得到了质量管理界的认可。本章的主要任务是介绍质量控制的相关概念和主要内容，阐述质量控制的目标、标准及其分类，介绍质量控制的过程和方法，帮助读者更好地理解质量控制的内涵和标准，掌握质量控制的方法，并能灵活运用。

## 5.1　质量控制概述

### 5.1.1　质量控制的基本概念

1. 质量控制的内涵

“质量控制”（quality control）这一质量术语是在20世纪早期被提出来的，在之后的很长时间里，世界各国对其有多种理解与认识。目前，对于质量控制的定义质量管理界比较公认的是：质量控制是质量管理的一部分，是致力于满足质量要求的活动。为了满足质量要求，需要监视质量形成过程及其相关质量体系要素，发现和消除引起不合格或不满意效果的因素。在企业领域，质量控制活动主要是企业内部的生产现场管理，它与有无合同无关，是指为达到和保持质量而进行控制的技术措施及管理措施方面的活动。

2. 质量控制点

在质量管理活动中，我们将那些需要重点控制的对象或实体称为质量控制点。一般说来，凡属下列情况的都应设定为质量控制点：对产品的适用性（性能、精度、寿命、可靠性、安全性等）有严重影响的关键特性、关键部件或重要影响因素；对工艺上有严格要求、对后续过程有严重影响的关键质量特性、部件；由于质量过程不稳定，出现不合格的项目；对用户反馈的重要不良项目；紧缺物资可能对生产安排产生重大影响的关键项目等。

设置质量控制点时应该注意以下几点。

（1）尽量要定量表达控制点的质量特性。

（2）要明确控制点的责任单位。

（3）要以产品的质量特性或过程的质量特性为控制对象。

（4）有计划、有目的地设置控制点。

（5）设置控制点还要突出重点管理的原则，一般说来，应当首先在主导产品、创优产品、出口产品、量大面广的产品上建立控制点。就一个重点产品来说，应首先对其关键零件，选择其关键过程的关键质量特性进行重点控制。

在设定质量控制点时，一般分为如下六个步骤。

（1）结合有关质量体系文件，按质量环节明确关键环节和特殊的质量特性及主导因素。

（2）由设计、工艺和技术等部门确定本部门所负责的必须特殊管理的质量控制点，编制质量控制点明细表，并经批准后纳入质量体系文件中。

（3）编制质量控制点流程图，并以此为依据设置质量控制点。

（4）编制质量控制点作业指导书，包括工艺操作卡、自检表和操作指导书。

（5）编制质量控制点管理办法。

（6）正式纳入质量体系控制点，所编制的文件都要和质量体系文件相结合，并经过批准正式纳入质量体系中进行有效运转。

### 5.1.2 质量控制的主要内容

不同组织在组织目标、质量方针和质量目标等方面各不相同，其质量管理体系、质量形成过程和产品也不尽相同，这使得它们的质量控制内容也各有侧重。尽管存在上述差异，但是对任何组织而言，质量控制的内容主要可以从产品、过程和质量管理体系要素的角度加以区分。

1. 产品

产品是过程的结果，通常可以分为服务、软件、硬件、流程性材料等产品类别。不同类型产品由于属性和表现形式不同，其质量控制内容也存在明显差异。服务和软件通常都是无形的，其质量控制重点可以从顾客消费和使用这些产品的实际反馈结果中加以发现，尤其要重视顾客或组织内部成员提出的引起产品不合格或缺陷的关联过程和质量管理体系要素，通常可以通过增强产品生产的规范、方法、程序和流程的适用性，预防和纠正可能产生的产品质量问题。硬件和流程性材料通常是有形产品，其质量水平通常是可以通过相应的指标、方法和工具加以测量的，其质量控制重点是预防和纠正引起这些产品的特性值的不合格或缺陷。在现实生活中，组织提供的许多产品由不同类别的产品构成，服务、软件、硬件或流程性材料的区分取决于其主导成分。例如，外供产品汽车由硬件（如轮胎）、流程性材料（如燃料、冷却液）、软件（如发动机控制软件、驾驶员手册）和服务（如销售人员所做的操作说明）所组成。对这种复合型的产品的质量控制，在确定质量控制重点内容时，通常可以按具体构成成分性质和属性差异将其分解为子类产品，运用系统的视角，分类控制产品及其子类产品的质量水平。

2. 过程

过程是一组将输入转化为输出的相互关联或相互作用的活动，一个过程的输入通常是其他过程的输出。按过程的输出结果是否可以验证区分，过程一般可以分为两类：一类是输出结果是否合格能够且能经济地进行验证的过程，可以称之为普通过程；另一类是输出结果是否合格不易或不能经济地进行验证的过程，通常称之为特殊过程。尽管组织为了增值通常对过程进行策划并使其在受控条件下运行，但是对上述两类过程进行控制时，其质量控制的侧重点是不同的。一般来说，对普通过程的质量控制可以重点关注相关技术和管理活动的规范性、可靠性、适应性和适宜性，对特殊过程的质量控制则重点关注与这些过程相关的关键质量管理体系要素是否处于受控状态。总体而言，无论是哪种类型的过程，预防、发现、诊断和纠正组织的各类过程的异常波动并使其始终处于受控状态始终是组织的过程质量控制的核心工作。

3. 质量管理体系要素

质量管理体系要素主要包括组织质量的管理队伍、质量发展战略和质量计划、组织结构、组织资源等方面。其中，质量控制重点主要反映在如下几个方面。

（1）组织各层次质量管理队伍的素质、能力和绩效水平。

（2）质量发展战略与计划对实现组织总体战略和规划的支持力度，以及对具体质量活动的适用程度和指导作用。

（3）组织的人力资源、财务资源、物料和设备资源、信息资源、设施资源、软环境条件、测试方法和计量工具等各类资源要素配置的合理性、有效性和效率。

对任何一个组织而言，质量管理队伍是组织的质量要素的集成者和调配者，选拔和任用合适的质量领域的领导队伍始终是确保质量管理体系要素资源有效运作的关键所在，预防和撤换能力及素质不合格的质量管理人员是组织质量控制工作顺利开展的前提和基础。

组织的产品、过程和质量管理体系要素之间不仅相互联系，而且具有内在的因果关系，组织在确定其质量控制工作内容时也需要坚持联系的观点和系统的观点。此外，从产品质量形成过程来看，组织质量控制主要涉及产品设计、产品生产、产品提供和售后服务等诸多环节，其核心工作内容在于及时发现和分析与上述环节相关的产品（包括中间产品）、过程和质量体系要素的异常波动，采取必要措施预防和纠正不合格或缺陷。

# 5.2 质量控制的目标与标准

## 5.2.1 质量控制的目标

质量控制目标是指受控对象需要达到的绩效水平。按目标的描述情况区分，质量控制目标可以分为定量目标和定性目标。定量的质量控制目标，通常是组织的定量质量目标具体化的结果，是指能够通过定量方法加以精确描述的质量控制的绩效指标，如产品的合格率、技术性能指标等。定性的质量控制目标，通常是组织的定性质量目标具体化的结果，是指通过文字方式加以定性描述的质量控制的绩效状态，如舒适、灵敏、操作方便等。有些定性的质量控制目标可以通过一定的方法和手段将其定量化，进而转化为定量的质量控制目标。质量控制目标无论是定量的还是定性的，其根本出发点都是为了更好地满足组织内外顾客的需要和期望。质量控制目标一般可以细化为产品控制目标、过程控制目标、质量管理体系控制目标三类。

质量控制的目标针对部门或个人，这些目标所衡量的绩效结果成为公司建立奖惩制度的根据。制定质量控制的目标应该遵循如下原则。

（1）正当性。目标应该具有不容置疑的正式地位，可以作为奖惩制度制定的依据。

（2）可测性。目标应该是可以测量和评价的，这样有利于有效的沟通和控制。

（3）可达性。目标应该是可以达到的或是有事实表明曾经有人达到过的。过高的目标会使员工失去士气，不利于企业文化的建设和绩效的提高。

（4）公平性。对于职责相当的人员，目标应该是具有大致相同的可达性。

## 5.2.2 质量控制标准的分类

设定质量控制标准，为组织发现和纠正质量偏差提供了衡量标准，也为组织达到顾客的各种要求提供了客观依据。质量控制标准的表现形式多种多样，按照不同的依据进行划分，有不同的表现形式。按照业务内容进行划分，质量控制标准可以分为技术标准和管理标准。

1. 技术标准

技术标准是对技术活动中需要统一协调的事物制定的技术准则。技术标准又可分解为基础标准、产品标准和方法标准。基础标准是标准化工作的基础，是制定产品标准和其他标准的依据，常用的基础标准主要有通用科学技术语言标准、精度与互换性标准、结构要素标准、实现产品系列化和保证配套关系的标准、材料方面的标准等。产品标准是指对产品质量和规格等方面所做的统一规定，是衡量产品质量的依据，一般包括产品的类型、品种和结构形式，产品的主要技术性能指标，产品的包装、储运、保管规则，产品的操作说明等。方法标准是指以提高工作效率和保证工作质量为目的，对生产经营活动中的主要工作程序、操作规则和方法所做的统一规定，主要包括检查和评定产品质量的方法标准、统一的作业程序标准和各种业务工作程序标准或要求等。

2. 管理标准

管理标准是指为了达到质量的目标，而对企业中重复出现的管理工作所规定的行动准则。它是企业组织和管理生产经营活动的依据及手段。管理标准一般包括以下四类。

（1）生产经营工作标准。它是对生产经营活动的具体工作的工作程序、办事守则、职责范围、控制方法等的具体规定。

（2）管理业务标准。它是对企业管理部门的各种管理业务工作要求的具体规定。

（3）技术管理标准。它是为有效地进行技术管理活动、推动企业技术进步而做出的必须遵守的准则。

（4）经济管理标准。它是指对企业的各种经济管理活动进行协调处理所做出的各种工作准则或要求。

按照适用范围和领域划分，质量控制标准又可以分为国际标准、国家标准、行业标准（或部颁标准）和企业标准等。

（1）国际标准是指 ISO、国际电工委员会（International Electrotechnical Commission，IEC），以及其他国际组织所制定的标准。

（2）国家标准是对需要在全国范围内统一的技术要求，由国务院标准化行政主管部门制定的标准。1988 年，我国将 ISO 在 1987 年发布的《质量管理和质量保证标准》等国际标准等效采用为我国国家标准，编号为 GB/T 10300 系列。它在编写格式、技术内容上与国际标准有较大的差别。从 1993 年 1 月 1 日起，我国实施等同采用 ISO 9000 族标准，编号为 GB/T 19000—ISO 9000 系列，其技术内容和编写方法与 ISO 9000 族标准相同，使产品质量标准与国际接轨。2008 年，我国的国家标准采用等同于现行的 ISO 9001：2008，编号为 GB/T 19001—2008。我国于 2016 年 12 月 30 日发布了《质量管理体系　要求》（GB/T 19001—2016）（等同采用 ISO 9001：2015）。该标准于 2017 年 7 月 1 日起实施。

（3）行业标准又称为部颁标准，由国务院有关行政主管部门制定并报国务院标准行政主管部门备案，在公布国家标准之后，该项行业标准即行废止。当某些产品没有国家标准而又需要在全国某个行业范围内有统一的技术要求时，则可以制定行业标准。

（4）企业标准主要是针对没有国家标准和行业标准时的企业生产的产品，制定企业标准作为组织生产的依据。企业的产品标准须报当地政府标准化行政主管部门和有关行政主管部门备案。已有国家标准或者行业标准的，国家鼓励企业制定严于国家标准或者行业标准的企业标准，企业标准只能在企业内部适用。

### 5.2.3 质量控制标准的制定和完善

质量目标是质量方针在组织各层次的具体展开的结果，也是制定组织质量控制目标的基础。通常而言，质量控制标准是根据质量方针、质量目标和质量控制目标而制定的。质量控制标准的制定和完善一般包括如下几个主要环节。

（1）拟定质量控制标准草案。质量管理部成立质量控制标准编写小组，负责企业质量标准的编写工作。质量控制标准编写小组收集国内外、地方、行业等的相关质量标准与规定，并选取本企业的相关资料、文件、规定等。企业各相关部门提供有关部门质量管理的相关文件资料。编写小组根据收集汇总的资料文件，组织编写本企业质量标准文件，形成质量控制标准文件草案。

（2）形成质量控制标准文件。在质量控制标准文件草案编制完成后，编写小组根据有关领导的建议、意见及企业质量管理的实际情况，对草案进行补充完善，最终形成质量控制标准文件。质量控制标准文件的内容应包括但不限于以下项目：原料质量控制、辅料质量标准、半成品质量标准、成品质量标准、包装材料质量控制、工艺质量标准、制造质量标准。

（3）下发执行质量控制标准文件。质量控制标准文件形成后，根据企业质量管理审批程序，上报质量管理部经理、主管副总经理、总经理等相关领导审核、审批。之后，质量管理部负责发送至各相关部门，企业实行标准化作业管理，以保证企业产品质量。

（4）质量控制标准修正与调整。在实施质量控制标准过程中，会遇到许多问题，如制定标准人员对于目标认识不明确、标准不适合实际应用、标准设计的过高或者过低等，都会影响产品的质量、企业的绩效、员工的士气等。因此，质量控制修正与调整过程不可或缺。质量标准由质量管理部门审核之后，必须在各个相关部门实际应用，并且及时获得相关部门领导和员工的反馈，然后进行修正，以期适应各个部门的工作流程。这是一个循环的过程，直到标准调整到最佳状态。

# 5.3　质量控制的过程与方法

## 5.3.1　质量控制的一般过程

质量控制的关键是使所有质量过程和活动始终处于完全受控状态。事先应对受控状态进行安排，并在实施中进行监视和测量，一旦发现问题应及时采取相应措施，恢复受控状态，把过程输出的波动控制在允许的范围内。质量控制的基础是过程控制。无论是制造过程还是管理过程，都需要严格按照程序和规范进行。控制好每个过程特别是关键过程，是达到质量要求的保障。

质量控制通常包括如下六个主要环节。

（1）制定质量控制操作规程。国家、地方和行业的质量标准及规定，结合本企业的实际情况，编制质量控制操作规程，报送主管领导审核、审批后下发各部门，各部门组织学习并且贯彻实施。质量控制操作规程的具体内容包括但是并不局限于：质量控制的组织管理及各部门质量控制人员职责；质量控制的实施流程及具体操作规范；质量工作各环节的质量目标与标准；质量控制的相关制度。

（2）编制质量控制计划。作为企业质量控制工作方案及具体的实施依据，质量控制计划应包括的内容有以下几个方面：企业的质量控制目标；质量控制活动的职责和权限；质量控制工作过程中需采取的质量保证措施；出现问题的解决程序等。

（3）巡视与质量评估。在企业的运作过程中，各部门质量控制人员按照质量控制操作规程的规定对本部门各项工作实施监督与质量控制，确保各环节按照质量标准执行。各部门质量控制人员定期将质量控制工作报告以电子邮件的形式上交质量管理部质量控制主管，及时反馈质量管理状态、存在的质量问题等。质量管理部在各部门质量控制人员的配合下，定期进行现场质量巡视，并对企业质量控制的重要环节和关键环节的质量状况进行评审。质量评审的组织形式可采用会议或会签的方式进行，评审的具体内容参照各相关过程的程序文件执行。评审记录可以评审报告或会议纪要的形式体现。

（4）质量问题分析。各部门在质量管理过程中，随时将出现的质量问题反馈给质量管理部或相关部门，质量管理部就评审中的质量问题进行讨论和分析。

（5）提出问题解决方案。经判断，若属于常规问题，由相关部门按照以前的处理方案进行处理。如果出现的问题不属于常规问题，则质量管理部组织相关部门讨论问题的解决方案，直到最终文案的确定与下发实施。

（6）质量控制信息汇总存档。质量控制过程中产生的相关资料、文件等由质量管理部收集、存档，为今后企业质量控制活动提供有效的信息，以便高效率地开展质量控制工作。

## 5.3.2 质量控制的方法

### 1. 质量控制方法概述

质量控制方法是保证产品质量并使产品质量不断提高的一种质量管理方法。它通过研究、分析产品质量数据的分布，揭示质量差异的规律，找出影响质量差异的原因，采取技术组织措施，消除或控制产生次品或不合格品的因素，使产品在生产的全过程中每一个环节都能正常、理想地进行，最终使产品能够达到人们所需要具备的自然属性和特性，即产品的适用性、可靠性及经济性。下文对常用的质量控制方法及其用途作简要阐述。

（1）调查表法。调查表又称检查表、统计分析表等。检查表是质量管理“老七种工具”中最简单也是使用得最多的手法。该方法系统地收集资料、积累信息、确认事实并对数据进行粗略的整理和分析。

（2）分层法。分层法又叫分类法，是分析影响质量（或其他问题）原因的方法。其办法是把收集来的数据按照不同的目的加以分类，把性质相同且在同一生产条件下收集的数据归在一起。这样可使数据反映的事实更明显、更突出，便于找出问题，解决问题。

（3）因果图法。因果图是用于考虑并表示已知结果与其所有可能原因之间关系的一种图形工具。各种原因可归纳为类别原因和子原因，形成类似鱼骨的图样，所以因果图也称为鱼骨图。因果图可用于分析、表达因果关系，通过识别症状、分析原因寻找解决问题的方法措施。

（4）排列图法。排列图又称为帕累托图，其将所收集的数据按不良原因、不良状况、不良发生位置等的不同标准区分，以寻求占最大比率的原因、状况或位置的一种图形。

（5）直方图法。直方图是频数直方图的简称，它是用一系列宽度相等、高度不等的长方形表示数据的图。长方形的宽度表示数据范围的间隔，长方形的高度表示在给定间隔内的数据数。直方图的作用是显示质量波动的状态；直观地传递有关过程质量状况的信息；便于掌握过程的状况。

（6）散布图法。分析质量事故时，我们总是希望能够寻找到造成质量事故的主要原因，但影响产品质量的因素往往很多，有时我们只需要分析具体两个因素之间到底存在着什么关系。这时可将与这两种因素有关的数据列出来，并用一系列点标在直角坐标系上，制作成图形，以观察两种因素之间的关系，这种图就称为散布图。

（7）控制图法。控制图又称管理图。控制图是对生产过程中产品质量状况进行实时控制的统计工具，是质量控制中最重要的方法之一。控制图的特点是引入了时间序列，通过观察样本点相关统计值是否在控制限内以判断过程是否受控，通过观察样本点排列是否随机从而及时发现异常。控制图在质量预防和过程控制能力方面都大为改进。

（8）关联图法。关联图法是指用一系列箭线来表示影响某一质量问题的各种因素之间的因果关系的连线图。关联图法是根据事物之间横向因果逻辑关系找出主要问题的最合适的方法。

（9）KJ法。KJ法针对某一问题广泛收集资料，按照资料近似程度、内在联系进行分类整理，抓住事物的本质，找出结论性的解决办法。这种方法是拓展思路、集中集体智慧的好办法，尤其针对未来和未知的问题可以进行不受限制的预见、构思，对质量管理方针计划的制订，新产品、新工艺的开发决策和质量保证都有积极的意义。

（10）矩阵图法。矩阵图法就是从多维问题的事件中，找出成对的因素，排列成矩阵图，然后根据矩阵图来分析问题，确定关键点的方法，它是一种通过多因素综合思考，探索问题的好方法。在复杂的质量问题中，往往存在许多成对的质量因素，将这些成对因素找出来，分别排列成行和列，其交点就是其相互关联的程度，在此基础上再找一处存在的问题及问题的形态，从而找到解决问题的思路。

（11）过程决策程序图法。过程决策程序图（process decision program chart，PDPC）法是在制订计划阶段或进行系统设计时，事先预测可能发生的障碍（不理想事态或结果），从而设计出一系列对策措施以最大的可能实现最终目标（达到理想结果）。该法可用于防止重大事故的发生，因此也称之为重大事故预测图法。

### 2. 质量控制常用方法举例

近几十年来，由于现代的概念、方法和工具在质量控制中不断被正式采用，质量控制的有效性呈现出不断提高的趋势。下文以系统图法、质量成本控制法、质量问题追溯法和四检法为例，介绍质量控制中常用的方法与工具。

1）系统图法

系统图法是指系统地分析、探求实现目标的最好手段的方法。在质量控制中，为了达到某种目的，就需要选择和考虑某一种手段；而为了采取这一手段，又需考虑它下一级的相应的手段。这样，上一级手段就成为下一级手段的行动目的。如此把要达到的目的和所需要的手段，按照系统来展开，按照顺序来分解，画出图形，就能对问题有一个全面的认识，然后从图形中找出问题的重点，提出实现预定目的的最理想途径。它是系统工程理论在质量管理中的一种具体运用。

系统图法主要用于以下几方面：①在新产品研制开发中，应用于设计方案的展开；②在质量保证活动中，应用于质量保证事项和工序质量分析事项的展开；③应用于目标、实施项目的展开；④应用于价值工程的功能分析的展开；⑤结合因果分析图，使系统图法进一步系统化。

系统图法的绘制程序主要有以下几步。

（1）确定目的和目标。具体地提出研究对象所要达到的最终目的和目标，尽可能用数据和简练的语言，醒目地记在卡片上，同时写明“为什么要达到此目的和目标”，对于为实现目的和目标的条件与注意事项也要简要地注明，同时要根据更高一级的目的、目标来判定该目的、目标是否可行。

（2）提出手段和措施。要召开“诸葛亮会议”，集思广益，提出实现目的的各种手段。

（3）评价手段和措施，决定取舍。对找出的手段、措施是否得当进行评价，并进行取舍选择，决定下一步应保留和淘汰的东西。评价中可用一些符号来表示评价的结果，如X表示不可行，O表示可行等。

（4）绘制系统图。绘制系统图是最重要的一环。具体做法是：首先把程序“1”中确定的目的和目标置于图纸左端的中间，然后将为了达到的目的和目标与必要的手段和措施联系起来。在联系的过程中要仔细考虑各因素之间的逻辑关系，一般要提出如下几个问题：为了达到确定的目的和目标首先应采用什么手段？如果把这种手段和措施作为目的，那么为了达此目的还需进一步采用怎样的手段？实施这些手段或其中一部分，是否能真正达到高一级的手段或目的？

（5）制订实施计划。根据对象制订实施计划，这时要使系统图中最低一级的手段进一步具体化、精练化，并决定其实施内容、日程和承担的任务等事项。

2）质量成本控制法

质量成本是指为提高产品质量而投入的企业资源。它是以质量标准为参照的一种投入，其投入以提升产品质量指标为目的。在企业市场地位既定条件下，质量标准只能在一个额定的幅度内变动，过高或过低都将与企业既定的市场地位相背离。因此，在额定的幅度内，应是质量标准最高，而对应的质量成本最低，要达到这一目标，就必须对质量成本进行控制。

控制质量成本的基本方法：①根据企业市场地位的需要，确定企业质量标准允许的最大摆动幅度并以此为根据确定质量成本理论上的正常波动范围，使所有管理者都认清楚降低质量成本有什么样的数据参考，从而有的放矢地去进行管理作业。②在企业管理能力与技术能力的范围内，分析研究企业在保证质量标准的基础上降低质量成本的可能性与主要途径，督促管理人员去积极实施。③广泛而积极地开展企业的创新活动，也可以降低质量成本作为专项开展的创新活动，既取得降低质量成本的可能条件，又增加了全员的质量意识。

3）质量问题追溯法

质量问题追溯是指对与企业经营有关的一切可能发生或已经发生的质量问题，就其产生的原因、产生的地点与范围、解决的方法与途径、解决后还应注意的主要问题进行的探讨与实践。质量问题追溯法是指追溯质量问题应采取的思维形式和行为方式，也就是如何才能有效地符合工作程序，符合成本原则，其解决的具体行为即所“追溯”的标准行为，也就是方法。任何企业都会或多或少地出现过质量问题、质量事故，如果不进行追查及寻找解决方法，以后就有可能出现类似的或更大的问题，最终给企业造成难以挽回的损失。

质量问题追溯的方法可以分为如下六类常用的方法。

（1）沿流上溯法是从质量问题产生的工段、工序、工种点或管理作业点沿既定作业流程的逆向上溯，逐个工种点、逐个工段、逐个作业点地盘查、清理，直到找到问题的发生源，并将清查过程的逐次影响因素记录在案，与发生源结合起来进行综合分析的一种方法。这是一种常规的、思路较清晰的，也是管理者容易接受的方法，其优点较为明显，缺点是工作量较大、管理成本较高。

（2）顺流而下法是按照生产流程或管理流程顺序而下，逐个作业点进行盘查，直到查清楚全部问题为止的一种方法。

（3）随机抽查法是对待较复杂的复合型作业流程的一种方法，其重要的原则之一就是随机样本要具有代表性，符合数理统计的随机性原则。

（4）图上作业法是在全套流程图上根据质量问题的具体表现，如特征、性质、程度等估测可能发生问题的工序，根据估测资料针对性地对估测点进行检测的一种方法。

（5）成品分析法是对出现的不合格成品进行产品解剖，分析质量问题是由何处造成、何处引起、何处结束，然后做出详细的分析记录，再根据解剖的结果在线进行修正作业的一种方法。

（6）产品对比法是一种利用同行业优质产品进行质量对比的方法。

4）四检法

四检法包括自检、互检、抽检、巡检四个方面的内容。

（1）自检是指本人对自己作业工序上的产品按质量标准进行的检验，主要针对质量的外观检验，可凭借经验对某些专业技术要求不高的指标实行自检控制，以目视检验为主，标定检验为辅。

（2）互检是指相邻工序上的作业人员相互检验对方的产品，可用同类工种进行互检，作业人员不仅要掌握本工序的品质标准，也要训练掌握相邻工序的品质标准。互检应在作业的同时进行，一般不设专门时间。

（3）抽检是指质量管理人员不定时的随机性抽样检验，分定时抽检和不定时抽检、定量抽检和不定量抽检，或各种方法混合使用。抽检的范围一般为一个管理单位或工艺相似的范围内。

（4）巡检是指基层管理人员如班组长的随机性抽样检验，巡检时应特别注意品质问题的多发工序和工种点，可以使用目视方法，也可以按标准检验方法进行检验，一般应锁定在本管辖范围内。

## ➢本章小结

质量控制是质量管理的一部分，是致力于满足质量要求的活动。质量控制通常包括制定质量控制操作规程、编制质量控制计划、巡视与质量评估、质量问题分析、提出问题解决方案、质量控制信息汇总存档等主要环节。质量控制目标是指受控对象需要达到的绩效水平，通常可以分为定量目标和定性目标，又可以细化为产品控制目标、过程控制目标、质量管理体系控制目标三类。设定质量控制标准，为组织发现和纠正质量偏差提供了衡量标准，也为组织达到顾客的各种要求提供了客观依据。质量控制标准的制定和完善一般包括拟定质量控制标准草案、形成质量控制标准文件、下发执行质量控制标准文件、质量控制标准修正与调整等主要环节。目前学术界和企业界相继开发了多种质量控制方法与工具，熟悉和掌握这些方法和工具有助于做好质量控制工作。

## ➢思考题

1. 简述质量控制的内涵和主要内容。
2. 简述质量控制目标的含义及其制定原则。

3. 质量控制标准可以分为哪些类型？质量控制标准的制定包括哪些环节？
4. 简述质量控制的一般过程。
5. 质量控制的常用方法有哪些？

# 第6章

# 质量改进

**学习目标**

1. 理解质量改进的定义、特点、目标和原则。
2. 掌握质量改进的方法。
3. 了解质量改进的实施措施。
4. 掌握质量改进的流程。

**导读**

质量体现着人类的劳动创造和智慧结晶，体现着人们对美好生活的向往。总体来看，我国中低端产品过剩，高端产品供给不足，一些领域存在质量偏低的现象。加快建设质量强国就是要更好地满足人民美好生活需要，守牢质量安全底线，增加优质产品和服务供给，满足多样化、多层级的消费需求，不断增强人民群众的质量获得感、幸福感、安全感。质量改进是质量管理的一部分，致力于增强满足质量要求的能力。组织通常以项目的形式开展质量改进活动，改进的对象可以涉及产品、过程和质量管理体系等方面的薄弱环节。在现代的经营环境中，技术飞速发展，市场竞争日益激烈，顾客的需要和期望也处在持续的变化之中。在此背景下，持续不断的质量改进已经成为组织在竞争中生存和发展的关键。组织必须将质量改进作为一种生存方式。本章主要介绍质量改进的定义、特点、目标、原则和意义，质量改进的方法、实施和流程，帮助读者更好地理解质量改进，掌握质量改进的方法。

## 6.1 质量改进概述

### 6.1.1 质量改进的定义

ISO 9000：2008 对质量改进（quality improvement）的定义为：质量管理的一部分，

致力于增强满足质量要求的能力。其中，"要求可以是有关任何方面的，如有效性（effectiveness）、效率（efficiency）或可追溯性（traceability）"。有效性是指完成策划活动和达到策划结果的程度；效率是指达到的结果与所使用的资源之间的关系。对于企业质量管理活动而言，有效性和效率之间的关系是密不可分的。离开效率，将付出高昂的代价换得有效性的结果；离开有效性，高效率的后果将是很可怕的。可追溯性则是指追溯所考虑对象的历史、应用情况或所处场所的能力。当考虑的对象为产品时，可追溯性涉及原材料和零部件的来源、加工过程的历史（如经过的工序和场所、使用过的设备、操作者等）、产品交付后的分布和场所等。从这一定义中可以认识到，质量改进是质量管理活动的组成部分，是着重于增强满足质量要求的能力的那些质量管理活动，其目的是让顾客满意，而不是让自己精益求精；质量改进是在认识错误基础上的学习，是学习型组织和学习型社会的特征之一。

著名质量管理专家朱兰博士将质量改进描述为"有组织地取得的良性改变；前所未有的绩效水平的实现"。朱兰博士进一步指出，组织有两种方式的良性改变：一种是通过改进产品特性进而增进顾客满意的改变，这种改变通常是通过质量计划活动来实现的；另一种则是通过降低缺陷来减少慢性浪费和消除顾客不满的改变，这种改变主要通过揭示原因并采取纠正措施的方法来实现。这种旨在减少慢性浪费的活动便是通常人们所讲的质量改进，改进也常被称为突破。

### 6.1.2 质量改进的特点

质量改进活动具有如下的特点。

#### 1. 质量改进不同于质量控制

组织的质量管理活动，按其对产品质量水平所起的作用不同，可分为两类：一类是质量维持，是为保持现有水平稳定的活动，通常通过质量控制来实现；另一类是质量突破，即质量改进，是根据用户需求和组织经营的需要对现有的质量水平在维持的基础上加以突破与提高，使产品质量水平上一个新的台阶的活动。

#### 2. 质量改进是以项目的方式实施的

改进项目在这里指的是一个已安排解决的长期性问题。在确定质量改进项目时，通常先对组织中存在的问题进行分析，找出应该予以解决的慢性、系统性问题，并依据帕累托原理确定改进的优先顺序，进而将其纳入到质量改进项目计划中。一旦启动某一改进项目，就需要组建团队，给予各方面资源的支持，依据合理的工作流程，运用适宜的改进工具和技术实施改进。当改进项目结束时，该项目予以解决的慢性问题应该得到解决，组织满足质量要求的能力也有了一定程度的突破。为了在竞争的压力下生存和成功，组织需要持续不断地改进，因此就需要持续地推动质量改进项目的开展。

### 3. 质量改进是普遍适用的

20 世纪 80～90 年代，通过实施的大量项目表明质量改进适用于制造业及服务业、生产过程及业务过程、运作活动及支持性活动、硬件及软件。到目前为止，质量改进不仅成功地应用于企业的所有职能领域，如财务、产品研发、市场营销等，而且被应用到包括政府、教育和医疗等领域在内的几乎所有的产业中。因此，质量改进是普遍适用的。

### 4. 质量改进是无止境的

质量改进无止境的原因在于两点。一是因为顾客的需求是无止境的。为了不断满足顾客的需求，组织就需要不断地开发新的产品，开展新的计划活动。这一过程在“孵化”出新的更好的产品和新的计划的同时，也带来了新的问题、新的浪费，需要通过不断地改进予以解决。

二是因为人的创造性是无止境的。人总是能够找到更好的方法将事情做得更好。以丰田汽车公司为例，该公司 8 万名员工每年要提出 400 万件改进建议，每人每年平均 50 件。从很多改进成功的组织的报告中，也可以看出，尽管这些公司每年的改进数目达数千项，但是还有大量的项目需要进行质量改进。这也从一个角度证明了质量改进是无止境的。

### 5. 质量改进是有成本的

质量改进成果的取得需要付出多方面的努力，包括以下几个方面。

（1）在组织内建立基本的制度来动用资源、实现持续不断改进，包括设立具体目标、项目选择、责任分配、项目进展情况的追踪等。

（2）通过培训人们能够了解如何在改进团队中工作，以及如何使用改进工具等。

（3）进行诊断找出慢性浪费的原因并进行“治疗”，消除原因。

所有这些工作都需要相当大的花费。但是需要注意的是，质量改进的成本本身不能作为否定该项工作必要性的理由。事实上，尽管质量改进需要投入，但是相对于其取得的成果来看，投资回报率很高。原因在于减少慢性浪费的改进活动通常不需要资本支出，主要的投入是质量改进团队的时间，因此投资回报率很高。大量的公司所发布的质量改进报告也支持这一点。

### 6. 质量改进的成果主要来自关键的少数项目

实践证明，大部分的可衡量的成果都来自一小部分质量改进项目，即那些关键的少数项目。这样的项目通常是跨部门的项目，需要跨部门的团队来实施。与之相对的则是次要的多数项目。尽管这些项目在数量上占绝大多数，但是从改进的效果来看往往要比关键的少数项目差若干个数量级，这些项目通常都是由部门内的团队实施的。这一事实一方面证明了帕累托原理的适用性，证明了在质量改进活动中抓关键的重要性；另一方面也使人们认识到部门之间的协调和整合是改进中需要予以关注的重点。

## 6.1.3 质量改进的目标

质量改进必须有具体的目标作指引，以使组织及其成员产生合乎目的的、具体的改进行动。质量改进的目标可以从以下三个方面来理解。

（1）从顾客价值的角度来看，质量改进应注重提高顾客满意度及过程的效果和效率，这也是质量改进的宗旨或总的目的。质量改进应以顾客价值为导向，顾客的满意就是质量，质量改进就是使顾客不断地得到物质和精神两个方面的满意。物质满意就是顾客在对组织提供的产品核心层的消费过程中所产生的满意程度，物质满意的影响因素是产品的使用价值，如功能、可靠性、设计包装等。精神满意是客户在对组织提供的产品形式层和外延层的消费过程中所产生的满意程度，精神满意的影响因素包括产品的外观、色彩、防护、装饰、品味和服务等。

（2）从组织绩效的角度来看，质量改进的核心是提高组织的整体素质和竞争力，质量改进应贯穿于组织的各个层面。所以，应将组织的总质量改进目标逐级分解，落实到各个部门、各个小组乃至各个成员，为它们分别确立相应的质量改进目标，使每项具体的质量改进活动都有具体的目标。这样促使组织的各个层次的人员都能为了组织的生存和发展积极投身于质量改进活动中去，从而保证总质量改进目标的实现。

（3）从社会效益的角度来看，组织进行质量改进不仅是为了增加因顾客需求得到满足所获得的利润，而且要符合顾客和社会的长远利益。质量改进不仅要使顾客和组织成员满意，也要考虑到所进行的改进工作是建立在维护顾客利益的基础上的，并确保社会效益有所保障。

有效的质量改进目标应具备以下特点。

（1）目标应具体，并且应是可考核的。空洞的、泛泛的目标不能产生明确而有效的指导作用；不可考核的目标难以指明或评价具体行动结果的强度或程度，从而降低目标对具体行动的指导作用。所以，目标应尽可能是量化的目标，以便能对目标实施的过程和活动的结果进行适当的测量与比较。

（2）目标应富有挑战性，同时通过努力是可以实现的。富有挑战性的目标可以增加质量改进的水平和程度，为顾客和组织增加更多的利益，还可能对活动者产生更大的激励作用，增强他们的个人成就感和改进的积极性。但过高的目标，由于实际可行性小，有可能带来相反的结果；过低的目标，可能作用不大或很小，甚至产生相反的不利作用。

（3）目标应明确易懂，让相应的员工所理解并取得共识。明确易懂的目标才能为成员正确地理解，并把握住目标的实质性内容。组织员工带着各自的不同和多重目标在组织中工作，只有当他们对组织的质量改进的目标达成共识时，才能使他们各自的行动和个人的目标在组织的共同目标下统一协调起来，产生一致性的行为。

### 6.1.4　质量改进的原则

为突破原有质量水平，实现新的质量水平目标，企业在研究与实施质量改进时，应充分考虑和遵循下列基本原则。

（1）顾客满意原则。一个组织输出的产品、服务或其他的质量，取决于顾客的满意程度及相应过程的效果和效率。顾客不仅存在于组织的外部，也存在于组织的内部。内部顾客（internal customer）是指企业内部结构中相互有业务交流的那些人，包括股东、经营者、员工；相对而言，外部顾客（external customer）是指组织外部接受产品或服务的组织和个人，包括最终消费者、使用者、受益者或采购方。因此，进行质量改进必须以内、外部顾客的满意程度及追求更高的效果和效率为目标。

（2）系统改善原则。产品固有质量水平或符合性质量水平存在的系统性问题或缺陷，都涉及众多的因素，其质量突破的难度很大，它涉及对质量改进必要性、迫切性的认识，关键因素的寻找与确认，人们的知识与技能的发挥，改进的组织、策划与实施过程等。所以进行质量改进时，必须从企业实际需要与可能出发，实事求是地进行系统性的分析和研究，考虑系统性的改善措施，只有这样才能取得成功。

（3）突出重点原则。质量改进是一种以追求比过去更高的过程效果和效率为目标的持续活动，要突破产品固有质量水平或符合性质量水平所存在的问题或缺陷，必须从众多的影响因素中抓住关键的少数，集中力量打歼灭战，求得彻底的改善，只有这样才能取得总体改进的效果。

（4）水平适宜原则。进行产品质量改进，必须从客观实际需要出发，确定适宜的质量水平，防止产生质量过剩。对产品固有质量水平的突破，一定要从用户对产品质量的实际需求及质量标准、法规规定的约束条件出发，不能一味追求过高的质量，增加不必要的功能或追求过剩的高质量。因为这种质量过剩既不经济，又不实用，无助于提高产品的使用价值。对产品符合性质量水平的突破，也要从客观需要和企业的客观条件出发，讲求经济效益，尽可能地使用科学、简便的办法，求得产品符合性质量水平突破性的提高。

（5）项目制原则。质量改进活动是以项目的方式实施的，因此，质量改进活动的整个过程应该是全面的，不仅包括项目最终的质量，也包括项目服务质量和形成项目过程中的工作质量。以项目形式开展的质量改进应该是基于项目全过程，即项目整个生命周期的质量改进。

（6）持续改进原则。质量改进主要是解决生产过程中出现的深层次问题，它的改进对象是正在执行的质量标准。通过质量突破，制定新的过程控制标准；通过执行新的质量标准，实现质量提高。持续的质量改进，将会不断地提高产品质量和服务质量，不断减少质量损失、降低质量成本、提高组织竞争能力，获得更高的顾客满意程度及过程的效果和效率，从而为本组织和顾客提供更多的收益，同时为组织的发展创造机遇。

（7）主动改进原则。进行积极、主动的质量改进，应是企业一种必要的主观态度和精神。改进是无穷的，因而，改进的机会也是无穷的。抓住了改进的机会，改进才有可能发生。但是，机会不会自动进入“手”中。所以，质量改进工作应不断地寻求改进的机会，并抓住机会，促使改进的发生，而不是坐等机会的出现。改进的机会存在于企业内部各种活动之中，在已出现的问题和尚未出现的潜在问题中大量存在，尤其是后者。它们都是改进的机会所在。对于已出现的问题，要当即抓住分析，不能忽视，否则就会错失良机；对于尚未出现的潜在问题，更要积极地去感受、发现、分析各种各样的微小变化和差异，从而发现一些问题的迹象、苗头和趋势，进而探索潜在问题的所在，发现或创造改进的机会。

（8）预防性改进原则。质量改进的重点在于预防问题的再发生，而不仅是事后检查和补救。单纯的事后检查和补救，只可能使已产生的质量损失有所减少，但不能完全消除质量损失，更不能杜绝今后类似的质量损失的再发生。这种补救性质的改进，如返修、返工或调整，既不能保证在原有的质量水平上的稳定，更不能保证在原有质量水平上的提高。质量改进的关键是要消除或减少使问题再发生的因素，即进行预防性的改进。消除或减少使问题再发生的因素，是永久性的、根本性的改进，唯此能使组织和顾客长期受益。已经导致质量损失的问题，是已存在的问题，需根据问题的性质，查明导致问题产生的原因，并采取纠正措施进行纠正，不仅要纠正过程中出现的不良结果，以尽可能地挽回损失，而且更重要的是消除或减少导致不良结果的因素，以防止其再发生，避免其造成的质量损失再出现。预防措施和纠正措施都是质量改进的重要手段，它们都是预防性的措施，能够实质性地改进组织的过程。

### 6.1.5 质量改进的意义

20 世纪 60 年代，日本开始开展减少慢性浪费、改进产品性能的质量革命。这场革命的巨大成功是其成为超级经济大国的主要原因。20 世纪 80 年代，日本凭借强大的竞争力让西方国家有了严重的危机意识。因此，很多公司，尤其是美国公司，纷纷实施了质量改进的举措，其中，一些公司还由于在质量方面取得了令人瞩目成就成为管理的典范，如通用电气公司和摩托罗拉公司。近几十年的经验教训使人们在质量管理的地位、所面临的机会和威胁及必须采取什么行动方面形成了一些共识，也对质量改进的意义和必要性有了较为充分的认识。

1. 质量改进是企业在激烈竞争中生存和发展的保证

人们已经认识到质量竞争不仅是一种长久的存在，还会日益加剧。组织要在激烈的竞争中生存和发展，必须要开展持续的质量改进活动。而且，人们还意识到质量改进速度决定了谁能够作为质量领先者，因此不仅要长期开展质量改进活动，而且需要保持较高的速度。

2. 质量改进是企业不断满足顾客要求的需要

目前，几乎没有哪个企业敢于忽视顾客的力量和要求。因此，顾客已经变成了企业能否生存的“裁判”和“主宰”。然而，顾客的要求不仅不断变化，而且越来越高。顾客不仅要求企业改进产品，而且要求企业改进质量管理体系。因此，任何满足于当前成功的组织，都会在顾客不断升级的需求面前被淘汰。分析顾客需求，跟踪顾客需求，在整个组织中进行持续不断的质量改进已经成为企业生存的必要条件。

3. 质量改进是消除慢性浪费、提高企业竞争力的重要手段

质量改进活动的开展能够帮助企业发现长期的系统性问题，并且通过分析原因，采取纠正和治疗措施，解决问题。这样的活动不仅有利于降低成本、消除浪费、增强企业在成本方面的竞争力，而且能够帮助企业找到更有效果和效率的工作方法，使企业实现突破，达到一个更高的层次（陈运涛，2008）。

## 6.2　质量改进的方法

### 6.2.1　PDCA 循环

PDCA 是英语 plan do check action（计划—执行—检查—处理）四个词首字母的组合。PDCA 循环就是按照这四个阶段顺序来进行质量管理工作。PDCA 循环是质量体系活动应遵循的科学工作程序，是全面质量管理的基本活动方法，也是质量改进的基本原理和方法。PDCA 循环的概念最早是由美国质量管理专家戴明博士提出的，故又称之为戴明循环。

1. PDCA 循环的内涵和适用范围

PDCA 循环的模式可概括成四个阶段。

（1）P（plan，计划）。以满足用户需求、取得最大经济效益为目的，制定质量目标和计划，选定要突破的质量问题点并围绕实现目标、计划和要解决的质量问题，制定相应的实施措施。在制订质量计划时必须以企业自身的实际情况为基础，运用各种质量分析工具对质量现状进行分析，找出质量突破点，再结合组织自身的情况做出切实可行的质量计划。

（2）D（do，执行）。按照所制订的计划、目标和措施去具体实施。执行阶段是质量的形成阶段。所以在这一阶段一定要依据质量计划、目标去进行。

（3）C（check，检查）。根据计划和目标，检查计划的执行情况和实施效果，并及时发现和总结计划执行过程中的经验与教训，可以采用排列图、直方图和控制图等数理统计分析工具。

（4）A（action，处理）。采取措施，以持续改进过程业绩。PDCA 循环理论存在于所有领域，既包括人们的专业工作，也包括日常生活，它被人们持续正式或非正式地、有意识或下意识地使用于自己所做的每件事和每项活动。

2. PDCA 循环的主要步骤

为了解决和改进质量状况，通常把 PDCA 循环的四个阶段进一步具体划分为八个步骤：①分析现状，找出存在的质量问题；②分析产生质量问题的各种原因或影响因素；③找出影响质量的主要因素；④针对质量问题的主要因素，制定措施，提出行动计划，并预计效果（以上四个步骤就是 P 阶段的具体化）；⑤按照既定的计划执行措施，即 D 阶段；⑥检查，根据活动计划的要求，检查实际执行的结果，看是否达到了预期的效果，即 C 阶段；⑦标准化，根据检查的结果进行总结，把成功的经验和失败的教训都纳入有关的标准制度与规定之中，巩固已取得的成绩，同时防止重蹈覆辙，即 A 阶段；⑧提出这一循环尚未解决的问题，把它们转到下一个 PDCA 循环中去。

3. PDCA 循环的特点

PDCA 循环不停地运转，使得原有质量问题得到解决，但新的问题又会产生，需要继续进行循环，如此循环不止，这就是质量改进不断前进的过程。具体说来，PDCA 循环有以下特点：①PDCA 循环是大环套小环，相互推进。PDCA 循环不仅适用于整个组织，而且适用于各个车间、部门、班组和个人。根据组织总的方针目标的要求，各级各部门都要有自己的目标和自己的 PDCA 循环。这样就形成了大循环套小循环，小循环里面又套有更小循环的情况。整个组织就是一个大的 PDCA 循环，各部门又都有各自的 PDCA 循环，依次又有更小的 PDCA 循环，具体落实到每一个人。上一级的 PDCA 循环是下一级循环的依据，下一级 PDCA 循环又是上一级循环的贯彻落实和具体化。通过循环把组织各项工作有机地联系起来，彼此协调，相互促进，如图 6-1 所示。②PDCA 循环是不断上升的循环。PDCA 循环每转动一次，质量就提高一步，它是一个如同爬楼般的螺旋上升的过程。每经过一次循环，都有新的内容和目标，或者每经过一次循环，都应解决一批质量问题，因而使工作质量、管理水平和产品质量不断提高，如图 6-2 所示。③A 阶段是关键，是上下循环的结合点。A 阶段的主要工作是总结。总结就是总结经验、肯定成绩、纠正错误，提出新的问题转入下一循环，这是 PDCA 循环能上升和前进的关键。只有经过总结、处理的 A 阶段，才能将成功的经验和失败的教训纳入到制度及标准中，进一步指导实践。没有 A 阶段的作用，就不能及时总结经验，也不能防止同类问题的再度发生，PDCA 循环也就失去了意义。因此，推动 PDCA 循环，一定要抓好 A 阶段。

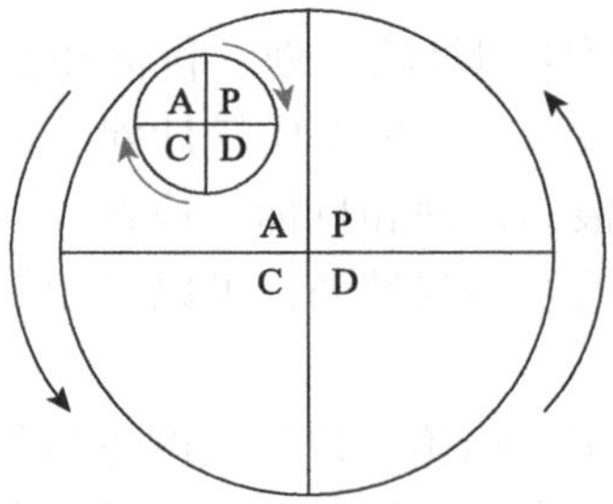


图6-1 PDCA循环的嵌套

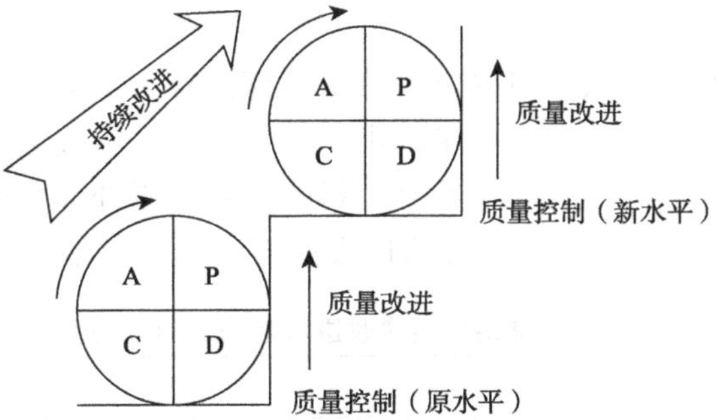


图6-2　PDCA循环上升示意图

## 6.2.2　业务流程再造

业务流程再造（business process reengineering，BPR）是 20 世纪 90 年代由美国 MIT 教授哈默（Hammer）和 CSC 管理顾问公司董事长钱皮（Champy）在他们合著的《企业再造——企业革命的宣言书》一书中首先提出的。书中对 BPR 作了如下定义："BPR 是对企业的业务流程做根本性的思考和彻底重建，其目的是在成本、质量、服务和速度等方面取得显著的改善，使企业能最大限度地适应以顾客（customer）、竞争（competition）、变化（change）为特征的现代企业经营环境。"

BPR 的基本思想和方法是为了更好满足顾客要求，为使作为现代企业业绩标志的成本、服务、速度、质量等得到显著的改进，在对现有机构与现有过程重新评估的基础上，对企业的组织体系和职能结构进行重新设计并对生产要素重新配置，以充分发挥企业竞争优势的经营管理思想和方法。

自提出 BPR 概念以后，已开发出许多实施方式如渐进型和激进型等，相对于不同的实施方式，也有各种不同的适用工具。渐进型 BPR 是哈林顿提出的，其采用的方法是将现有的过程模型化，分析找出改进的机会。模型化所有的技术有流程图、软件系统的后事记录、角色活动图等，然后用运行和维护过程成本计算及头脑风暴等方法确定改革措施。激进型 BPR 是由哈默和钱皮提出的，这种方式常用于迫切需要改进的情况。这是一种从上至下的推动方式，关键是设想一种能使竞争能力获得突破的思想过程，经常采用里奇图和角色扮演来模拟新设想并大量使用信息技术（information technology，IT）等方式来实施必要的改进。

BPR 的特点主要体现在以下三个方面：①彻底改变思维模式，过分强调专业化和工作细分妨碍了效率，使机构臃肿、缺乏活力、丧失竞争力和创新力。BPR 强调的就是从根本上进行变革，进行彻底的再设计。为此，就必须改变传统的思维模式。②以过程为中心进行系统改造，再造所取得的巨大成就主要是通过流程再造取得的。再造活动中，强调要把分散在各职能部门的作业整合成单一的流程，打破组织各部门之间的界限，缩短满足顾客需要的时间。③创造性地应用信息技术，信息技术在再造活动中扮演着极为重要的角色，它使组织以完全不同的方式进行工作，帮助企业打破传统的制度并创建完全不同的业务流程模式。

实施有效的质量改进，从项目确定到诊断、评价直至结果评审的全过程中，正确地运用有关的支持工具和技术能提高质量改进的成效。在质量改进中，应根据不同的数据资料类型，运用数字数据的工具和非数字资料的工具分析处理数据资料，为质量改进决策提供依据，表 6-1 列出了常用的质量改进方法与工具及应用。

**表 6-1 常用的质量改进方法与工具及应用**

| 序号 | 方法与工具 | 应用 |
|---|---|---|
| 1 | 调查表 | 系统地收集、记录数据资料并进行分析，以得到事实的清晰实况 |
| 2 | 分层图 | 将有关某一特定论题的大量观点、意见或想法分类汇总 |
| 3 | 水平对比法 | 将一个过程与公认的领先过程进行比较，以识别质量改进的机会 |
| 4 | 头脑风暴法 | 引导小组成员创造性地思考，产生和澄清大量观点、问题或议题，它用于识别可能的问题、解决办法和潜在的质量改进机会 |
| 5 | 流程图 | 描述现存的过程，设计新的过程 |
| 6 | 树图 | 表示某个论题与其组成要素之间的关系 |
| 7 | 因果图 | 分析和表达因果图解关系，根据症状分析原因，也包含分析解决问题的方法 |
| 8 | 直方图 | 显示波动的形态，直观地给出有关过程情况的信息，确定在何处进行改进工作 |
| 9 | 控制图 | 诊断：评估一个过程的稳定性<br>控制：决定某一过程何时需要调整，何时需要保持原有状态<br>确认：确认某一过程的改进效果 |
| 10 | 排列图 | 按重要性顺序显示出每一项目对整体作用的贡献，排列改进机会 |
| 11 | 散步图 | 发现和显示两组相关数据之间的关系，并确认两组相关数据之间预期的关系 |
| 12 | 力场分析 | 识别促进或阻碍正进行改进的力量 |
| 13 | 措施计划表 | 在对存在的问题进行过分析后，制定有针对性的措施，便于检查和落实 |

为改进自己的工作过程，组织中的全体人员都应该接受应用质量改进工具和技术方面的培训。培训应根据各部门、个人的工作实际有针对性地进行，掌握相应的工具和技术，但切忌生搬硬套。质量管理部门应会同有关部门进行分析指导，根据使用部门的实际情况确定一种或几种方法、工具，用于对数据资料的分析和对工序进行监视控制，并对工具方法应用进行评价，以便评判工具方法使用的有效性。有条件的组织，应充分运用计算机辅助管理手段，简化计算，加快图表处理，以方便资料数据的保存和查阅，使质量改进的工具和技术应用更加有效（尤建新等，2014）。

## 6.3 质量改进的实施

质量改进是通过产品实现的各个过程的改进来实施的，它会涉及企业的各个方面，生产经营全过程中的各个阶段、环节、层次都需要改进。质量改进是企业长期的任务，应对质量改进过程策划、识别和确立需要改进的项目，有计划、有步骤地推进改进工作，在改进质量、降低成本和提高生产率等方面实施改进。

1. 明确管理是质量改进的对象

朱兰博士的二八原则指出：质量问题有80%出于领导责任，只有20%是工人的原因造成的。由此可见管理不善是造成质量问题的主要原因，在进行质量改进时不应仅针对产品质量问题，更要针对管理人员的知识、能力和思想观念的变化而改进管理，这样能收到事半功倍的成效。通过公司的实践看到：针对管理问题进行改进，涉及质量体系的方方面面，有时可能在产品质量上表现不出来，但可以提高效率和员工的士气，从而使企业增加活力。

特别是涉及企业方针、组织机构等方面的改进，能使企业改变面貌，针对程序的改进，可以使过程更加合理、更有保证，使质量保证能力得到增强。

2. 管理者是实现质量改进的主体

质量改进的对象主要是管理，这就决定了质量改进的主体主要是企业的领导和管理人员，而不是生产工人。不论是管理的质量改进，还是技术的质量改进，特别是涉及企业方针、程序、组织机构、沟通网络等方面的改进，只有领导和管理人员通过正常的权力系统才能实施。在ISO 9000族标准中，由领导和管理人员直接负责的占了绝大多数；剩下的几个，领导和管理人员也负有指导、监督、检查的责任，因此在落实每一项质量管理和改进措施时，都得到了高层领导的重视、承诺或直接参与，使企业的质量体系从深层次得到改进提高。

3. 教育和培训是质量改进基础工作

质量改进是由企业中的所有员工进行的，每个员工必须对质量改进有良好的认识并具备进行质量改进所需的知识、技能、方法和手段，只有这样才能认识到质量改进工作的内涵，持续进行质量改进工作。因此，继续教育和培训对于企业每个员工来说都是必需的，它为质量改进提供了前提性条件。

4. 确定并策划质量改进项目

确定质量改进项目时，总的指导原则是花最小的代价，取得最大的改进效果。要找出改进潜力最大的项目所在，必不可少的工具就是排列图，即帕累托图分析。运用这个工具，就可辨认出具有巨大改进潜力的、极其重要的少数几个项目，把它们作为质量改进的重点项目。

5. 改进成果的评价与巩固

改进方案实施后，其有无改进成果？程度如何？还存在什么问题？这就需要对改进的结果进行调查和评价才能予以确认。可以利用排列图、直方图、控制图等工具，将改进前后的情况（主要包括质量、成本、交货期、生产效率、士气等，若有必要还应包括安全性等内容）对应地描绘在一起，直观地进行综合比较和评价（陈国华和贝金兰，2018）。

## 6.4 质量改进的流程

质量改进是质量管理的一项十分重要的内容，贯穿于产品和服务形成的全过程，存在于任何过程和活动中。质量改进包括七个步骤，即明确问题、掌握现状、分析问题的原因、拟定对策并实施、确认改进效果、防止再发生和标准化、总结。

### 6.4.1 明确问题

任何组织需要进行质量改进的项目都很多，所涉及的方面可能会包括质量、成本、交货期、安全性、环境及顾客满意度等。选择改进项目时，通常围绕降低不合格品率、降低成本、保证交货期、提高产品可靠性（降低失效率）、减少环境污染、改进工艺规程、减轻工人劳动强度、提高劳动生产率及提高顾客满意度等几个方面来选择。

1. 操作步骤

（1）明确所要解决的问题为什么比其他问题重要。
（2）问题的背景，包括历史状况、目前状况、影响程度（危害性）等。
（3）具体描述问题的后果，如产生了什么损失，并指出希望改进到什么程度。
（4）选定改进课题和目标值，若有子题目也应决定下来。
（5）选定改进任务负责人，若成立改进团队，应确定课题组长及成员。
（6）预算改进活动所需费用。
（7）拟定改进活动时间表。

2. 基本要求

（1）企业中存在的问题很多，受人力、物力、财力和时间的限制，为了确定主要质量问题，应最大限度地灵活运用现有的数据，应用排列图等统计方法进行排序，从诸多质量问题中选择最主要的问题作为质量改进课题，并说明理由。

（2）必须向有关人员说明解决问题的必要性和重要性，否则可能会影响解决问题的有效性，甚至半途而废。

（3）设定目标值必须有充分的依据，目标值应当具有经济上合理、技术上可行的特点。设定的目标值既要具有先进性，又要保证经过努力可以实现，以激励团队成员的信心，提高活动的积极性。

（4）要制订质量改进计划，明确解决问题的期限，否则往往会被以后出现的更重要、更紧急的问题拖延。

## 6.4.2　掌握现状

确定质量改进项目后，应进一步掌握有关课题的历史状况和目前状况等背景资料，应尽可能详尽。

### 1. 操作步骤

（1）掌握解决问题的突破口，调查四个方面以明确问题的特征，即时间、地点、种类、特征。

（2）从不同角度调查，如从影响质量的人、机、料、法、环及测等诸因素入手进行广泛、深入的调查，找出结果的波动。

（3）去现场收集数据中没有包含的信息。

### 2. 基本要求

解决问题的突破口就在问题内部。例如，质量特性值的波动太大，必然在影响因素中存在大的波动，这两个波动之间必然存在关系，这是把握问题主要影响原因的有效方法。而观察问题的最佳角度随问题的不同而不同，不管什么问题，以下四个方面是必须调查清楚的，即时间、地点、种类、特征。

（1）时间：早晨、中午、晚上，不合格品率有何差异；星期一到星期五（工作日的情况下），每天的合格品率都相同吗？当然还可以星期、月、季节、年等不同时间段观察结果。

（2）地点：从导致不合格的产品部位出发。从部件的上部、侧面或下部零件的不合格情况来考虑，如烧制品在窑中位置的不同（门口附近、窗边、炉壁附近、炉的中央等），产品不合格品率有何不同；还可以依照方位（东、南、西、北）、高度（顶部、底部）等不同角度进行分析；产品形状非常长的情况下，可从前面、中央、后部去考虑；产品形状复杂的情况下，不合格部位是在笔直部位还是拐角部位等。

（3）种类：从问题种类的不同进行调查，如某一组织生产的不同产品，它们不合格品率有无差别；现在生产的产品与原过程生产的同类产品相比，不合格品率有无差异。种类还可从生产标准、等级、消费者、市场等不同角度进行考虑。

（4）特征：如从产品不合格项的形状、部位和排列等进行考虑。以产品不合格品项目——针孔（细小的气孔）为例，发现针孔时，其形状是圆的、椭圆的、带角的，还是其他形状；大多数针孔的排列有无特征；是笔直的，还是弯曲的；是连续的，还是间断的等。不同情况下，针孔的大小会发生怎样的变化，是在全部还是特定的部位出现，针孔附近有无异样的颜色或异物存在。

不管什么问题，以上四个方面是必须调查的，另外结果波动的特征也必须把握。调查者应深入现场，在现场可以获得许多数据中未包含的信息。

### 6.4.3 分析问题的原因

在上述现状调查中，收集到了大量待改进项目的质量问题的数据和信息，接下来是诊断分析产生质量问题的各种影响因素，进而确定主要影响因素。在分析质量问题的原因时，可以通过建立假说与验证假说两个环节得以实现。

1. 操作步骤

1）建立假说（选择可能的原因）

（1）根据收集有关可能的全部原因信息，包括所有认为可能有关的因素，画出因果图。

（2）运用"掌握现状"阶段掌握的信息，消去所有已确认为无关的因素，用剩下的因素重新绘制因果图。

（3）在新绘出的因果图中，标出认为可能性较大的主要原因。

2）验证假说（从已设定因素中找出主要原因）

（1）收集新的数据或证据，制订计划来确认可能性较大的原因对问题有多大影响，决定主要影响原因。

（2）综合全部调查到的信息，决定主要影响原因。

（3）如条件允许的话，可以有意识地将问题再现一次。

无论是建立假说还是验证假说，均应采用一系列科学方法。日本玉川大学著名质量管理专家谷津进教授曾将这几个阶段活动形象地用图表示出来，如图 6-3 所示。

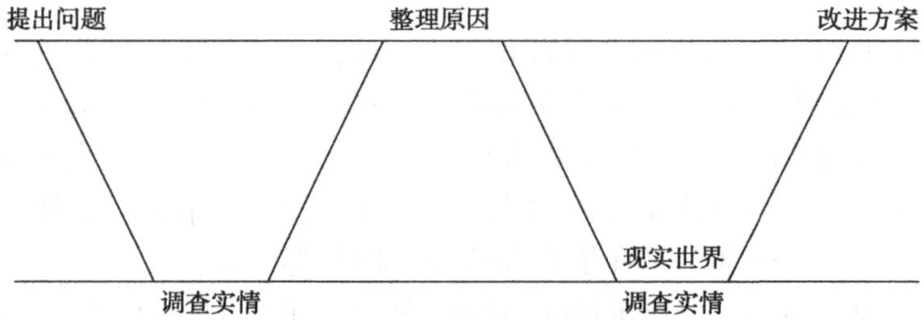


图6-3 分析解决问题的过程

2. 基本要求

到了这一阶段，就应该科学地确定原因。考虑原因时，通常要通过讨论其理由，并应用数据来验证假说的正确性，这时很容易出现将建立假说和验证假说混为一谈的错误。验证假说时，不能用建立假说的材料，而需要新的材料来证明。重新收集验证假说的数据要有计划、有根据地进行。

（1）因果图是建立假说的有效工具。因果图中所有因素都被假设为导致问题的原因，图中最终包括的因素必须是主要的，能够得到确认的。图中各影响因素应尽可能写具体。如果用抽象的语言表达，抽象的定义是从各种各样的实例中集约出来的，因此，图形可能过于庞大。例如，因果图中的结果代表着某一类缺陷，图中的要因就成为引起这一类缺陷的原因集合体，图中将混杂各种因素，很难分析。因此，结果项表现得越具体，因果图就越有效。

对所有认为可能的原因都进行调查是低效率的，必须根据数据，削减影响因素的数目。可利用“掌握现状”阶段中分析过的信息，将与结果波动无关的因素舍去。要始终记住：因果图最终画得越小（影响因素少），往往越有效。

（2）验证假说必须根据重新试验和调查所获得的数据有计划地进行。验证假说就是核实原因与结果间是否存在关系，关系是否密切，常使用排列图、相关及回归分析、方差分析。导致产品出现缺陷的主要原因可能是一个或几个，应首先对主要原因采取对策。所以，判断主要原因是很重要的。

### 6.4.4　拟定对策并实施

通过充分调查研究和分析，产生质量问题的主要原因明确了，就要针对主要原因拟订改进方案并加以实施。

1. 操作步骤

（1）必须将现象的排除（应急措施）与原因的排除（防止再发生措施）严格区分开。

（2）采取对策后，尽量不要引起其他质量问题（副作用），如果产生了副作用，应考虑换一种对策或消除副作用。

（3）先准备好若干对策方案，调查各自利弊，选择参加者都能接受的方案。

2. 基本要求

该阶段对策有两种：一种是解决现象（结果）；另一种是消除引起结果的原因，防止再发生。生产出不合格品后，返修得再好也不能防止不合格品的再次出现，解决不合格品出现的根本方法是除去产生问题的根本原因。因此，一定要严格区分这两种不同性质的对策。

### 6.4.5　确认改进效果

质量改进方案的实施效果如何，直接关系质量改进活动的成败，为此需要对质量改进的效果进行确认。

1. 操作步骤

（1）使用同一种图表将对策实施前后的不合格品率进行比较。
（2）将效果换算成金额，并与目标值比较。
（3）如果有其他效果，不管效果大小都可列举出来，进行比较。

2. 基本要求

本阶段应确认在何种程度上做到了防止不合格品的再发生。比较用的图表必须前后一致，这样会更加直观，具有很强的可比性。如现状分析用的是排列图，则确认效果时必须用排列图。

对于企业经营者来说，将不合格品率的降低换算成金额是重要的。通过对前后不合格品损失金额的比较，会让企业经营者认识到该项工作的重要性。

采取对策后没有得到预期结果时，应确认是否严格按照计划实施了对策，如果是，就意味着对策失败，重新回到“掌握现状”阶段。没有达到预期效果时，应该考虑以下两种情况。

（1）是否按计划实施了。实施方面的问题往往有以下五种。
（a）对改进的必要性认识不足。
（b）对计划的传达或理解有误。
（c）没有经过必要的教育培训。
（d）实施过程中的领导、组织、协调不够。
（e）资源不足。
（2）计划是否有问题。计划的问题往往有以下四种。
（a）现状把握有误。
（b）计划阶段的信息有误或知识不够，导致对策有误。
（c）对实施效果的测算有误。
（d）没有把握实际拥有的能力。

### 6.4.6 防止再发生和标准化

经过验证，对确实有效的措施进行标准化，并纳入质量文件，防止同类质量问题再次发生。

1. 操作步骤

（1）对有效的质量改进措施再次确认，确认其人、机、料、法、环及测方面的内容，并将其标准化，制定成工作标准；然后准备、宣传和贯彻有关新标准的文件。
（2）建立保证严格执行新标准的质量经济责任制。
（3）实施教育培训。

2. 基本要求

为防止不合格品的再出现，纠正措施必须标准化，其主要原因是：没有标准，不合格品问题渐渐会恢复到原来的状况；没有明确的标准，新来的职工在作业中很容易出现以前同样的问题。标准化工作并不是制定几个标准就算完成了，必须使标准成为职工思考习惯的一部分。因此为了贯彻实施标准，对职工进行知识与技术的教育和培训也是必要的。

（1）制定防止同类不合格或缺陷的纠正措施，纠正措施必须进行标准化并形成标准。

（2）导入新标准时引起的混乱，其主要原因是标准没有充分地准备和传达，实施新标准意味着作业方法将发生改变，这时会引起许多细小的差错。尤其对于将工作划分成许多具体操作、系统性很强的作业现场，一部分工作做了调整，另一部分未做相应调整，于是问题就出现了。

（3）反复、充分的教育培训对标准的顺利实施是必要的。否则，标准再完备也无法保证被严格遵守，无法防止产品缺陷的再次出现。

## 6.4.7　总结

对改进效果不显著的措施及改进过程中发现的新问题，应进行全面的总结，为持续质量改进提供依据。

1. 操作步骤

（1）应用对比性排列图等工具，找出本次循环的遗留问题，作为下一轮质量改进活动中需要解决的问题。

（2）考虑解决这些问题下一步该怎么做。

（3）总结本次降低不合格品率的过程中，哪些问题得到顺利解决，哪些问题尚未解决。

2. 基本要求

要将不合格品减少到零是不可能的，但通过改进，不断降低不合格品率是可能的。同时不提倡盯住一个目标，长期就一个题目开展活动。开始时就定一个期限，到时候进行总结，哪些完成了，哪些未完成，完成到什么程度，及时总结经验和教训，然后进入下一轮的质量改进活动中。

应制订解决遗留问题的下一步行动方案和初步计划。遗留问题若使用了相应的对策之后，生产中仍然存在问题，就应该做下一步的打算，以求彻底地解决。

如果能自觉运用以上七个步骤，那么遇到任何问题都能得到有效解决；如果善于不断总结经验，自己就能不断得到提升。

## 6.5 持续的质量改进

持续的质量改进是组织永恒的目标，任何时候都具有重要意义。特别是在当今世界上，质量改进更是组织的生命力所在，不能忽视。

持续改进是指增强满足要求的能力的循环活动，也就是循序渐进的质量改进，它是以产品、体系或过程为对象，以提高过程的效率和有效性为目标的活动。它还应包括对产品的固有特性的改进，以适应持续满足顾客和其他相关方的质量要求。为了能使组织的持续改进有效地开展，首先要求组织的管理层，尤其是高层管理者，除了应确立质量意识、管理意识外，还必须具有问题意识和不断改进意识，克服满足质量管理体系和产品的现状，充分重视持续改进的意义。并且应清楚地意识到，2000 版 ISO 9000 族标准之所以将持续改进列入质量管理八项原则之中，就是因为它是提高组织整体业绩的战略性措施。持续改进不仅可以不断完善质量管理体系的各个过程的有效性和效率，从而提高质量管理体系业绩水平，推动技术发展和技术进步，改善组织经营绩效，而且可以提高组织竞争能力，扩大市场占有份额，最终使组织和社会效益持续增长。

另外，从组织获取预期效益分析，由于组织高层管理者经营理念不同，获取组织效益的途径也有所不同。一种途径是以扩大销量获取预期的效益，由于销售量的扩大，会花费较大的运行成本，如增加销售网点、扩大销售人员的队伍、递增促销费用和广告费用及其他相关的成本等。另一种途径则是以持续改进体系各个过程获取预期的效益，将持续改进贯穿在体系的全过程，包括产品固有特性的改进，如通过价值工程分析，妥善处理功能与成本关系，减少消耗、降低成本，有效地满足顾客的需求和期望。而且，从产品经济寿命周期分析，延长了产品经营的兴旺期、增强顾客的满意度，相应促进销售量的扩大。

综上所述，持续的质量改进是组织永恒的目标，组织在建立、实施、保持质量管理体系过程中，利用运行中的信息，包括质量方针和质量目标的持续适宜性与充分性、实施的状况及体系审核的结果；顾客满意度测量结果；体系运行中各项数据的分析结果，管理评审结果；纠正和预防措施实施效果等，从中识别改进机会，实施持续改进。为了使组织质量管理体系高效地运行，组织管理者应确保改进的组织、职能和计划落实，并运用正确的工作步骤和方法。改进过程一般可包括如下活动。

### 1. 分析和评价现状，识别改进范围

组织可通过质量管理体系审核和评审、产品及过程质量测定、顾客信息反馈及其他信息来源，收集信息并对组织的现状进行系统分析，识别存在的问题或不足之处，在论证需要改进的必要性的基础上，确定应进行改进的项目。

2. 设定改进目标

根据确立的改进项目，研究制定具体的改进目标，目标值的确定应保持现实性和先进性。

3. 寻找可能的解决办法以实现这些目标

组织应就需要改进的项目，针对当前存在的问题进行原因分析，并围绕改进的目标研究合适的改进措施和解决办法。为了能提高改进过程的有效性和效率，应力求提出多个解决方案。

4. 评价解决办法并做出选择

运用统计技术或科学分析技术，优选改进措施方案，选定经济合理的最佳方案。

5. 实施选定的解决办法

当组织确立改进项目、改进目标和确定改进方案后，负责改进的职能部门应切实地贯彻实施改进活动。在实施中，组织还应加强检查和督促改进活动的进度，并协调解决实施改进中存在的问题，确保质量改进活动的顺利进行。

6. 测量、验证、分析和评价实施的结果，以确定这些目标已经满足

组织应对实施改进措施的结果进行测量和评价，验证、分析实施改进措施的结果是否达到预期目标所规定的要求。对确认达到目标要求的项目，按改进后的过程方法和要求实施控制。

7. 将更改纳入文件

对确认改进的成果实施永久性的更改，并修改相关的文件。

组织还应注意，质量改进是无止境的。一个项目改进后，达到了预期目标要求，仅仅是一个阶段的成果，决不能认为可以一劳永逸，应该发扬持之以恒和不断进取的精神，对已取得成果的改进项目进行评审，通过质量管理体系的审核和评审及顾客的反馈等信息收集，分析和识别进一步改进的机会，并且还应探索和寻求新的改进领域，使组织的质量改进得以持续地开展。

持续改进应做好以下方面的组织管理工作。

（1）由最高管理者授权，由组织内部某一部门（通常是质量管理部门）负责质量改进的管理工作。若组织庞大，也可以成立专门的质量改进管理机构。

（2）由负责持续改进的部门提出方针、策略、质量改进方案目标、总的指导思想，支持和广泛协调组织的质量改进活动。

（3）确定持续改进的需要和目标。

（4）进行质量改进策划，制订质量改进计划，采取指定或其他方式，由组织有关的小组或个人实施。

（5）对实施过程进行监督，给予资源的和道义的支持与帮助，协调相关的事项。

（6）对持续改进进行测量、评价和奖励（苏秦，2006）。

## ➤本章小结

在越来越激烈的经营环境中，持续不断的质量改进已经成为企业生存和发展的必要条件。质量改进得到了各类组织的高度重视和广泛支持，一些公司在质量改进中获得了巨大的收益，并成为管理领域的典范。本章系统介绍了成功开展质量改进的关键要素，包括理解质量改进的概念、方法、实施、流程等，以及持续的质量改进。尽管企业各有不同，项目也有差异，但质量改进的一些基本原则、过程和方法还是普遍适用的。

## ➤思考题

1. 什么是质量改进？为什么要开展质量改进活动？
2. 质量改进有哪些特点？质量改进需要遵循的原则有哪些？
3. PDCA 循环的基本思想是什么？举例说明，如何将这一质量改进的方法应用到个人实际工作或生活之中？
4. BPR 的基本思想是什么？举例说明，如何将这一质量改进的方法运用到企业管理之中？
5. 简述质量改进的一般步骤。
6. 简述质量改进的主要工作流程。
7. 持续的质量改进活动一般包括哪些环节？
8. 组织实施质量改进可能遇到的阻力有哪些？

# 第三篇　方　法　篇

# 质量检验

**学习目标**

1. 了解质量检验的概念、方式和类型。
2. 理解抽样检验的原理。
3. 掌握计数抽样检验方法。
4. 了解质量检验的职能、机构与制度。

**导读**

中共中央、国务院印发的《质量强国建设纲要》强调，质量基础设施管理体制机制更加健全、布局更加合理，计量、标准、认证认可、检验检测等实现更高水平协同发展，建成若干国家级质量标准实验室，打造一批高效实用的质量基础设施集成服务基地。质量检验是通过观察和判断，适当地结合测量、试验所进行的符合性评价。检验是质量控制的一个关键环节，通过检验可以分离并剔除不合格品；对生产过程及时做出数据分析，可以及时预测不合格品的产生，以避免损失。当前的质量检验主要是基于抽样方案的抽样检验。本章将系统介绍质量检验的基本知识、抽样检验原理、计数抽样检验及质量检验的组织管理。

## 7.1 质量检验概述

### 7.1.1 质量检验的定义

1. 检验与质量检验

产品质量检验是实现生产过程，保证产品质量不可缺少的部分，是质量管理工作中的重要内容（温德成，2009）。在质量管理中，一方面要对生产过程进行质量控制，保证生产的稳定性；另一方面还要对生产出的产品进行严格的质量检验，确保产品质量。质量检验的目的是判断被检产品是否合格，决定接收还是拒收，同时为改进产品质量和加强质量管理提供信息（陈国华和贝金兰，2018）。

ISO 9000：2008 对检验的定义是："通过观察和判断，适当时结合测量、试验所进行的符合性评价"。从定义可以理解，质量检验就是对产品的一项或多项质量特性进行观察、测量、试验，并将结果与规定的质量要求进行比较，以确定每项质量特性合格情况的技术性检查活动。

对通过检验被判为不合格的产品通常的处理结果有以下几种。

（1）报废。对于影响人身财产安全或经济上产生严重损失的不合格品，应进行报废处理。

（2）返工。返工是一个程序，它可以完全消除不合格品，并使质量特性完全符合要求。

（3）返修。返修与返工的区别在于返修不能完全消除不合格品，而只能减轻不合格的程度，使不合格品达到尚能基本满足使用要求而被接收的目的。

（4）原样使用。不加返工和返修，直接交给用户，这种情况往往要降价处理。

#### 2. 质量检验过程

1）理解标准要求

熟悉和掌握产品的质量标准与测试方法，作为检验和判断的依据。

2）确定抽样方案

规定样本量和有关接收准则的具体方案。

3）测量或试验

用一定的计量器具、检测设备或理化分析仪器和一定的测量方法，对质量特性值做定量评定。

4）比较与判断

将测量结果与标准进行比较，确定其符合性。

5）处理

对合格品打合格标记，填发合格证并放行。对不合格品做出返工或报废、拒收的结论。

6）记录反馈

将检验结果填入原始记录表，向有关部门传递、反馈质量信息。

### 7.1.2 质量检验的方式

质量检验的形式多种多样，按如下几种情况进行分类讨论。

### 1. 按检验数量分类

1）全数检验

全数检验是对产品逐个进行检测的一种检验方式，即百分之百检验。这种检验方式可以确保所接收的产品全部合格。全数检验适用于以下几种情况。

（1）检验对象为影响产品质量的重要特性项目。

（2）检验批量很小，检验项目较少，失去抽样的意义。

（3）相对于漏检不合格品所造成的损失，检验费用较少。

（4）生产过程出现了严重失控状态，需要对已生产出来的产品进行全数检验。

全数检验的主要缺点或局限性是检验工作量大、周期长、成本高、占用的检验人员和设备多。

2）抽样检验

抽样检验是从一批产品中随机抽取一部分产品进行检查，通过检查少量产品来对这批产品的质量进行估计，并对这批产品是否达到规定的质量水平做出判定。

抽样检验适用于以下情况。

（1）破坏性检验，如对产品的可靠性、寿命、疲劳等质量特性的检验。

（2）允许有某种程度不合格品存在的情况，如对普通圆钉、垫圈、火柴等价值低、数量大的产品所进行的检验。

（3）大批量、连续性生产的产品，由于产量大，不可能实施全数检验。

（4）生产过程长期处于受控状态，通过抽样检验绝大多数被判定为合格批，为节省检验费用可以采用抽样检验。

抽样检验的主要缺点或局限性是被判定为合格批仍可能包含不合格品。同时，由于抽样的随机性，存在把优质批判定为合格批或把劣质批判定为合格批的可能性。

### 2. 按判断方式分类

1）计数检验

计数检验是指根据给定的技术标准，将单位产品简单地分成合格品或不合格品的检验。

2）计量检验

计量检验是指根据给定的技术标准，将单位产品的质量特性用连续尺度测量出具体量值并与标准进行对比的检验。

### 3. 按检验手段划分

1）理化检验

理化检验是指用机械、电子或化学的方法，对产品的物理和化学性能进行的检验。它通常能测得检验项目的具体数值，其精度高、人为误差小。

2）感官检验

感官检验是指凭借检验人员的感觉器官，对产品进行的检验，如产品的形状、颜色、气味、伤痕、污损、锈蚀和老化程度等，往往要靠人的感觉器官来进行检查和评价。它要求检验人员有较丰富的经验和判断能力。

4. 按检验后检验对象的完整性划分

1）破坏性检验

破坏性检验后，受检物的完整性遭到破坏，不再具有原来的使用功能，如寿命试验、强度试验及爆炸试验等往往是破坏性检验。破坏性检验只能采用抽样检验方式。

2）非破坏性检验

非破坏性检验又称无损检验，随着检验技术的发展，非破坏性检验的使用范围在不断扩大。

5. 按检验的地点划分

1）固定检验

固定检验就是集中检验，是指在生产单位设立固定的检验站，各工作地点的产品加工以后送到检验站集中检验。

2）流动检验

流动检验就是由检验人员直接去工作地点检验。

6. 按检验的目的划分

1）验收检验

验收检验是判断被检验的产品是否合格，从而做出接收或拒收的决定。验收检验广泛存在于生产全过程，如原材料、外购件、外协件及配套件的进货检验，半成品的入库检验，产成品的出厂检验等。

2）监控检验

监控检验也叫过程检验，目的是检定生产过程是否处于受控状态，以预防系统性质量因素的出现而导致不合格品的大量出现。如生产过程中巡回抽检、使用控制图时的定时抽检，都属于这类检验。

## 7.1.3 质量检验的类型

质量检验活动的基本类型可分为三种，即进货检验、过程检验和最终检验。

1. 进货检验

进货检验是指对企业购进的原材料、辅料、外购件、外协件和配套件等入库前的接收检验。它是一种外购物品的质量验证活动。其目的是防止不合格品投入使用，流入生产工序，从而影响产品质量。

进货检验应在货品入库前或投产前进行；可以在供方处，也可在需方处进行。为了保证检验工作的质量，防止漏检或错检，应制定“入库检验指导书”或“入库检验细则”。进货物品经检验合格后，检验人员应做好检验记录，及时通知仓库收货。对于检验不合格的应按照不合格品的管理制度办理退货或做其他处置。

2. 过程检验

过程检验也叫工序检验或阶段检验，是指对生产过程中某个或多个工序（过程）所完成的在制品、半成品、成品，通过观察、试验、测量等方法，确定其是否符合规定的质量要求，并提供相应证据的活动。目的是在加工过程中防止出现大批不合格品，避免不合格品流入下道工序。因此，过程检验不仅要检验在制品是否达到规定的质量要求，还要检验影响工序质量的主要因素，以判定生产过程是否处于正常的受控状态。工序检验通常有三种形式：首件检验、巡回检验和末件检验。

3. 最终检验

最终检验又称完工检验，是指对制成品的一次全面检验，包括性能、精度、安全性、外观等，它是产品质量控制的重点，也是产品放行出厂的重要依据。最终检验可以是全数检验，也可以是抽样检验，应视产品特点及工序检验情况而定。

## 7.2 质量检验的抽样检验原理

### 7.2.1 抽样检验基本概念

1. 抽样检验的内涵

抽样检验不是对一批产品中的所有单位产品逐个检验，而是按照规定的抽样方案和程序从一批产品中随机抽取部分单位产品组成样本，根据样本测定结果来判定该批产品是否合格。在生产实践中，工序与工序、库房与车间、生产者与使用者之间进行产品交换时，要把产品划分为批，一个产品批总是由一定数量的单位产品构成的。抽样检验就是从整批产品里抽取一部分产品进行检验，然后根据样本中不合格产品数或质量特性的规定界限来判断整批产品是否合格。

2. 抽样检验常用术语

有关抽样检验的常用术语介绍如下（白宝光，2012）。

1）单位产品

为实施抽样检验的需要而划分的基本产品单位称为单位产品。有的单位产品可以按自然形态划分，如一台机床、一台电视机、一个电阻等分别可看成一个单位产品。而有的产品不能自然划分为单位产品，如钢水等连续性产品，可根据不同要求，将一炉钢水或一勺钢水作为一个单位产品。

2）检验批

检验批也简称批，是提交进行检验的一批产品，也是作为检验对象而汇集起来的一批产品。构成检验批的所有单位产品，在质量方面不应有本质的差别，只能有随机波动。所以一个检验批应当由同一种类、同一规格型号、同一质量等级，且工艺条件和生产时间基本相同的单位产品所组成。检验批的形式有稳定批和流动批两种：前者是将检验批中所有单位产品同时提交检验；后者是指将检验批中各单位产品逐个通过检验点。

3）批量

批量是指检验批中包含的单位产品数量，常用 $N$ 表示。有关批量大小和识别检验批的方式，应由生产方与使用方协商确定。通常，体积小、质量稳定的产品，批量宜大些，但也不宜过大，过大的批量难以获得有代表性的样本，而且该批一旦被拒收，会造成较大的经济损失。

4）样本

样本是指取自一个批并且提供有关该批的信息的一个或一组产品。

5）样本量

样本量是指样本中产品的数量，常用 $n$ 表示。

6）不合格

不合格是指单位产品的任何一个质量特性不满足规范要求。根据质量特性的重要性或不符合的严重程度，不合格分为以下三类。

A 类不合格。被认为应给予最高关注的一种类型的不合格，也可以认为单位产品的极重要的质量特性不符合规定，或单位产品的质量特性极不符合规定。

B 类不合格。关注程度稍低于 A 类不合格，或者说单位产品的重要的质量特性不符合规定，或单位产品的质量特性不符合规定。

C 类不合格。单位产品的一般质量特性不符合规定，或单位产品的质量特性轻微不符合规定。

7）不合格品

有一个或一个以上不合格的单位产品称为不合格品。通常不合格品分为以下三类。

A 类不合格品。有一个或一个以上 A 类不合格，也可能有 B 类不合格和 C 类不合格的单位产品。

B 类不合格品。有一个或一个以上 B 类不合格，也可能有 C 类不合格，但没有 A 类不合格的单位产品。

C 类不合格品。有一个或一个以上 C 类不合格，但没有 A 类不合格和 B 类不合格的单位产品。

8）抽样方案

抽样方案是规定每批应检验的单位产品数和有关检验批接收准则的一个具体的方案。

### 3. 抽样检验的特点

因为抽样检验不是检验批中的全部产品，所以相对于全数检验，它具有如下特点。

（1）检验的单位产品数量少、费用少、时间短、成本低。

（2）检验对象是一批产品。

（3）合格批中可能包含不合格品，不合格批中也可能包含合格品。

（4）抽样检验存在两类错判的风险，即把合格批误判为不合格批，或把不合格批误判为合格批的可能。但从统计检验的原理可知，这两类错误都可以被控制在一定的风险以下。

4. 抽样检验的分类

（1）抽样检验按检验特性值的属性可以分为计数抽样检验和计量抽样检验。计数抽样检验包括计件抽样检验和计点抽样检验。计件抽样检验是根据样本中包含的不合格品数来推断整批产品是否合格的活动。计点抽样检验是根据样本中包含的不合格数来推断整批产品是否合格的活动。而计量抽样检验是通过测量被检样本中的产品质量特性的具体数值并与标准进行比较，进而推断整批产品是否合格的活动。

（2）抽样检验根据最多抽取的样本数可以分为一次抽样检验、二次抽样检验、多次抽样检验和序贯抽样检验。一次抽样检验就是从检验批中只抽取一个样本就必须对该批产品做出是否接收的判断。二次抽样检验是一次抽样检验的延伸，它要求对一批产品抽取一个或两个样本后就必须对该批产品做出是否接收的结论。在我国，多次抽样检验允许最多抽取 5 个样本就必须对检验批做出接收与否的判断。序贯抽样检验不限制抽样次数，但每次只抽取一个单位产品，直至按规则做出判断为止。

## 7.2.2　抽样检验特性曲线

1. 批产品质量的判断过程

在提交检验的一批产品中，一般用批不合格品率 $p$ 作为衡量其好坏的指标（苏秦，2006）。$p$=0 是理想状态，但很难做到，也不经济。在批质量检验时，首先要确定一个合格的批质量水平 pt，如果 $p$≤pt，则认为这批产品可接收；如果 $p$>pt，则认为这批产品不可接收。

实际上通过抽样检验不可能精确得到批不合格率 $p$，除非进行全数检验。所以在保证样本量 $n$ 对批量 $N$ 有代表性的前提下，可以用样本中包含的不合格品数 $d$ 来推断整批质量，并与标准要求进行比较来判断批的接收与否。倘若设定的合格判定数为 Ac，不合格判定数为 Re，当 $d$≤Ac 时则可以接收；如果 $d$≥Re 时则不可接收。

按照上述批质量判断过程，根据从批量 $N$ 中最多可以做几次抽样才能做出合格与否的判断这一标准，抽样方案可以分为一次抽样方案、二次抽样方案和多次抽样方案（温德成，2014）。

1）一次抽样方案

一次抽样方案是从检验批中只抽取一个容量为 $n$ 的样本，检验该样本后统计出不合格品数 $d$，根据抽样方案（$n$，Ac）进行比较，判断出批合格与否。其抽样方案的判断程序如图 7-1 所示。

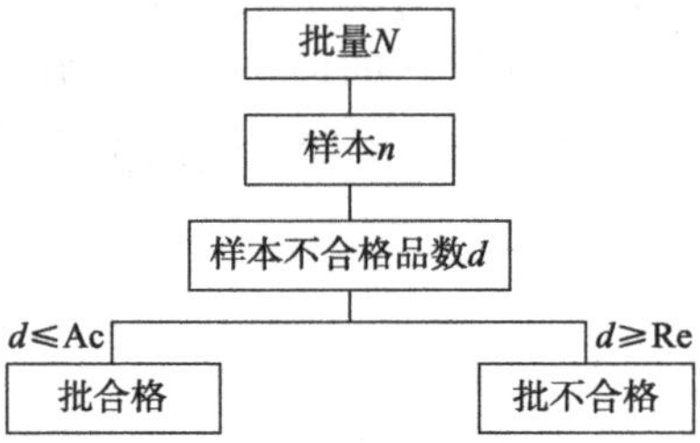


图7-1　一次抽样方案的判断程序

2）二次抽样方案

二次抽样方案是指从批量 $N$ 中最多抽取两个样本之后，就应做出批合格与否的判断。其抽样程序概述如下。

从批量 $N$ 中随机抽取容量为 $n_1$ 的第一个样本，若检验发现该样本中不合格品数 $d_1$ 小于或等于第一合格判定数 $Ac_1$，则判该批合格。若发现该样本中不合格品数 $d_1$ 大于或等于第一不合格判定数 $Re_1$，则判该批不合格。若在第一个样本中发现的不合格品数介于 $Ac_1$ 和 $Re_1$ 之间，则继续抽取容量为 $n_2$ 的第二个样本进行检验，得到该样本中的不合格品数 $d_2$。将两次的不合格品数 $d_1$、$d_2$ 相加，若（$d_1+d_2$）小于或等于第二合格判定数 $Ac_2$，则判该批合格，若（$d_1+d_2$）大于或等于第二不合格判定数 $Re_2$，则判该批不合格，如图 7-2 所示。

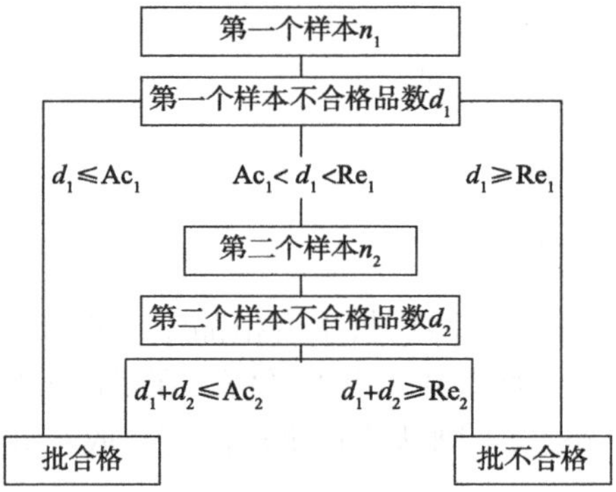


图7-2　二次抽样方案的判断程序

3）多次抽样方案

多次抽样方案是指从批量 $N$ 中需要抽取一个、两个直至规定的最高样本数之后，才能依据样本检验结果对批质量做出合格与否的判断。多次抽样方案的抽检程序基本上是二次抽样方案程序的延续。GB 2828 标准规定抽样方案的最高样本数为 5 个，也就是五次抽样方式。

上述三种抽样检验方式所体现的抽样方案各有其优点和缺点。究竟采用哪一种为好，需要根据产品检验的具体情况而定。以第一个样本检验批的平均质量而论，一次抽样最好，二次抽样次之，多次抽样最差；以每检验批可抽取的平均单位产品数而论，一次抽样最多，二次抽样次之，多次抽样最少；以所需要的检验费用而论，一次抽样最多，二次抽样次之，多次抽样最少。以对供应商的心理影响而论，一次抽样最差，二次抽样次之，多次抽样最好。最后需要指出，选择哪一种抽样方式，仅影响抽样方案的处理和运用，而不涉及检验结果的可靠性。

2. 抽样方案的接收概率

1）接收概率的定义

接收概率是指根据规定的抽样方案，把具有给定质量水平的检验批判为合格而接收的概率，即用给定的抽样方案（$n$，Ac）去验收批量 $N$ 和批不合格率 $p$ 已知的检验批时，把检验批判断为合格而接收的概率。接收概率通常记为 $L(p)$，它是批不合格品率 $p$ 的函数，随着 $p$ 的增大而减小（白宝光，2012）。

假设有一批待检产品为 $N$，其不合格品率为 $p$，对该批产品进行检验可能会有以下三种情况。

（1）如果 $p$=0，则无论抽样方案（$N$，$n$，Ac）多么严格，该批产品一定会被接收，即接收概率为 $L(p)$=100%。

（2）如果 $p$=1，则无论抽样方案（$N$，$n$，Ac）多么宽松，该批产品一定会被拒收，即接收概率为 $L(p)$=0。

（3）如果 0<$p$<1，用（$N$，$n$，Ac）抽样方案进行抽检，这批产品可能被接收也可能被拒收，并且 $p$ 越小，被接收的概率越大。

因此，把检验批判为合格而接收的概率称为接收概率，也称批合格概率，记为 $L(p)$。

2）接收概率的计算

A. 超几何分布计算法

设从不合格品率为 $p$ 的批量 $N$ 中，随机抽取 $n$ 个单位产品组成样本，则样本中出现 $d$ 个不合格品的概率可按超几何分布计算（苏秦，2006）。

$$L(p)=\sum_{d=0}^{\mathrm{Ac}}\frac{C_{N_p}^{d}C_{N-N_p}^{n-d}}{C_N^n} \tag{7-1}$$

式中，$C_{N_p}^{d}$ 为从批的不合格品数 $N_p$ 中抽取 $d$ 个不合格品的全部组合；$C_{N-N_p}^{n-d}$ 为从批的合格品数 $N-N_p$ 中抽取 $n-d$ 个合格品的全部组合；$C_N^n$ 为从批量为 $N$ 的一批产品中抽取 $n$ 个单位的全部组合。

例：从 $N$=50 的批中随机抽取 $n$=5 的样本，进行 Ac=1 的一次抽样检验，试计算其不合格品率为 $p$=10%的接收概率。

$$L(p)=L(10\%)=\sum_{d=0}^{1}\frac{C_5^dC_{50-5}^{50-d}}{C_{50}^5}=\frac{\dfrac{5!}{0!5!}\dfrac{45!}{5!40!}}{\dfrac{50!}{5!45!}}+\frac{\dfrac{5!}{1!4!}\dfrac{45!}{4!41!}}{\dfrac{50!}{5!45!}}$$

$$=0.58+0.35=0.93$$

计算结果表明，当采用抽样方案（50，1）进行验收时，每 100 批具有这种质量的产品中约有 93 批会被接收，7 批不被接收。

用超几何分布计算接收概率虽然精确，但当 $N$ 与 $n$ 值较大时，计算很烦琐。一般可用二项分布或泊松分布近似计算。

B. 二项分布计算法

当总体为无穷大或近似无穷大$\left(\frac{n}{N}\leqslant 0.1\right)$时，可以用二项分布计算接收概率

$$L(p)=\sum_{d=0}^{\mathrm{Ac}}C_n^d p^d(1-p)^{n-d} \qquad (7\text{-}2)$$

例：从 $N$=5000 的批中随机抽取 $n$=100 的样本，进行合格判定数为 Ac=2 的一次抽样检验，试计算其不合格品率为 1%的接收概率。

$$L(0.01)=\sum_{d=0}^{2}C_{100}^d 0.01^d(1-0.01)^{100-d}=0.9206$$

3. 抽样特性曲线

1）OC 曲线的概念

根据接收概率的计算公式，对于一个具体的抽样方案（$n$，Ac），当检验批的批质量已知时，方案的接收概率是可以计算出来的。但在实际中，检验批的不合格品率 $p$ 是未知的，而且是一个不固定的值，因此，对于一个抽样方案，有一个 $p$ 就有一个与之对应的接收概率。如果用横坐标表示自变量 $p$ 的值，纵坐标表示相应的接收概率 $L$（$p$），则 $p$ 和 $L$（$p$）构成的一系列点连成的曲线就是抽样检验特性曲线（简称 OC 曲线），如图 7-3 所示（宋明顺，2012）。

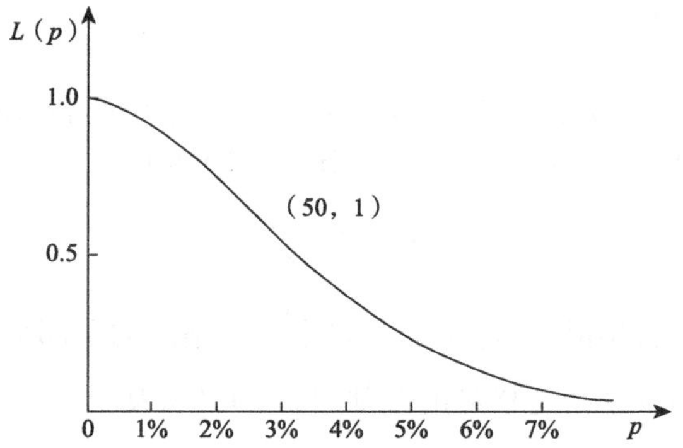


图7-3 OC曲线

根据接收概率的计算公式可知，OC 曲线与抽样方案是一一对应的，即一个抽样方案对应着一条 OC 曲线，而每条 OC 曲线又反映了它所对应的抽样方案的特性。因此，OC 曲线可以定量地告诉人们产品质量状况和被接收可能性大小之间的关系，也可以告诉人们采用该抽样方案时，具有某种不合格品率 $p$ 的批，被判为合格的可能性有多大，或者要使检验批以某种概率接收，它应有多大的批不合格品率 $p$。同时，人们可以通过比较不同抽样方案的 OC 曲线，比较它们对产品质量的辨别能力，选择合适的抽样方案。

2）OC 曲线分析

A. 理想抽样方案的 OC 曲线

如果我们规定，当批的不合格品率 $p\leqslant p_0$ 时，这批产品是合格的；当批的不合格品

率 $p > p_0$ 时，这批产品是不合格的（白宝光，2012）。那么一个理想的抽样方案应当满足：当 $p \leqslant p_0$ 时，接收概率 $L(p)=1$；当 $p > p_0$ 时，接收概率 $L(p)=0$。图 7-4 中的两段水平线，完全反映了理想抽样方案的特性。要达到这种理想境界，唯一的办法是进行准确无误的全数检验。因此，这样的抽样方案实际上是不存在的，因为即使采用百分之百检验，有时也会产生错检和漏检。

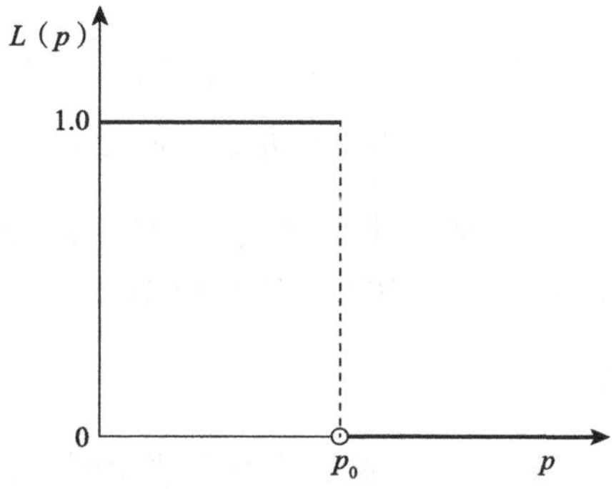


图7-4　理想抽样方案的OC曲线

B. 实际的 OC 曲线

抽样方案确定后，当批的不合格品率 $p$ 变化时，我们可以通过 OC 曲线考察接收概率 $L(p)$ 的变化情况。

例：设有一批产品，批量 $N$ 为 1000，采用（30，3）的抽样方案对它进行验收，试画出此抽样方案的 OC 曲线。

由超几何分布计算（也可以用简便的二项分布进行计算）

$$L(p)=\sum_{d=0}^{3}\frac{C_{N_p}^{d}C_{N-N_p}^{n-d}}{C_N^n} \tag{7-3}$$

现取 $p$=5%、10%、15%、20%，由此可求得

$$\begin{aligned}L(5\%)&=\sum_{d=0}^{3}\frac{C_{N_p}^{d}C_{N-N_p}^{n-d}}{C_N^n}\\&=\frac{C_{50}^{0}C_{950}^{30}}{C_{1\,000}^{30}}+\frac{C_{50}^{1}C_{950}^{29}}{C_{1\,000}^{30}}+\frac{C_{50}^{2}C_{950}^{28}}{C_{1\,000}^{30}}+\frac{C_{50}^{3}C_{950}^{27}}{C_{1\,000}^{30}}\\&=0.210+0.342+0.263+0.128=0.943\end{aligned}$$

类似地，可以算出 $L(10\%)$、$L(15\%)$、$L(20\%)$。计算结果如表 7-1 所示，画出的抽样特性曲线如图 7-5 所示。

**表 7-1　批接收概率 $L(p)$ 计算表**

| $d$ | 5% | 10% | 15% | 20% |
|---|---|---|---|---|
| 0 | 0.210 | 0.040 | 0.007 | 0.001 |
| 1 | 0.342 | 0.139 | 0.039 | 0.009 |
| 2 | 0.263 | 0.229 | 0.102 | 0.032 |
| 3 | 0.128 | 0.240 | 0.171 | 0.077 |
| $L(p)$ | 0.943 | 0.648 | 0.319 | 0.119 |

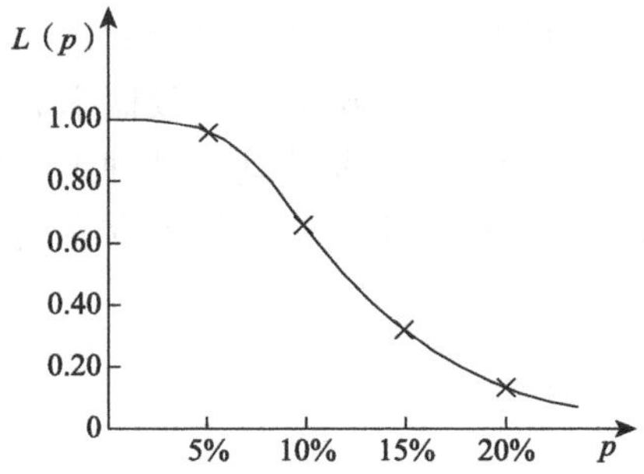


图7-5 实际抽样方案的OC曲线

从这个例子可以看出，当$p \leq 5\%$，接收概率为 94.3%，但是随着不合格品率$p$的增加，接收概率$L(p)$迅速减小，当$p=20\%$，接收概率只有 11.9%。

4. 抽样检验的两种风险

实际上对于一批数量很大的产品的质量状况不清楚时，通过随机抽取其中的一个样本，检测、研究该样本的质量状况，以此来推测判断整批产品的质量好坏，然后做出接收或是拒收决定，这种做法可能会出现如表 7-2 所示的四种情况（陈运涛，2008）。

**表 7-2 批产品质量与“接收–拒收”之间的关系**

| 样本质量 | 批产品质量 | |
|---|---|---|
| | 好 | 坏 |
| 好 | 接收 | 接收<br>（第Ⅱ类错误） |
| 坏 | 拒收<br>（第Ⅰ类错误） | 拒收 |

因此，进一步发现了以下规律。

第一，对于给定的抽样方案，当批质量水平（如不合格率）为某一指定的可接收值（如可接收质量界限）时的拒收概率，即好的质量批被拒收时生产方所承担的风险，称为$\alpha$风险或生产方风险，$A$点为生产方风险点，质量水平$p_0$为抽样方案中与特定的生产方风险水平相对应的质量水平。这种情况下，我们犯了把质量好的一批产品当作质量坏的一批产品去看待、处理的错误，这类错误在统计方法中叫第Ⅰ类错误，称为“弃真”错误。犯这类错误的概率值用$\alpha$表示，$\alpha$则为第Ⅰ类错误的风险率。

第二，对于给定的抽样方案，当批质量水平（如不合格品率）为某一指定的不满意值［如极限质量（limiting quality，LQ）水平］时的接收概率，即质量坏的批被接收时使用方所承担的风险，称为$\beta$风险或使用方风险，$B$点为使用方风险点，质量水平为抽样方案中与特定的使用方风险水平相对应的质量水平。在这种情况下，我们犯了把质量坏的一批产品当作质量好的一批产品去看待、处理的错误，这类错误在统计方法中叫第Ⅱ类错误，称为“取伪”错误。犯这类错误的概率用$\beta$表示，$\beta$为第Ⅱ类错误的风险率。

从抽样方案的特性曲线看，$p_0$和$p_1$是两个重要的参数。对一批产品进行抽样检验时，可以通过控制 $A$、$B$ 两个点来权衡生产方的利益和风险度与使用方的产品批质量水平和风险度。

5. $N$、$n$、Ac 对 OC 曲线的影响

OC 曲线与抽样方案（$N$、$n$、Ac）是一一对应的。当 $N$、$n$、Ac 变化时，OC 曲线必然随着变化（宋明顺，2012）。下面讨论 OC 曲线怎样随着 $N$、$n$、Ac 这 3 个参数之一的变化而变化。

（1）当 $n$、Ac 不变，$N$ 变化时。图 7-6 中从左至右分别是 3 个抽样方案 Ⅰ（50，20，0）、Ⅱ（100，20，0）、Ⅲ（1000，20，0）所对应的 3 条 OC 曲线。从图 7-6 中看出，批量 $N$ 对 OC 曲线影响不大，所以当 $N/n \geqslant 10$ 时，就可以采用不考虑批量影响的抽样方案。因此，我们可以将抽样方案简单地表示为（$n$，Ac）。但这并不意味着抽样批量越大越好。因为抽样检验总存在着犯错误的可能，如果批量过大，一旦拒收，则给生产方造成的损失就很大。

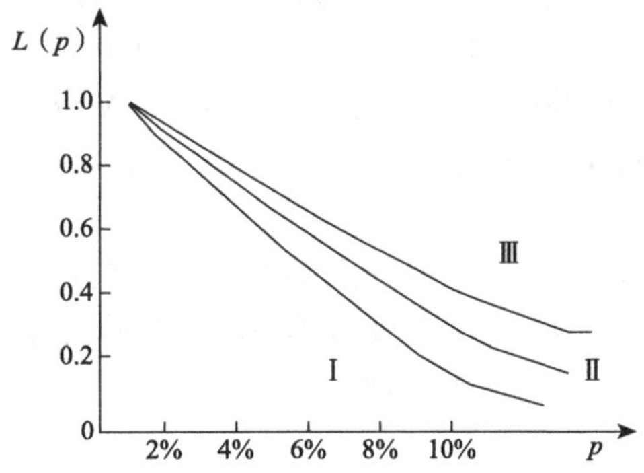


图7-6　$n$、Ac不变，$N$对OC曲线的影响

（2）当 $N$、Ac 不变，$n$ 变化时。如图 7-7 所示，从左至右合格判定数 Ac 都为 2，而样本大小 $n$ 分别为 Ⅰ=200、Ⅱ=100、Ⅲ=50 时所对应的 3 条 OC 曲线。当 $N/n \geqslant 10$ 时，$N$ 对 OC 曲线影响不大，可以忽略 $N$ 对 OC 曲线的影响。从图 7-7 中看出，当 Ac 一定时，样本 $n$ 越大，OC 曲线越陡，抽样方案越严格。

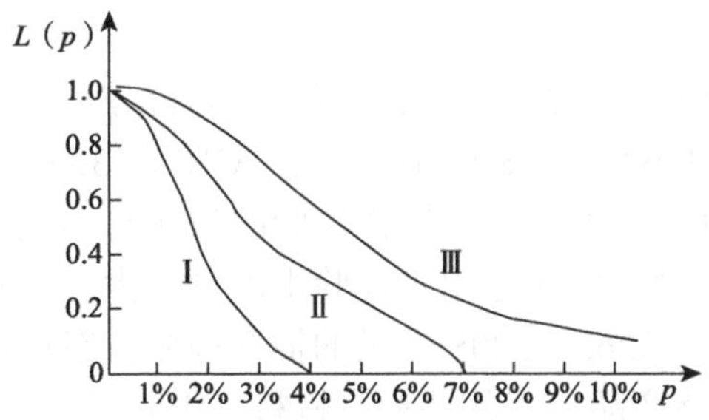


图7-7　$N$、Ac不变，$n$对OC曲线的影响

（3）当 $N$、$n$ 不变，Ac 变化时。如图 7-8 所示，从左至右当 $n$=100，Ac 分别为 Ⅰ=2、Ⅱ=3、Ⅲ=4、Ⅳ=5 时所对应的 OC 曲线。从图 7-8 中看出，当 $n$ 一定时，合格判定数 Ac 越小，则 OC 曲线的倾斜度就越大，抽样方案越严格。

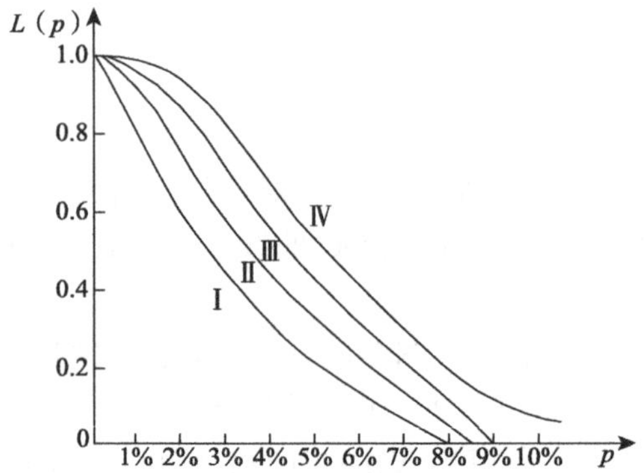


图7-8　$N$、$n$不变，Ac对OC曲线的影响

6. 百分比抽检方案的不合理性

根据$N$对OC曲线的影响可以看出百分比抽检方案的不合理性（马风才，2009）。百分比抽检方案就是不管产品的批量大小，均按批量的一定比例抽取样本进行检验，并按统一的合格判定数进行验收。$N$不同，$n$也不同，$N$越大，$n$越大。但是$N$对OC曲线的影响很小，而$n$对OC曲线的影响却很大，因此导致大批严格，小批宽松的不合理结果。

还有一种抽样方案，即规定两个百分比$k_1$和$k_2$，分别乘以批量，作为样本容量和合格判定数。$N$对抽样方案的影响不大，而$n$和Ac对抽样方案的影响很大且不成比例关系，所以，这种双百分比方案同样不合理。

# 7.3　质量检验的计数抽样检验

## 7.3.1　计数标准型抽样检验

计数标准型一次抽样检验方案是依据《不合格品百分数的计数标准型一次抽样检验程序及抽样表》（GB/T 13262—2008）而执行的。GB/T 13262—2008规定了以批不合格品百分数为质量指标的计数标准型一次抽样检验的程序与实施方法，适用于单批质量保证的抽样检验。GB/T 13262—2008适用于检验批的批量大于250时且批量与样本量之比大于10时的情形。GB/T 13262—2008提供的抽样检验方案可用于（但不限于）下述各种产品（产出物），如最终产品、零部件和原材料、维修操作、数据或记录、管理程序。

1. 计数标准型一次抽样检验方案特点

计数标准型一次抽样检验方案就是按照供需双方共同制定的OC曲线对孤立的一批产品进行抽样检验的一种方案，它具有以下特点。

（1）仅从检验批中抽取一次样本即可判定批合格与否。

（2）选定的抽样检验方案能同时满足供需双方的质量保护要求。一般对于生产者通过确定 $P_0$、$\alpha$ 来提供保护；对于用户则通过 $P_1$、$\beta$ 来提供保护，它的 OC 曲线同时通过（$P_0$，$\alpha$）和（$P_1$，$\beta$）这两点。

（3）不要求提供检验批的事前情报（例如，批的制造过程平均不合格品率，生产过程是否稳定等）。

（4）不要求对不合格批做全数检验，所以也适用于不能进行全数检验的场合。

下面介绍这种抽样检验方案的抽样检验表的构成和抽样检验的程序。

2. 计数标准型一次抽样检验的程序

1）抽样检验表的构成

附录为 GB/T 13262—2008，给出了 $P_0$、$P_1$、$\alpha$、$\beta$ 和 $n$、Ac 关系表，附录是根据式（7-4）计算出来的，它适用于 $N \geqslant 250$，$N/n \geqslant 10$ 的情况。此标准是在规定 $\alpha=0.05$、$\beta=0.10$ 的条件下编制出来的，因此只适用于 $\alpha=5\%$、$\beta=10\%$的情况，其他情况应按式（7-4）求得。只要知道 $P_0$、$P_1$，就可以用附录求出样本含量 $n$ 和合格判断数 Ac。

附录由下列内容组成。

（1）$P_0$ 值是从 0.091% ~ 0.100%（代表值 0.095%）至 10.1% ~ 11.2%（代表值 10.50%），共分 42 个区间。$P_1$ 值是从 0.71% ~ 0.80%（代表值 0.75%）至 31.5% ~ 35.5%（代表值 34%），共分 34 个区间。

（2）样本量 $n$，取 209 级，分别是 5，6，⋯，1820，2055。

附录是用二项分布计算的，因此适用于 $N/n \geqslant 10$ 的情况，若 $N/n<10$，则抽样方案宜用超几何分布计算。

（3）以区间形式表示 $P_0$、$P_1$ 值，而且 $n$ 值也是阶梯状变化，所以由附录求得的抽样方案（$n$，Ac）同所期望的检验特性可能略有不同，但一般来讲不妨碍实际应用。

（4）此表 $P_0$ 所对应的 $\alpha$ 基本控制在 0.03 ~ 0.07，$P_1$ 所对应的 $\beta$ 基本控制在 0.04 ~ 0.13，其中心值 $\alpha=0.05$、$\beta=0.1$。

如果想求出 $P_0$、$P_1$ 所对应的 $\alpha$、$\beta$ 值，可解下面的联立方程：

$$\begin{cases} 1-\alpha = \sum\limits_{d=0}^{\mathrm{Ac}} \binom{n}{d} P_0^d \left(1-P_0\right)^{n-d} \\ \beta = \sum\limits_{d=0}^{\mathrm{Ac}} \binom{n}{d} P_1^d \left(1-P_1\right)^{n-d} \end{cases} \tag{7-4}$$

GB/T 13262—2008 适用于检验批的批量大于 250，且批量与样本量之比大于 10 时的情形。当批量小于或等于 250，或批量与样本量之比不大于 10 时，则由本标准检索出的抽样方案是近似的，一般按 GB/T 13264—2008 中规定的方法确定抽样方案。

GB/T 13262—2008 与国际标准不兼容，因此，不能在国际贸易中使用。

2）抽样检验的程序

A. 确定质量标准

对于单位产品，应明确规定判断合格品与不合格品的标准。

B. 确定 $P_0$、$P_1$ 值

$P_0$、$P_1$（$P_0<P_1$）值应由供需双方协商决定。作为选定 $P_0$、$P_1$ 的依据，一般取生产者风险率 $\alpha=0.05$，消费者风险率 $\beta=0.10$，当 $\alpha$、$\beta$ 值确定后，选定 $P_0$、$P_1$ 值将是决定抽样方案的关键。

决定 $P_0$、$P_1$ 值时，要综合考虑生产能力、制造成本、质量要求及检验费用等因素。一般不使用公式之类的方法机械求出。

用户应将可允许的最大不合格品率定为 $P_1$，批不合格品率 $P$ 大于 $P_1$ 的批属于劣质批，在抽样中经常被判为不合格批，并尽量把不合格品率为 $P_1$ 的批的接收概率控制在10%左右。这样，用户可通过控制 $P_1$ 和 $\beta$ 值，使产品质量得到保证。

生产者也应提出一个批基本合格的不合格品率标准 $P_0$，批不合格品率 $P$ 小于 $P_0$ 的批属于优质批，在抽样中经常判为合格批，并尽量把不合格品率为 $P_0$ 的批的拒收概率控制在 5%左右。这样生产者可以通过控制 $P_0$ 和 $\alpha$ 值，使大多数合格批顺利通过检验。

另外，决定 $P_0$、$P_1$ 值时，还需要考虑 $P_1$ 和 $P_0$ 应拉开一定距离，要求 $P_1>P_0$，$P_1$ 或 $P_0$ 过小（小于 3），会增加样本含量 $n$，使检验费用增加，但 $P_1$ 或 $P_0$ 过大（大于 20），又会放松对质量的要求，对用户不利。一般 $P_1$ 或 $P_0$ 处于 4 ~ 10 为宜。

C. 检验批的组成

检验批的划分原则是同一批里的产品应当是在同一制造条件下生产的。检验的批量越大，分摊到每个产品的检验费用越小。然而批量过大，一旦发生错判，对生产者或用户造成的额外损失也越大，所以不得随便增大批量。

D. 确定抽样方案（$n$，Ac）

确定抽样方案是利用抽样表来进行的，方法如下。

（1）根据选定的 $P_0$、$P_1$ 值，在附录中找到 $P_0$ 所在的行与 $P_1$ 所在的列。

（2）行与列相交栏中的数字，左边的是 $n$ 值，右边的是 Ac 值。

## 7.3.2 计数挑选型抽样检验

### 1. 计数挑选型抽样检验的概念

计数挑选型抽样检验采用平均质量（多数批）与单批质量两种质量保证方式（苏秦，2006）。平均质量保证方式规定了平均检出质量上限（average outgoing quality limit，AOQL），并按 AOQL 设计抽样方案；单批质量保证方式规定了 LQ 与使用方风险 $\beta$。这种抽样检验方法同时规定，经抽样检验合格批接收，不合格批必须经全数检验，将其中的不合格品换成合格品（包括修复为合格品）后再被检验接收。

《挑选型计数抽样检查程序及抽样表》（GB/T 13546—1992）规定了以 AOQL 和以 LQ 为质量指标的挑选型计数一次抽样方案及实施程序。

1）术语

（1）平均检出质量（average outgoing quality，AOQ）。以平均不合格品率表示经过抽样检查后产品的平均质量。

（2）AOQL。AOQ 的最大值。

（3）平均质量保证方式。采用 AOQL 抽样方案，保证多数批平均质量的一种质量保证方式，在较长时间内，使 AOQ 的数值不大于规定的 AOQL 的值。

（4）单批质量保证方式。单批质量保证方式是指保证每个被检验接收的批的质量的保证方式。采用 LQ 抽样方案，使批的不合格品率大于或等于规定的 LQ 值的批只以不大于 $\beta$（规定 $\beta$=0.1）的概率被接收的质量保证方式。

（5）平均检验总数（average total inspection，ATI）。根据接收批样本量 $n$ 和拒收批的批量 $N$ 计算出的平均每批要检验的单位产品数。

2）GB/T 13546—1992 适用范围

（1）半成品检验。企业工序间、协作厂交付的半成品检验。

（2）成品入库检验。

（3）连续向用户供货检验。

（4）其他连续交货场合。如急于占领产品市场，但加工难度大，选择的供货方质量不太稳定时，采用本标准，既能保证质量，又能及时占领市场。

（5）检验是非破坏性的。使用本标准检验必须是非破坏性的，否则无法进行全数挑选。

（6）检验费用低。检验费用低时，全数检验才得以实行。

### 2. 计数挑选型抽样检验的应用程序

（1）在产品技术标准与订货合同中规定产品质量标准，包括规定产品合格与不合格的标准。

（2）确定质量保证方式标准给出了两种质量保证方式。

（a）平均质量保证方式。在下列场合，平均质量保证方式用于保证多数批平均质量：①工序间连续交接半成品。②成品连续入库。③连续向固定用户供货。④其他用户同意保证多批平均质量的场合。

（b）单批质量保证方式。在下列场合，平均质量保证方式用于保证每批质量：①每批 LQ 都有要求的场合。②生产方的产品质量不稳定的场合。

（3）AOQL 或 LQ 值的选择应根据用户的使用要求和生产方的技术水平，由生产方和用户协商确定。在标准抽样表中未给出过程平均不合格品率 $P \geqslant$ AOQL 和 $P \geqslant$ LQ 的抽样方案，因为这时抽样检验拒收批将达到 40%以上，对 40%以上的拒收批进行百分之百检验的费用太高，因此，应选用合适的 AOQL 和 LQ 值，在保证产品质量和节省检验费用之间寻求一种平衡。

（4）估算过程平均不合格品率。如果生产方已知当前的过程平均不合格品率，则可将其作为抽样检验的过程平均不合格品率 $P$。如果 $P$ 值未知，可按《为估计批（或过程）平均质量选择样本大小的方法》（GB/T 4891—1985）估算 $P$ 值。

（5）组成检验批。按检验批的组成原则尽量将同一生产条件下相近时间内生产的产品组成检验批。

（6）检索抽样方案。

（a）采用平均质量保证方式。从抽样表中找到与选定的 AOQL 值对应的表，从批量 $N$ 范围所在行与 $p$ 的范围所在列的相交栏读出样本量 $n$ 和合格判定数 Ac。

（b）采用单批质量保证方式。从抽样表中找到与选定的 LQ 值对应的表，从批量 $N$ 范围所在行与 $p$ 的范围所在列的相交栏读出样本量 $n$ 和合格判定数 Ac。

（7）随机抽取样本。

（8）检验样本。按产品技术质量标准检验样本，记录样本中检出的不合格品数。

（9）判断批接收或不接收。若样本中不合格品数 $d \leqslant \mathrm{Ac}$，则判批接收；若 $d > \mathrm{Ac}$，则判批拒收。

（10）抽样检验后的处置。合格批接收，但样本中的不合格品用合格品替换；不合格批退回生产方，由生产方进行百分之百检验，将其中的不合格品挑选出来，用合格品替换批中的所有不合格品后再交验。

## 7.3.3 计数调整型抽样检验

### 1. 计数调整型抽样检验概述

计数调整型抽样则要根据生产过程的稳定性来调整检验的宽严程度（方志耕等，2015）。当生产方提供的产品批质量较好时，可以放宽检验，以免第Ⅰ类错误概率 $\alpha$ 变大；如果生产方提供的产品批质量下降，则要加严检验，以免第Ⅱ类错误概率 $\beta$ 变大。这样可以鼓励生产方加强质量管理，提高产品质量的稳定性。计数调整型抽样主要适用于大量的连续批的检验，是目前使用最广泛、理论上研究最多的一种抽样检验方法。

### 2. 计数调整型抽样的制订及程序

计数调整型抽样检验的特点是：预先确定三个抽样方案——正常抽样方案、加严抽样方案和放宽抽样方案。然后，规定一套方案之间进行转换的规则，检验时随质量变化而调整。一个好的抽样方案必须做到合理保护生产方和用户双方的利益。制订计数调整型抽样的基本思想是：先考虑保护生产方，当生产方提交的产品批的质量达到用户基本满意的质量要求时，制订一个正常抽样方案，以保证绝大多数这种质量的产品批能被判为合格；当连续检验中发现产品批质量变差时，便确定一个加严抽样方案，以使多数这样的产品批被判为不合格，实现对消费方的保护；当产品批质量非常稳定，且向好的方向发展时，则采用一个放宽抽样方案，以作为对生产方的保护和提高产品质量的鼓励。

下面介绍计数调整型抽样检验程序。

1）规定个体产品的质量标准，划分不合格品（缺陷）的类别

首先明确区分个体产品的合格与不合格。不合格品存在着一个或多个缺陷，而且不同形式和程度的缺陷对产品质量的影响不尽相同，所以，一个不合格品可能同时含有 $N$

种不同严重程度的缺陷，一般按其中最严重的缺陷来定义不合格品，如致命不合格品、严重不合格品和轻微不合格品。

2）规定合格质量水平

合格质量水平也称可接收的质量水平（acceptable quality level，AQL），它是生产者与用户共同认为可以接受的连续检验批的最大过程平均不合格品率。或者说，它是抽样检验时允许判为合格的过程平均不合格品率的上限。

过程平均不合格品率用 $P$ 表示，是指若干批产品初次（不包括第一次不合格经过返修再次提交检验的批次）检验的不合格品率的平均值，即

$$\overline{P} - \frac{D_1 + D_2 + L + D_k}{N_1 + N_2 + L + N_k} \times 100\% \tag{7-5}$$

式中，$N_k$ 和 $D_k$ 分别为第 $k$ 批的批量和不合格品数；$k$ 为批数。

AQL 是用来描述过程平均不合格品率的一个重要指标，它被看作可接收的过程平均不合格品率和不可接收的过程平均不合格品率之间的分界线。当生产方提供的产品批的过程平均不合格品率 $P$ 优于 AQL 值时，高概率接受抽样方案。也就是说，正在生产的产品批的平均质量至少像 AQL 一样好时，可以认为这种产品批基本上是满意的。但当生产者交验的产品质量低于 AQL 时，基于 AQL 接收的准则，一般不能为用户提供满意的质量保护，而应转为采取加严抽检方案的措施，以保护用户的利益。所以，计数调整型抽样的设计原则如下。

（1）当 $\overline{P} \leqslant$ AQL 时，采用正常抽检方案。

（2）当 $\overline{P} >$ AQL 时，采用加严抽检方案。

（3）当 $\overline{P} \ll$AQL 时，采用放宽抽检方案。

需要说明的是，规定了 AQL 值，并不能保证用户不接收质量差的产品批。因为 AQL 是平均质量水平概念，因此有些批可能劣于 AQL，但只要总质量平均优于 AQL 即可。另外，如果检验批的平均质量稍劣于 AQL，则转换到加严抽检方案之前可能会接收一些产品批。可是很快就会发现拒收批的比例在增加，即退回的产品批多起来，最后甚至暂停检验。这样，生产者就要被迫改进产品质量。

通过以下五个步骤来确定 AQL。

（1）由供需双方协商确定。这样确定的 AQL 值既能较好地满足用户的要求，又能符合生产者所达到的实际产品质量水平。当然，在双方协商之前，用户与生产者都要从各自的实际出发，对 AQL 值确定一个初步指标作为协商的基础。

（2）根据过程平均不合格品率来确定。因为过程平均不合格品率代表了生产者能够达到的平均质量水平。所以，根据这一指标确定 AQL 值可以减少生产者的风险。生产者为了刺激自身提高产品质量、增强竞争力，常常规定 AQL 值稍高于过程平均不合格品率。

（3）按不合格品的缺陷类别来确定。越是重要的检查项目，验收后的不合格品造成的损失越大，规定的 AQL 值也就越严格。例如，对一般性产品规定，严重不合格品的 AQL 为 1.5%，轻微不合格品的 AQL 为 4%。然而美国海军部门确定的 AQL 值与生产者的质量水平无关，一律规定致命缺陷的 AQL 为 0.1%，A 类严重缺陷的 AQL 为 0.25%，B 类严重缺陷的 AQL 为 1.0%，轻微缺陷的 AQL 为 2.5%。世界上不少发达国家的企业

也是这样做的。此法多用于多品种、小批量生产和产品质量信息不多的场合。

（4）按用户要求的质量水平来确定。当用户根据使用的技术、经济条件提出必须保证的质量水平时，则应将该质量要求定为 AQL。

（5）根据检查项目数来确定。同一类的检查项目有多个（如同属严重缺陷的检查项目有 3 个）时，AQL 的取值应比只有一个检查项目时的取值要适当大一些。

上述方法在抽检时可以根据实际情况从中选取。当缺少过去检查的质量情报历史资料，一时难于确定合适的 AQL 值时，可先暂行规定 AQL 值，等积累了一定的质量情报后，再根据实际情况予以修订。

3）规定检查水平

检查水平是指样本大小 $n$ 与产品批量 $N$ 之间比值大小的分级水平。它决定了批量与样本大小的关系。ISO 2858-1 中检查水平的设计原则是：如果批量增大，一般样本容量也随之增大，但不是成比例地增大，大批量中样本容量占的比例比小批量中样本容量占的比例要小。

ISO 2858-1 给出了七种检查水平：三个一般检查水平Ⅰ、Ⅱ、Ⅲ，四个特殊检查水平 S-1、S-2、S-3、S-4，如表 7-3 所示。一般检查水平Ⅱ为正常检查水平，无特殊要求时均采用一般检查水平Ⅱ。当允许降低抽样方案的鉴别能力，即减弱辨别优质批与劣质批的能力时，可采用一般检查水平Ⅰ；当需要提高抽样方案的鉴别能力，即增强辨别优质批与劣质批的能力时，可采用一般检查水平Ⅲ。一般检查水平Ⅰ、Ⅱ、Ⅲ的样本容量之比约为 0.4∶1∶1.6，一般检查水平Ⅲ比Ⅱ高，Ⅱ比Ⅰ高。一般检查水平高时，$\alpha$减小，$\beta$减小。但相比之下 $\alpha$变化不大，而$\beta$的变化则是显著的。

**表 7-3 样本大小字码表**

| 批量范围 | 特殊检查水平 | | | | 一般检查水平 | | |
|---|---|---|---|---|---|---|---|
| | S-1 | S-2 | S-3 | S-4 | Ⅰ | Ⅱ | Ⅲ |
| 2～8 | A | A | A | A | A | A | B |
| 9～15 | A | A | A | A | A | B | C |
| 16～25 | A | A | A | B | B | C | D |
| 26～50 | A | B | B | C | C | D | E |
| 51～90 | B | B | C | C | C | E | F |
| 91～150 | B | B | C | D | D | F | G |
| 151～280 | B | C | D | E | E | G | H |
| 281～500 | B | C | D | E | F | H | J |
| 501～1 200 | C | C | E | F | G | J | K |
| 1 201～3 200 | C | D | F | G | H | K | L |
| 3 201～10 000 | C | D | F | G | J | L | M |
| 10 001～35 000 | C | D | F | H | K | M | N |
| 35 001～150 000 | D | E | G | J | L | N | P |
| 150 001～500 000 | D | E | G | J | M | P | Q |
| 500 001 及以上 | D | E | H | K | N | Q | R |

特殊检查水平一般用于破坏性检验或费用较高的检验。特殊检查水平所抽取的样品较少，又称小样本检验。这种检查水平一般要在过去对产品已积累了足够的技术资料、质量资料，经分析确信在批内个体之间的质量波动较小时，才能使用。

表 7-3 没有直接提供检验的样本数 $n$，而是提供查询样本数的索引字码，根据索引字码及 AQL 值在 ISO 2858-1 主表中检索抽样方案，即确定所需样本大小 $n$、合格判定数 Ac、不合格判定数 Re。

4）确定抽样方案的类型

一般只考虑选一次抽样方案或二次抽样方案。一次抽样方案与二次抽样方案的 OC 曲线基本上是一致的，所以，两种方案对产品质量的辨别能力基本相同，不能笼统地说某种抽样方案比另一种抽样方案好。二次抽样方案所需的平均样本大小比一次抽样方案的样本大小要小。这是因为当第一样本中的不合格品数较少或较多时，根据第一样本就可以做出合格与否的判断，而不需要再抽取第二样本，只有当第一样本中的不合格品数不多不少时，才要抽取第二样本。如果抽取了第二样本，在管理上会增加工作量，试验工作量及时间一般也要多一些。究竟采取哪种抽样方式，要视产品批的具体情况综合权衡而定。

5）确定抽样方案

在确定了 AQL 时，选择了某一检查水平，并已知待检批量大小的条件下，通过查阅有关表格就可以确定抽样方案。

## 7.4　质量检验的组织管理

### 7.4.1　质量检验的职能

#### 1. 鉴别职能

通过测量、比较，判断质量特性是否符合规定的要求，这是质量检验的鉴别职能。鉴别是把关的前提，通过鉴别才能判断产品质量是否合格。因此，鉴别职能是质量检验各项职能的基础。

#### 2. 把关职能

把关职能是质量检验最基本的职能，也可称为质量保证职能，指通过对原材料、半成品的检验、鉴别、分选和剔除不合格品，并决定该产品或该批产品是否被接收，以保证不合格的原材料不投产、不合格的半成品不转入下道工序、不合格的成品不出厂。

#### 3. 预防职能

现代质量检验既有把关职能，同时又有预防职能。检验的预防职能主要表现在以下几个方面。

（1）首件检验和巡回检验。预防批量产品质量问题的发生。

（2）进货检验、中间检验和完工检验。这些检验活动既起把关作用，也起预防作用。对前过程的把关，就是对后过程的预防。

（3）过程能力的测量和控制图的使用。测定过程能力或使用控制图，都需要通过产品检验取得一批数据或一组数据，这种检验目的是通过计算过程能力的大小发现过程能力的不足，或通过控制图表明过程的状态是否受控，预防不稳定的生产状态出现，防止大批不合格品的发生。

#### 4. 报告职能

报告职能也就是信息反馈的职能。在检验工作的过程中，及时进行信息反馈、采取纠正措施只是报告职能的最起码的要求。检验报告职能更主要的表现是，通过检验活动，系统地收集、积累、整理及分析研究各种质量信息，根据需要编制成各类报告或报表，按规定向企业有关人员及部门报告企业产品质量的情况、动态和趋势，为企业质量决策提供及时、可靠和充分的依据。报告职能大致应包括以下内容。

（1）原材料、外购件、外协件进厂验收检验的情况。

（2）成品出厂检验情况，如合格率、返修率、报废率、降级率及相应的经济损失。

（3）各生产单位质量情况，如平均合格率、返修率、报废率及相应的经济损失，以及质量因素的排列图分析。

（4）产品报废原因的排列图分析。

（5）不合格品的处理情况。

（6）重大质量问题的调查、分析和处理情况。

（7）改进产品质量的建议。

### 7.4.2 质量检验的机构

#### 1. 质量检验机构的原则

在市场经济环境中，随着企业外部环境和内部条件的变化，必然要求企业建立更加科学、严格的质量检验管理制度，并不断完善质量检验工作体系。

一般而言，企业应设置专门的检验机构。检验机构的工作应遵循以下原则。

（1）高层管理者授权。高层管理者直接领导专职检验机构，使检验机构能独立而公正地行使职权。

（2）完善的质量检验系统。建立完善的质量检验系统，使其适应企业内部和外部生产经营活动的需要。

（3）改进质量检验工作流程。不断改进和完善质量检验流程、工作标准与检验制度。

（4）满足检验需求的硬件设施。积极采用先进的检测方法，配置满足检验和试验需求的检测设备、计量器具、测试仪器等硬件设施。

（5）明确的检验职责。必须明确部门和人员的检验职责，建立和完善检验工作质量考核体系。

2. 质量检验机构的职责

在企业的经营活动中，许多环节涉及质量职能。质量职能落实到检验环节就是质量检验机构的职责。质量检验机构的基本职责主要有以下内容。

（1）贯彻和执行质量方针与质量目标，严格执行技术要求和质量标准。

（2）充分发挥把关、预防和鉴别等质量职能，确保产品和服务符合质量标准，保护顾客的利益。

（3）负责制订质量检验计划，并监督实施、总结、评估。

（4）参与制定和完善有关质量检验工作制度和各级检验人员的岗位责任制。

（5）参与产品开发、研制、设计过程中的审查和鉴定工作，并参与工艺文件会签。

（6）参与质量审核，负责审核中具体的测试工作，提供审核资料和质量审核报告。

（7）负责正确制定各种检验记录表，编制检验技术文件。

（8）负责确定关键工序和质量控制点，并负责跟踪改进。

（9）负责收集、管理、分析和报告有关质量检验的信息资料。

（10）负责质量检验的培训教育，制订科学、适用的培训计划和措施，并确保有效实施。

### 7.4.3　质量检验的制度

在长期的生产经营活动中，企业积累总结了一些行之有效的质量检验管理原则和制度，下面介绍几种主要的常用质量检验制度。

1. 三检制

三检制是指自检、互检和专检三者相结合进行的过程质量检验的一种检验制度。

自检是生产者对自己生产的产品，按图纸、工艺等技术标准自行检验并做出是否合格的判断。互检是指生产者之间相互进行检验。互检主要有下道工序对上道工序的生产者及本班组的生产者制造的产品进行的相互检验等。专检是指由专业检验人员进行的检验。

三检制以专检为主导，这是由于现代生产中，检验已成为专门的工种和技术，专业检验人员熟悉产品技术要求，工艺知识和经验丰富，检验技能熟练，所用检测仪器也比较精密，检验结果通常更可靠，检验效率相对较高。自检是检验工作基本上和生产加工过程同步进行。通过自检，操作者可以真正及时了解自己加工的产品的质量及工序所处的质量状态，当出现问题时，可及时解决。互检是对自检的补充和监督，有利于工人之间协调关系和交流技术。三检制可以发挥专业检验人员和生产者两方面的积极性，防止疏忽大意而造成批量废品，保证产品质量。

2. 追溯制

在生产过程中，每完成一个工序或一项工作，都要记录其检验结果及存在问题，记录操作者及检验者的姓名、时间、地点和情况分析，在适当的产品部位做出相应的质量状况标志。这些记录与带标志的产品同步流转。产品标志和留名都是可追溯性的依据，在必要时，都能查清责任者的姓名、时间和地点。产品出厂时还同时附有跟踪卡，随产品一起流通，以便用户把产品在使用时所出现的问题，及时反馈给生产厂商。

3. 不合格品管理制度

在整个产品形成过程中，极可能存在不合格品，不合格品管理是质量检验中的重要环节。要在原材料、外购配套件、外协件进货，零部件加工到成品交付的各个环节，建立对不合格品的控制，实现不合格的原材料、外购配套件、外协件不接收和不投产，不合格的在制品不转序，不合格的零部件不装配，不合格的产品不交付的目的，以确保防止误用或安装不合格的产品。

一旦出现不合格品，应坚持质量检验的“三不放过”原则，即“不查清不合格原因不放过，不查清责任者不放过，不落实改进措施不放过”。

不合格品管理制度包括：规定对不合格品的判定和处置的职责及权限；当发现不合格品时，应根据不合格的管理程序及时进行标识、记录、评价、隔离和处理；通报与不合格品有关的职能部门，必要时应通知顾客。

对不合格品可以采取返修、返工、降级、让步、报废等处置方式。

## ➤本章小结

产品质量检验是实现生产过程，保证产品质量不可缺少的部分，是质量管理工作中的重要内容。质量检验活动的基本类型可分为三种，即进货检验、过程检验和最终检验。按检验数量分类，质量检验可以分为全数检验与抽样检验。抽样检验不是对一批产品中的所有单位产品逐个检验，而是按照规定的抽样方案和程序从一批产品中随机抽取部分单位产品组成样本，根据样本测定结果来判定该批产品是否合格。抽样检验可分为两大类:计数抽样检验和计量抽样检验。本章主要介绍了计数抽样检验的三种方法：计数标准型抽样检验、计数挑选型抽样检验和计数调整型抽样检验。质量检验的职能包括鉴别职能、把关职能、预防职能和报告职能。质量检验的制度包括三检制、追溯制和不合格品管理制度。

## ➤思考题

1. 简述质量检验的内涵及主要职能。
2. 简述质量检验的主要方式及其类型。
3. 举例说明质量检验制度的重要作用。
4. 简述抽样检验的含义、特点和分类。
5. 试述全数检验和抽样检验的优缺点及其适用范围。

6. 试述一次抽样、二次抽样和多次抽样方案的基本程序。
7. 什么是 OC 曲线？抽样检验的两类风险是什么？
8. 计数标准型抽样检验的特点是什么？
9. 计数挑选型抽样检验的特点是什么？
10. 计数调整型抽样检验的特点是什么？

# 第 8 章 可靠性

**学习目标**

1. 理解可靠性与质量的关系、可靠性的含义。
2. 了解可靠性相关概念及可靠性的分类。
3. 理解可靠性的度量方法。
4. 理解可靠性工程中的设计、分析与试验。
5. 掌握可靠性管理方法。

**导读**

可靠性是质量的一个基本指标和关键维度。可靠性是产品、过程和系统设计的关键方面之一。与可靠性有关的活动包括可靠性工程和可靠性管理。可靠性工程是在产品设计、制造和使用过程中提高可靠性的各种工程技术与方法。可靠性管理是为了有效地运行可靠性技术和资源，达到预期的可靠性而进行的一系列组织、计划和控制活动。本章将介绍可靠性及其相关的基本概念，说明度量可靠性的方法，介绍可靠性工程的常用方法和技术、可靠性管理的基本活动和要求等。

## 8.1 可靠性概述

### 8.1.1 质量与可靠性

质量的观念随着时代的发展不断地进行变革，随着时间的推移，质量的概念已经从过去狭义的品质质量发展到现代化的全面质量（温德成，2018）。不同的产品类型拥有不同的质量概念，对于硬件产品，一般而言，其质量是指产品的性能、经济性、安全性、可信性等，如图 8-1 所示。作为重要的质量特性，产品的性能、可信性、安全性反映出了产品的内在质量特性，而作为产品外延质量特性的经济性和寿命，则能综合反映出产品的竞争能力。因此，作为产品的基本质量特性之一的可靠性，是能够对产品质量进行综合评价的重要指标。

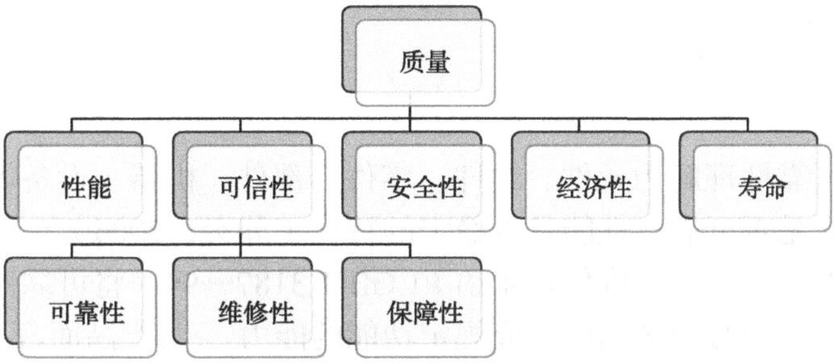


图8-1 产品质量特性分类

作为有效提升产品质量的重要手段，可靠性技术已经形成了一门独立的学科。

第二次世界大战之后，为了使武装设备的性能得到快速提升，大部分研究者逐渐倾向于使用新技术、新材料，特别是大量电子元器件的使用，促使武器装备结构变得更为复杂，再者，武器使用环境的恶劣使当时的武器装备故障频繁。在这种条件下，美国国防部组织的电子设备可靠性咨询组在 1952 年正式成立。该组在 1957 年发表了《军用电子设备可靠性》的研究报告，从而为可靠性工程发展指明了发展的方向，此研究报告为美国的可靠性工程发展奠定了基础，同时标志着可靠性已经发展成为一门独立的学科。

随着时代的发展，全面质量管理得到普遍重视，不仅工业部门开始重点关注产品的可靠性，就连使用用户也逐渐重视产品可靠性。消费者不仅要求产品的性能良好，而且对产品的可靠性、寿命及维修难易程度提出了较高的要求。从某种意义上讲，性能指标是产品内在“素质”的表现，而可靠性指标则成为产品外在“体质”的反映。

目前，产品可靠性指标已经成为一个重要的评判指标，在任何工程设计、开发过程中都必须予以重点考虑。其原因可归结为以下几个方面。

### 1. 设备系统日益复杂

科学技术的发展促使设备和系统的设计日趋复杂，从而导致了系统中任何一部分出现问题都会出现整个系统运作失效的现象。复杂化的设备替代了人的操作，虽然在一定程度上减少了人力使用，但设备的可靠性也随之降低，设备故障概率上升。

### 2. 恶劣的使用环境

军事、科研需求的提高导致产品工作的环境也变得更为恶劣，如高低温、冲击、震动、辐射等条件，都会使产品的可靠性受到不同程度的影响。

### 3. 产品生产周期缩短

传统的产品生产过程一般是经由设计、试制、生产、检验，然后交付于客户进行使用。现代科技的发展致使各生产厂商的产品设计及加工工艺日益成熟，从而导致产品的生产周期逐渐缩短，这就对产品本身的可靠性提出了更高的要求。

### 8.1.2 可靠性定义

通常人们将可靠性理解为元件、组件、零件、部件、机器、设备等产品，在正常的使用条件下，工作是否可靠、性能是否稳定的特性（苏秦，2006）。

我国国家标准《可靠性、维修性术语》（GB/T 3187—94）将可靠性定义为“产品在规定的条件下和规定的时间区间内完成规定功能的能力”。对产品而言，高可靠性就代表产品具有较高的运行性能。也就是说产品的可靠性越高，产品高效率工作的时间也就越长（这正是所有消费者需要得到的）；从专业术语上来说，产品的可靠性越高，产品的故障率就越低，产品工作的时间也就越长。

任何系统、设备和元器件都可以认为是产品。三个“规定”可对产品的可靠性定义进行详细阐述，分别为：规定条件、规定时间和规定功能。

（1）规定条件可以概括为产品在运行或使用时所处的环境或工作条件，包括运输条件、储存条件、维护条件、使用时的环境条件、使用方法、操作水平等。如果对象产品在超负荷运行、操作不当或人为破坏等情况下，功能会失效。因此，在进行产品可靠性定义时，只有明确产品所规定的工作条件，才能进一步研究产品的可靠性。

（2）规定时间是指对产品的使用时间进行规定。产品使用时间的增加，不可避免地会导致产品故障率的增加，产品的可靠性也就必然有所下降。因此，进行产品的可靠性的分析就必须将规定的任务时间严格考虑在内。例如，一辆汽车在用了 5 年后，与出厂之初相比，它出故障的概率会明显增加。

（3）规定功能是指产品所必须具备的技术及功能指标。产品功能越强大和技术指标越高，则代表着产品具有越高的可靠性，反之亦然。例如，机床的切削加工功能、发电机的发电功能、电灯的照明功能等。对象在使用过程中，能完成规定的功能，就称该对象工作可靠，能正常工作。相反，对象不能完成规定的功能，则称该对象的功能失效或发生故障。

### 8.1.3 可靠性相关概念

在设备使用过程中停机和停工的失效最终都是要发生的（温德成，2014）。当产品或系统失效时，能满足顾客期望值的主要能力就是尽快将设备恢复到运行状态。诊断失效原因、找到元件是否方便、维修程序及备件可用性等因素都会对设备停工时间的长短产生影响，因此，常用的方法是经常性地对设备进行维修检测，减少失效机会，或及时对已经发生的失效进行纠正，使产品或系统处于工作状态或可用状态。因此，与可靠性密切相关的概念如下文所述。

1. 维修性

维修性就是当产品发生故障后，能够方便有效地对设备进行维护或维修以排除故障，使其恢复到所规定状态的能力。维修性可以分为两类活动，包括预防性维修和纠正性维修。

一般情况下，通过对正常产品或系统进行监视、检查、检测，发现失效征兆，防止产品故障发生，使其保持在规定状态称作预防性维修。

产品或系统发生失效后，使其恢复到规定状态所进行的维修活动称作纠正性维修。这种维修一般过程为:故障诊断—定位—隔离—部件分解—更换—重新安装—调整与检测。纠正性维修是对失效的响应，这种维修的发生，是可靠性的函数。

常用维修度 $M(t)$ 、平均修复时间（mean time to repair，MTTR）等来表示系统或产品的维修性。

直接维修时间和维修延误时间共同构成了一个产品不工作的时间 $t_N$ （down time）。

1）直接维修时间

直接维修时间 $t_M$ （maintenance time）是在设备、备件、维修人员和维修规程等齐全的条件下，用于直接维修工作的时间。

2）维修延误时间

维修延误时间 $t_D$ （delay time）是由故障资源补给或管理原因等造成的。

3）MTTR

MTTR 是直接维修时间的平均值。有

$$\text{MTTR} = \frac{\text{直接维修时间}}{\text{故障次数}} = \frac{t_M}{n}$$

例如，产品累计 $n$=100 次故障的总维修时间 $t_M$ 为 10 000h，则 $\text{MTTR} = 10\,000/100 = 100\text{h}/$次。显然，MTTR 越小说明维修性越好。

提高维修性的主要途径是：定期更换零部件或早期发现故障，进行维护保养；从设计和制造时就考虑使产品结构易于早期发现故障，易于进行维修。

2. 保障性

产品设计特性和计划的保障资源能满足使用要求的能力称为产品的保障性（简写 $S_0$），一般使用平均延误时间（mean delay time，MDT）指标表示保障性。即

$$\text{MDT} = \frac{\text{维修延误时间}}{\text{故障次数}} = \frac{t_D}{n}$$

例如，产品累计 $n$=100 次维修累计延误时间 $t_D$ 为 3000h。则 $\text{MDT} = 3000/100 = 30\text{h}/$次。显然 MDT 越小越好。该指标反映了产品使用者的管理水平，以及提供资源的能力。

### 3. 可用性

可用性是产品可靠性、维修性、保障性三种固有属性的综合反映。具体而言，设备不因为失效而停机的可能性或概率就称为设备的可用性。它是产品或系统在任一时间执行任务时，处于工作状态和可使用状态的程度。可用性有两个基本定义包括运用可用性和内在可用性。

1）运用可用性

运用可用性定义为

$$A_o = \frac{\text{MTBM}}{\text{MTBM} + \text{MDT}}$$

其中，MTBM为两次维修之间的平均间隔时间（mean time between maintenance）。这里既包括纠正性维修时间，又包括预防性维修时间。MDT为平均停工时间，它是纠正性维修时间和预防性维修时间与等待时间之和。

2）内在可用性

内在可用性定义为

$$A_t = \frac{\text{MTBF}}{\text{MTBF} + \text{MTTR}}$$

其中，MTBF为平均失效间隔时间（mean time between failure）。MTTR为平均修复时间。

内在可用性假设为理想条件，因为在设计环境中不能确定是否存在维修停工时间、等待时间等，因此，以上时间不予以考虑。此外，内在可用性可用于保持可靠性（由MTBF度量）与维修性（由MTTR度量）之间的平衡。为了便于说明，可假设内在可用性为0.99，则

$$0.99 = \frac{\text{MTBF}}{\text{MTBF} + \text{MTTR}}$$

内在可用性反映了生产方的设计、制造和管理的综合水平。因此，其数值越大越好。

### 4. 测试性

在维修过程中，确定产品是否出现故障，以及故障出在哪个部位是一个十分重要的环节。测试性是指能够准确并及时确定产品的状态（可工作、不可工作或性能下降），并将其内部进行隔离的一种设计特性，简写为$T$。

具有良好测试性的设备能够有效减少隔离时间及故障检测时间，进而能够有效减少维修时间，改善维修性，因此，测试性与维修性和可靠性密切相关；任何故障状态（包括能够检测出和不能够检测出的故障）都会直接影响产品的可靠性，采用测试性好的设备可以及时对故障进行检测，排除故障，进而提高产品的可靠性。

测试性通常用故障检测率（fault detection rate，FDR）、故障隔离率（fault isolation rate，FIR）和虚警率（fault alarm rate，FAR）度量。

### 5. 可信性

可靠性（$R$）、维修性（$M$）、保障性（$S$）和测试性（$T$）可以被用来表示可信性（简

称 RMST)。

产品在完成规定任务的这段时间内所经历的事件和环境按时间次序描述，称为任务剖面。产品在任务开始时可用的条件下，在规定的任务剖面中，能完成规定功能的能力称为产品的（狭义）可信性，简写为 $D$。产品在执行任务中的状态及可信性取决于与任务有关的产品可靠性及维修性的综合影响。

产品在规定的条件下满足给定定量特性要求的自身能力称为产品固有能力(capability)，简写为 $C$，一般就是产品的性能，固有能力参数是一系列指标体系。产品在规定的条件下满足给定定量特征和服务要求的能力称为产品的效能（effectiveness），简写为 $E$。它是产品可用性（$A$）、可信性（$D$）及固有能力（$C$）的综合反应。效能的一种简单表达公式为

$$E = ADC$$

在产品的寿命周期或其预期的有效寿命内，在产品设计、生产、使用、维修、保障中发生的或可能发生的一切直接的或间接的、派生的或非派生的所有费用的总和称为寿命周期费用。

效能与寿命周期费用之比，称为效能–费用比，是在方案比较中最重要的决策参数。可信性工作的目标是：提高产品的可用性；提高产品的任务成功性；减少维修人力；减少保障费用。因此，可信性对装备的作战能力、生存力、部署机动性、维修人力和使用保障费用产生重要的影响。为了适应科学技术发展的新形势，必须在质量观念上进行根本的改变，从狭义质量转变为广义质量。明确性能、可靠性、费用、进度是决策衡量的四个首要参数，在研制的开始就不断进行综合权衡，以取得系统最佳的效能与寿命周期费用。

### 8.1.4 可靠性分类

根据不同的标准，通常将可靠性分成以下几类。

#### 1. 狭义可靠性和广义可靠性

在使用周期内，产品不会发生故障的性质可定义为狭义可靠性。使用者对产品的满意程度或对企业的信赖程度可定义为广义可靠性。这种满意程度或信赖程度是从主观上来判定的。为了对产品可靠性做出具体和定量的判断，可将产品可靠性定义为在规定的条件下和规定的时间内，元器件（产品）、设备或者系统稳定完成功能的程度或性质。广义可靠性实质上就是产品的有效性。可将有效性解释为可以维修的产品在某个时刻具有或维持规定功能的能力。实际上，有效性是将一个可维修产品的可靠性和维修性有机地结合起来，用一个统一的尺度来评价产品在全部使用过程中能有效工作的程度和比率，它表示产品正常工作的能力。国家标准将广义可靠性定义为产品整个寿命周期内完成规定功能的能力。它包括了狭义可靠性和维修性，故可表示为

广义可靠性 = 狭义可靠性+维修性

维修性是产品设计和装配的一种特性。它能够有效表示产品是否便于维修，经过维

修过后的可维修产品能够继续使用，从而提高产品的可靠性。GB/T 3187—1994 对维修性定义为：产品在规定的条件下和规定的时间内，按规定的程序和方法进行维修时，保持或恢复到能完成规定功能的能力。当前，维修性技术发展很快，已逐渐成为一个独立的分支，甚至可与可靠性工程相提并论了。

应当注意：在一般场合，人们所说的可靠性是指广义可靠性，而在专业场合及定量计算时，可靠性又多指狭义可靠性。

### 2. 固有可靠性和使用可靠性

工作可靠性可分为固有可靠性和使用可靠性。固有可靠性是产品本身应该具备的，产品设计制造者在产品设计过程中必须确立的可靠性，即按照可靠性规划，从原材料和零部件的选用，经过设计、制造、试验，直到产品出产的各个阶段所确立的可靠性。显然固有可靠性奠定了使用可靠性的基础，处于十分重要的地位。固有可靠性不高，相当于“先天不足”。在产品寿命各阶段中，设计阶段是保证产品固有可靠性的重要阶段，因此，设计阶段对可靠性影响最大，只有在设计阶段认真进行可靠性设计，才能保证产品制造后续阶段的可靠性能。

已生产的产品，经过包装、运输、储存、安装、使用、维修等因素影响的可靠性称为使用可靠性。它不仅要考虑固有可靠性的影响因素，还需要对产品安装、操作使用和维修保障等方面因素的影响加以考虑。

### 3. 基本可靠性和任务可靠性

产品可靠性可以分为基本可靠性和任务可靠性。

产品在规定条件下无故障的持续时间或概率是产品的基本可靠性，它反映产品对维修人力的要求。因此在评定产品基本可靠性时不需要综合考虑，要对产品的所有寿命单位和所有故障进行统计。

任务可靠性是产品在规定的任务剖面（产品在完成规定任务这段时间内所经历的事件和环境的时序描述）内完成规定功能的能力。评定产品任务可靠性时仅考虑在任务期间发生的影响完成任务的故障。因此要明确任务故障的判据。提高任务可靠性可采用冗余或代替工作模式，不过这将增加产品的复杂性，从而降低基本可靠性。因此设计时要在两者之间进行权衡。

### 4. 硬件可靠性和软件可靠性

随着微电子和计算机技术的迅速发展，计算机在改造传统产业、实现管理和控制自动化方面的作用日渐明显，计算机的控制与绝大部分复杂系统的运行密切相关，因此，可以把产品的可靠性分为硬件可靠性及软件可靠性。

传统意义上，可直接拆卸、维修的实体零部件或若干部分的组合称为硬件。前面所述的可靠性定义均指硬件可靠性。

软件是指由书面的或可记录的信息、概念、文件或程序组成的产品。

软件可靠性定义可表述为：在规定的条件下和规定的时间内，软件成功地完成规定功能的能力（概率）或不引起系统故障的能力（概率）。

在硬件—软件系统中，有人提出系统的可靠性可表示为

$$R_{SY} = R_S R_H R_M$$

式中，$R_{SY}$ 为系统可靠性；$R_S$ 为软件可靠性；$R_H$ 为硬件可靠性；$R_M$ 为操作者误差。

# 8.2 可靠性度量

可靠性水平或相应的能力可以通过可靠度、失效率、平均失效时间、平均失效间隔时间等来度量。可靠性随时间变化的规律可以通过可靠度函数、失效率函数等来表示。系统的可靠性可以通过分析各个元件的构成形式及其可靠性来计算和预测。

## 8.2.1 单元可靠性的度量

实际上，可靠性可以通过在考虑的持续期内，单位时间内发生的失效数量（称为失效率）来确定。失效率的倒数可以用作另一个可选的度量指标。它分两种情况：一是对于出现失效时必须更换的项目，失效率的倒数（每个失效出现的时间单位数）称为平均失效时间（mean time to failure，MTTF）；二是对于出现失效可以返修的项目，则使用平均失效间隔时间（MTBF）。

### 1. 可靠度函数

1）可靠度函数及其定义

产品在规定时间 $t$ 内和规定的条件下，完成规定功能的概率称为产品的可靠度函数，也称可靠度，记为 $R(t)$。

这个定义与可靠性定义的差别，仅在于把“能力”换成“概率”。产品在规定条件下的寿命（产品首次发生失效的时间）用 $T$ 表示，则“产品在时间 $t$ 内完成规定功能”等价于产品寿命 $T$ 大于 $t$。所以可靠度函数 $R(t)$ 可以看作事件“$T>t$”的概率，即

$$R(t) = P(Tt)\ (T > t) \tag{8-1}$$

譬如，$R(5000) = 0.95$ 意味着，在 5000 h 内，产品总量中，95%的产品能完成规定功能，大约有 5%的产品在 5000 h 的时间范围内会发生故障。

使用频率的概念可以估计可靠度函数 $R(t)$，设在 $t$=0 时有 $N$ 件产品开始工作而到 $t$ 时刻有 $n(t)$件产品失效，显然，能够继续工作的产品仍有 $N-n(t)$件，则频率计算公式为

$$\text{频率} = \frac{N - n(t)}{N} = 1 - \frac{n(t)}{N}$$

可将频率作为可靠度函数 $R(t)$ 在时刻 $t$ 的估计值。

例：选取 110 个某电子器件的失效时间（单位：h），经分组处理后如表 8-1 所示，试估计它的可靠度函数 $\hat{R}(t)$。

**表 8-1　某电子器件失效时间**

| $i$ | 失效时间范围/h | 失效个数/个 | 累积失效个数/个 | 仍在工作个数/个 |
|---|---|---|---|---|
| 1 | 0～400 | 6 | 6 | 104 |
| 2 | 401～800 | 28 | 34 | 76 |
| 3 | 801～1200 | 37 | 71 | 39 |
| 4 | 1201～1600 | 23 | 94 | 16 |
| 5 | 1601～2000 | 9 | 103 | 7 |
| 6 | 2001～2400 | 5 | 108 | 2 |
| 7 | 2401～2800 | 1 | 109 | 1 |
| 8 | 2801～3200 | 1 | 110 | 0 |

解：根据式（8-1），可算得

$$\hat{R}(0)=1 \qquad \hat{R}(400)=\frac{104}{110}=0.945$$

这是因为在 $t=0$ 时，110 个器件均处于正常工作状态，而到 $t=400\text{h}$ 时，已经有 6 个器件失效，还有 104 个器件在工作。类似地，根据表 8-1 最后一列数据，容易算出其他若干个时间点上的可靠度估计值

$$\hat{R}(800)=\frac{76}{110}=0.691 \qquad \hat{R}(1200)=\frac{39}{110}=0.355$$

$$\hat{R}(1600)=\frac{16}{110}=0.145 \qquad \hat{R}(2000)=\frac{7}{110}=0.064$$

$$\hat{R}(2400)=\frac{2}{110}=0.018 \qquad \hat{R}(2800)=\frac{1}{110}=0.009$$

将计算结果生成曲线（图 8-2），就可得到此种器件的可靠度函数的估计 $\hat{R}(t)$。从曲线图中，可直观观测到各个时刻的可靠度数值，如 $t=1000\text{h}$ 时，$\hat{R}(1000)=0.5$。反之，若知道可靠度 $\hat{R}=0.9$，可从图 8-2 上观察得出此时的 $t_0=500\text{h}$，这表示约有 90%的产品在 500h 处仍能继续工作，这里 $t_0=500\text{h}$ 称为该产品可靠度为 0.9 的可靠寿命。

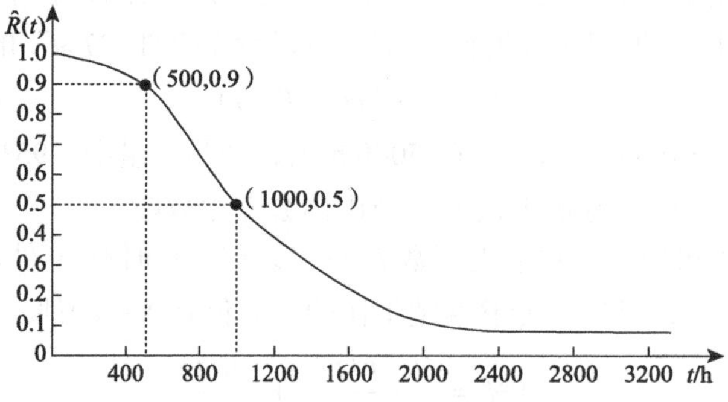


图8-2　某电子器件的可靠度函数

2）可靠度函数的性质

（1）随着产品使用时间的延长，其可靠度函数会逐渐降低，差别在于下降的快慢，如图 8-2 所示。

（2）在 $t$=0 处总有 $\hat{R}(0)=1$，即在零时刻产品均处于正常工作状态。

（3）当 $t\to+\infty$ 时，$\hat{R}(t)\to 0$，即产品最终总是要失效的。

3）不可靠度

产品的故障度或失效概率称为不可靠度，是指产品在规定的条件下、规定的时间内，丧失设计功能的概率，以 $F(t)$ 表示，$0\leqslant F(t)\leqslant 1$。对于同一个产品来说，可靠度 $R(t)$ 与不可靠度 $F(t)$ 有如下关系：

$$R(t)+F(t)=1$$

2. 失效率函数 $\lambda(t)$

1）定义

失效率是指工作一段时间后（$t$ 时刻），产品单位时间内发生失效的概率，失效率是时间的函数，可用 $\lambda(t)$ 表示，其数学表达式为

$$\lambda(t)=\lim_{\substack{N\to\infty\\ \Delta t\to 0}}\frac{n(t+\Delta t)-n(t)}{\left[N-n(t)\right]\Delta t}$$

式中，$N$ 为产品总数；$n(t)$ 为 $N$ 个产品工作到 $t$ 时刻的失效数；$n(t+\Delta t)$ 为 $N$ 个产品工作到 $t+\Delta t$ 时刻的失效数；$N-n(t)$ 为在 $t$ 时刻仍在工作的产品数。

在实际计算时，$N$ 足够大，$\Delta t$ 足够小时，可以用下式来估计：

$$\hat{\lambda}(t)=\frac{\Delta n(t)}{\left[N-n(t)\right]\Delta t}$$

式中，$\Delta n(t)$ 为在（$t$，$t+\Delta t$）时间内的产品失效数。

2）失效率的单位

常用的失效率单位可以用 $10^{-n}$ /h 表示，$n$ 通常为 5 ~ 10 的整数。对失效率要求特别小的产品，也可用 $10^{-9}$/h 表示。

$$1\text{FIT}=1\text{次失效}/10^9\text{h}$$

1FIT 表示每 1000 个产品工作 100 万 h 后只有 1 个失效。只有产品具有足够高的可靠性才能达到如此小的失效率，所以失效率通常被用来表示具有高可靠性产品的可靠性指标，失效率越小产品的可靠性越高。

《电子元器件失效率试验方法》（GB 1772—79）规定我国电子元器件的可靠性按失效率共分为七级，见表 8-2。

**表 8-2　我国电子元器件的可靠性等级标准**

| 名称 | 符号 | 最大失效率 |
| --- | --- | --- |
| 亚五级 | Y | $3\times10^{-5}$ /h |

续表

| 名称 | 符号 | 最大失效率 |
| --- | --- | --- |
| 五级 | W | $1\times10^{-5}$ /h |
| 六级 | L | $1\times10^{-6}$ /h |
| 七级 | Q | $1\times10^{-7}$ /h |
| 八级 | B | $1\times10^{-8}$ /h |
| 九级 | J | $1\times10^{-9}$ /h |
| 十级 | S | $1\times10^{-10}$ /h |

例如，我国的瓷片电容器经过权威机构验证核实其失效率达到$3\times10^{-8}$ /h，故规定为七级电容器，其包装上可用“Q”给予表示。

3）失效率曲线

产品可靠性可以用时间指标或概率指标进行表示，其指标主要有可靠度、失效率、有效度、平均失效前时间、平均无故障工作时间等（陈运涛，2008）。其中，失效率指标的应用比较广泛。

典型的失效率曲线是浴盆曲线，其分为三个阶段：早期失效期、偶然失效期、耗损失效期。早期失效期的失效率曲线呈现递减趋势，即新产品具有很高的失效率，但经一段时间的运行磨合，其失效率就会迅速下降。处在偶然失效期的失效率曲线呈现出平稳态势，就代表着产品已经进入了一个比较稳定的使用期。耗损失效期的失效率曲线呈现递增趋势，即随着产品使用时间的增加，产品开始老化失效，失效率逐渐增加，此时的产品需要进行维修或者更新（图 8-3）。

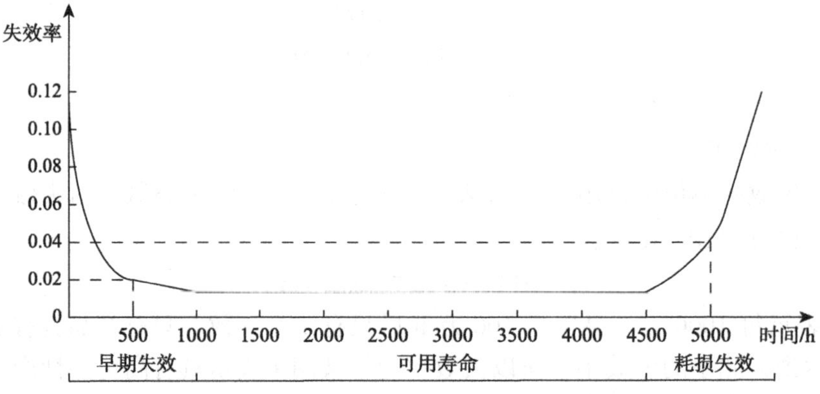


图8-3　失效率曲线

在考虑一个产品的失效率时，假设大量的项目经过实验或使用，直到出现失效，记录每个项目的失效时间。按照时间在图上描出累积失效百分率，形成一个曲线，称为累积失效曲线，如图 8-4 所示。曲线上任何一点的斜率或者导数表示这一时刻的失效率（单位时间的失效数）。

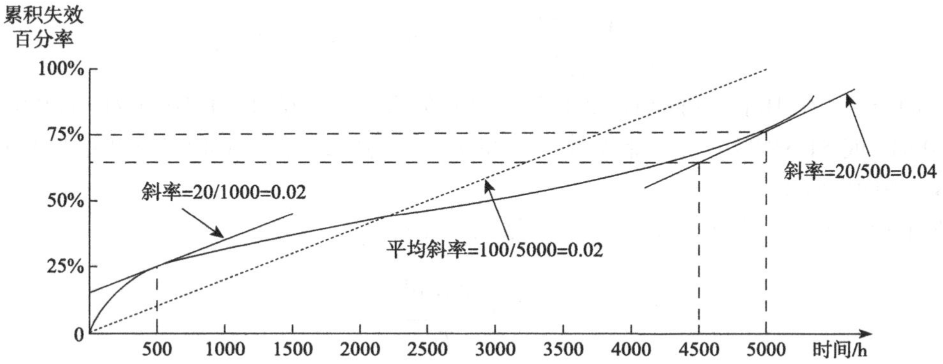


图8-4　随时间变化的累积失效曲线

图 8-3 所显示的是浴盆曲线，即失效率曲线。此曲线是人们对产品寿命数据经过大量统计和实验所得出的结论。它与图 8-4 中的累积失效曲线相对应。失效率曲线是对累积失效曲线斜率描点而成的。从中可以看出，曲线斜率或相应的失效率可能随时间发生变化，所以图 8-3 中，在 500h 的失效率为 0.02 个失效/h，而 5000h 的失效率为 0.04 个失效/h。在任何时间间隔内的平均失效率是曲线上时间间隔的两个端点连线的斜率。

4）实际失效率和平均失效率

将产品的失效率进一步细分，可以分为实际失效率和平均失效率。

A. 实际失效率

在实际工作中，人们只能对有限的数据进行收集，形成图 8-4 的曲线是不切实际的。但如果仅有有限的数据，可以利用下列公式计算失效率：

$$\lambda=\frac{\text{总失效数}}{\text{总单元运行时数}}$$

或

$$\lambda=\frac{\text{总失效数}}{\text{试验单元数}\times\text{试验时数}}$$

这个定义中的基本假设可以有不同的解释。因为总单元运行时数=试验数试验时数。

所以 10 个单元试验 100h 与 1 个单元试验 1000h 二者在总单元运行时数上没有区别。然而，由于失效率随着产品生命周期中的不同时期变化而变化，如图 8-3 所示的失效率差别是十分明显的。例如，有用的寿命从 1000h 开始，所以在 200～1000h 几乎可以完全肯定会出现失效，而在 100h 的试验中，几乎不可能出现失效。然而，在产品的有用寿命期，假定失效率是不变的，这个时期内不同的实验长度只可能显示出微小的差别。也正是这样的一个假设，使时间成为可靠性定义中的一个重要因素。

为说明 $\lambda$ 的计算，假设有 10 个单元试验了 100h。4 个单元失效，各单元的失效分别发生在第 6h、第 35h、第 65h、第 70h，其余各个单元满意地发挥效能到实验结束。总单元运行时数为 776h$(1\times6+1\times35+1\times65+1\times70+6\times100)$。所以，失效率为

$$\lambda=\frac{4\text{个失效}}{776\text{个单元运行时间}}=0.00515\text{个失效}/\mathrm{h}$$

换而言之，在 1h 内，可能有 0.515%的单元失效。另一方面，在 100h 内，有 $0.00515\times 100=0.515$ 或 51.5%的单元可能失效，而在实际试验中，却只有 40%的单元发生失效。

B. 平均失效率

在工程实践中，取平均失效率为产品的可靠性。

$$\bar{\lambda}=\frac{\int_0^T \lambda(t)\mathrm{d}t}{T}$$

平均失效率的估计值 $\bar{\lambda}$ 为

$$\bar{\lambda}=\frac{n_f}{t_U}=\frac{n_f}{\sum_{i=1}^{n_f} t_{fi}+n_s t}$$

式中，$t_U$ 为总累积工作时间；$t_{fi}$ 为第 $i$ 个产品失效前的工作时间；$n_s$ 为整个实验期间未出现失效的产品数；$n_f$ 为整个试验期间出现失效的产品数。

5）失效类型及特点

按照产品失效的使用寿命及特点分类，可将产品失效类型划分为早期失效期、产品可用寿命期和耗损失效期。

（1）早期失效期。制造或质量控制不良造成的元器件有缺陷，从而导致产品在运行中出现很高的早期失效率。$\lambda(t)$ 曲线随时间呈下降趋势，所以也称这种失效类型为下降型。其特点是失效率较高，但随着工作时间的增加，失效率迅速下降。可通过加强原材料试验、改进设计、采用合理的筛选技术等方式降低早期失效率。

此阶段的 $R(t)$、$F(t)$、$f(t)$、$\lambda(t)$ 的曲线如图 8-5 所示。

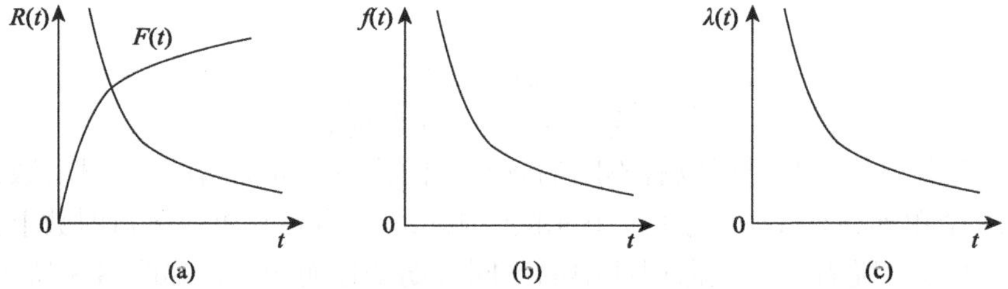


图8-5 早期失效期各函数曲线图

（2）产品可用寿命期。这一时期的产品相对稳定且失效率较低，其失效呈随机正态分布形式。这个时期的失效通常由不可控的因素引起，如各种复杂作用的原材料或环境引起的突然的、非预期的压力。这一阶段 $\lambda(t)$ 曲线相对稳定，所以也称这一时期的失效类型为恒定型。其特点是失效率低而稳定，失效率是一常数或是近似常数，这是产品最好的工作时间。在这一阶段要尽力做好产品的维护和保养工作，使这一时期尽量利用充分。曲线分布见图 8-6。

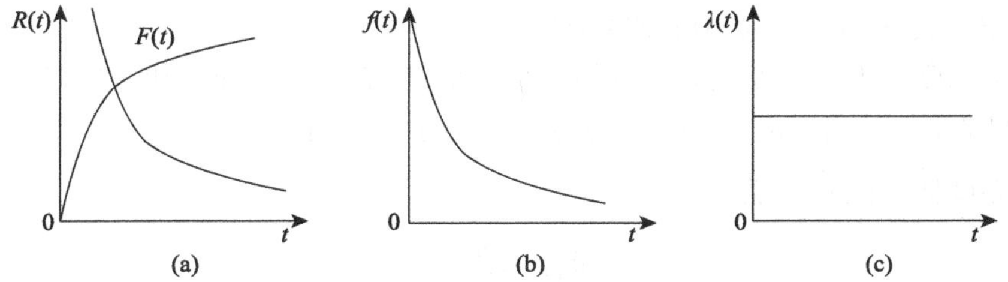


图8-6 产品可用寿命期各函数曲线图

（3）损耗失效期。产品长时间使用后，逐渐进入损耗期，失效率开始增高，直到最后产品报废。这一时期 $\lambda(t)$ 曲线随时间呈现上升趋势，所以也称为递增型失效率。其特点是失效率随产品工作时间的增长而上升。这类失效由材料老化、疲劳、磨损引起失效的。可采用预防性措施，提前更换接近耗损期的零部件，或者采用长寿命的元器件来延长产品的使用寿命保证产品的可靠性，见图 8-7。

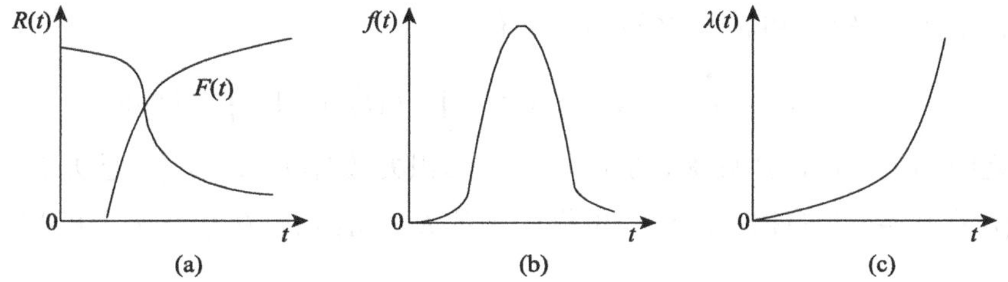


图8-7 损耗失效期各函数曲线图

6）根据失效的性质划分失效形式

根据失效的性质，产品的失效又可以分为以下几个方面。

（1）突然失效。在大多数情况下，元器件的机械或电器失效是突然发生的，称为突然失效。突然失效通常是产品完全丧失规定的功能。

（2）退化失效。产品的老化使元器件、材料的参数逐渐变化而引起的失效，称为退化失效。退化失效多半仅仅是产品的输出特性发生变化，而产品可以继续保持工作能力。

区分突然失效和退化失效是十分必要的。可以根据失效的性质选择计算可靠性的方法，确定可靠性的设计方案，找出失效的位置和原因。

此外，产品的工作单位失效并不一定会引起产品的不可靠，如指示灯、检测设备、运行的仪表等，在计算可靠性时这些单位和失效是不予以考虑的。

### 3. 可靠性中常用的失效分布函数

1）失效分布函数

产品的失效可归纳为产品丧失了其规定的功能，对于可修复的产品也称故障。产品开始工作至第一次失效，这段时间（$T$）称为寿命。产品失效具有随机特性，所以寿命 $T$ 是一个随机变量。产品类型、工作条件的差异会导致寿命 $T$ 值的统计规律性产生差异。可假设寿命的分布函数记为 $F(t)$，则有

$$F(t)=P(T\leqslant t)=1-P(Tt)=1-R(t) \tag{8-2}$$

式（8-2）表示在规定条件下，产品在 $t$ 时刻前发生失效的概率。在可靠性中，将寿

命 $T$ 的分布函数 $F(t)$ 称为不可靠度函数。

由于可靠度与不可靠度之间具有的关系：$R(t)+F(t)=1$。同样的失效分布函数具有以下两个特点：（1）$0\leqslant F(t)\leqslant 1$；（2）$F(0)=0, F(\infty)=1$。

不可靠度估计值 $\hat{F}(t)$ 为

$$\hat{F}(t)=\frac{n_f(t)}{n}$$

一般的不可靠度也成为累积失效概率、失效分布函数和寿命分布函数。它的导数就是失效分布概率密度函数，记为 $f(t)$。

$f(t)$ 表示产品连续工作时间 $t$ 之后的一个单位时间 $\Delta t$ 内。产品失效数量与 $t=0$ 的时刻的产品总数之比。

$$f(t)=\lim_{\Delta t\to 0}\frac{n_f(t+\Delta t)-n_f(t)}{n\cdot\Delta t}=\frac{\mathrm{d}F(t)}{\mathrm{d}t}=F'(t)=-R'(t)$$

因此，$f(t)$、$F(t)$ 和 $R(t)$ 之间的关系有

$$F(t)=\int_0^t f(t)\mathrm{d}t\ ,\quad R(t)=\int_t^\infty f(t)\mathrm{d}t=1-\int_0^t f(t)\mathrm{d}t$$

三者之间的关系可以用图 8-8 加以描述。累积失效分布函数 $F(t)$ 是失效分布概率密度函数 $f(t)$ 在 $0\to t$ 上的积分面积；可靠度函数 $R(t)$ 是 $f(t)$ 在 $t_1\to\infty$ 上的积分面积。

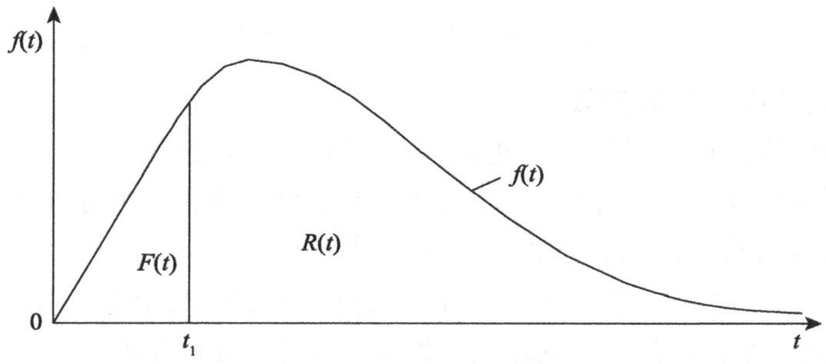


图8-8 $R(t)$、$F(t)$ 和 $f(t)$ 的关系

根据定义，失效分布概率密度函数的估计值 $\hat{f}(t)$ 为

$$\hat{f}(t)=\frac{n_f(t+\Delta t)-n_f(t)}{n\cdot\Delta t}=\frac{\dfrac{\Delta n_f(t)}{\Delta t}}{n}$$

表示产品连续工作时间 $t$ 后的 $t\sim t+\Delta t$ 单位时间内，产品失效数量与 $t$=0 时刻的产品总数之比。

2）常用的寿命分布函数

寿命分布是可靠性研究的基础，其类型很多，主要基于数理统计的理论，由大量数据拟合得出。以下主要介绍两种常见的寿命分布函数。

A. 指数分布

指数分布在可靠性分析领域里应用广泛。假设若产品的寿命或某一特征值 $t$ 的故障

密度为

$$f(t)=\lambda e^{-\lambda t}\quad(\lambda>0, t\geqslant 0)$$

其中，称 $t$ 服从参数 $\lambda$ 的指数分布。则有不可靠度 $F(t)=1-e^{-\lambda t}(t\geqslant 0)$；可靠度 $R(t)=1-F(t)=e^{-\lambda t}(t\geqslant 0)$；故障率 $\lambda(t)=f(t)/R(t)=\lambda$；平均失效间隔时间 $\mathrm{MTBF}=\dfrac{1}{\lambda}=\theta$。

例：一元件寿命服从指数分布，其平均寿命 $\theta$ 为 2000h，求故障率 $\lambda$ 及可靠度 $R(100)$ 和 $R(1000)$。

解：

$$\theta=\frac{1}{\lambda}=\frac{1}{2000}=5\times10^{-4}\,\mathrm{h}$$

$$R(100)=e^{-5\times10^{-4}\times100}=e^{-0.05}=0.95$$

$$R(1000)=e^{-5\times10^{-4}\times1000}=e^{-0.5}=0.60$$

此元件在 100h 的可靠度为 0.95，而在 1000h 的可靠度为 0.60。

指数分布的一个重要性质就是无记忆性。无记忆性是指产品在经过一段时间工作之后的剩余寿命仍然具有与原来工作寿命相同的分布，而与 $t$ 无关。

B. 正态分布

正态分布在机械可靠性设计中大量应用，如材料强度、磨损寿命、齿轮轮齿弯曲、疲劳强度及难以判断其分布的场合。

若产品寿命或某特征值有故障密度

$$f(t)=\frac{1}{\sqrt{2\pi}\sigma}e^{-\frac{(t-\mu)^2}{2\sigma^2}}\quad(t\geqslant 0, \mu\geqslant 0, \sigma\geqslant 0)\tag{8-3}$$

其中，则称 $t$ 服从正态分布。则有不可靠度 $F(t)=\int_0^t\frac{1}{\sqrt{2\pi}\sigma}e^{-\frac{(t-\mu)^2}{2\sigma^2}}dt$；可靠度 $R(t)=1-\int_0^t\frac{1}{\sqrt{2\pi}\sigma}e^{-\frac{(t-\mu)^2}{2\sigma^2}}dt$；故障率 $\lambda(t)=f(t)/R(t)$。

由于正态分布计算的标准化，可以用数学代换把式（8-3）变换成标准正态分布，最后计算时只需查表做简单计算就可得出各参数值。

4. 寿命

1）平均寿命

产品平均寿命被定义为产品寿命的平均值。假设 $f(t)$ 表示产品的概率密度函数，则平均寿命可用 $\theta$ 或 $E(t)$ 表示。

$$\theta=E(t)=\int_0^\infty tf(t)dt$$

（1）对于不可修复产品，平均寿命指产品失效前的工作时间平均值，即失效前平均工作时间 MTTF。在相同条件下，对 $N$ 个不可修复产品进行寿命试验，可测得 $N$ 个失效时间，则 MTTF 可表示为

$$\mathrm{MTTF}=\frac{1}{N}\sum_{i=1}^{N}t_{fi}$$

式中，$N$ 为被测试的产品总数；$t_{fi}$ 为第 $i$ 个产品的无故障工作时间。

例：某电气设备 18 台，从开始使用到发生失效的工作时间（单位：h）为 16h、29h、50h、68h、100h、130h、140h、190h、210h、270h、280h、340h、410h、450h、520h、620h、800h、1100h，求 MTTF。

解：

$$\mathrm{MTTF}=\frac{1}{18}\sum_{i=1}^{18}t_{fi}=\frac{16+29+50+\cdots+1100}{18}=318$$

（2）对于可修复产品，平均寿命指相邻两次故障期的工作时间的平均值，即平均失效间隔时间 MTBF。在相同条件下，对 $N$ 个可修复产品进行寿命试验，每次故障发生后进行维修，修复后又重新投入使用，共测得 $N$ 个工作时间，则其 MTBF 的估计值为

$$\mathrm{MTBF}=\frac{1}{\sum_{i=1}^{N}n_i}\sum_{i=1}^{N}\sum_{j=1}^{N}t_{ij}$$

式中，$t_{ij}$ 为第 $i$ 个产品从第 $j-1$ 次故障到第 $j$ 次故障的工作时间；$n_i$ 为第 $i$ 个产品的故障数；$N$ 为测试产品数。

（3）平均寿命与失效率的关系，平均寿命 $\theta$ 与失效密度函数 $f(t)$、可靠度函数 $R(t)$ 之间的关系为

$$\theta=\int_0^\infty tf(t)\mathrm{d}t=\int_0^\infty t\cdot\frac{-\mathrm{d}R(t)}{\mathrm{d}t}\mathrm{d}t=\int_0^\infty -t\mathrm{d}R(t)$$
$$=\left[tR(t)_0^\infty-\int_0^\infty R(t)\mathrm{d}t\right]=\int_0^\infty R(t)\mathrm{d}t$$

平均寿命的估计值 $\hat{\theta}$ 的表达式为

$$\hat{\theta}=\frac{\text{所有产品的总工作时间}}{\text{总失效数}}=\frac{t_U}{n_f}$$

2）可靠寿命

设产品的可靠度函数为 $R(t)$，使其等于给定值 $r$（$0<r<1$）的时间 $t_r$ 称为可靠度 $R(t)$ 的可靠寿命，简称可靠寿命，其中，$r$ 称为可靠水平。

$$t_r=-\frac{1}{\lambda}\ln r$$
$$R(t_r)=r,\quad F(t_r)=1-r$$

在实际工作中可靠寿命 $t_r$ 的应用广泛。可靠寿命 $t_r$ 可作为产品的可靠性指标使用，也可根据可靠寿命 $t_r$ 标准对有可靠度要求的产品进行适时更换。

例：已知某产品的寿命服从指数分布，其故障率 $\lambda=5\times10^{-4}$/h，求可靠度为 $r=99\%$、$95\%$、$90\%$ 时的可靠寿命。

解：

$$R(t)=\mathrm{e}^{-\lambda t}$$

$$R(t_r)=\mathrm{e}^{-\lambda t}=r$$

则

$$t_r=-\frac{1}{\lambda}\ln r$$

$r=99\%$、$95\%$、$90\%$ 的可靠性寿命分别为

$$t_{r_1}-\frac{1}{\lambda}\ln r=-\frac{\ln 0.99}{5\times10^{-4}}=20.1\text{h}$$

$$t_{r_2}-\frac{1}{\lambda}\ln r=-\frac{\ln 0.95}{5\times10^{-4}}=102.6\text{h}$$

$$t_{r_3}-\frac{1}{\lambda}\ln r=-\frac{\ln 0.90}{5\times10^{-4}}=210.7\text{h}$$

3）中位寿命

当产品的可靠度下降到 0.5 时对应的工作时间，称为中位寿命，记为$t_{0.5}$。

$$t_{0.5}=\frac{1}{\lambda}\ln 2=\frac{0.693}{\lambda}$$

$$R(t_{0.5})=0.5，\quad F(t_{0.5})=0.5$$

例：设产品的寿命服从威布尔分布，求可靠寿命$t_r$和中位寿命$t_{0.5}$。

解：威布尔分布的分布密度函数为

$$f_{\omega}(t)=\begin{cases}\dfrac{m}{\eta}\left(\dfrac{t-r_0}{\eta}\right)^{m-1}\mathrm{e}^{-\left(\frac{t}{\eta}\right)^m} & (m>0,\eta>0,t\geqslant r_0)\\ 0(t<r)\end{cases}$$

$$F(t)=\int_0^t f_{\omega}(\mu)\mathrm{d}\mu=\int_{r_0}^t\frac{m}{\eta}\left(\frac{t-r_0}{\eta}\right)^{m-1}\mathrm{e}^{-\left(\frac{t}{\eta}\right)^m}\quad\mathrm{d}\mu=1-\mathrm{e}^{-\left(\frac{t-r_0}{\eta}\right)^m}$$

可靠度函数为

$$R(t)=1-F(t)=\mathrm{e}^{-\left(\frac{t-r_0}{\eta}\right)^m}$$

解此方程，得可靠寿命为

$$t_r=r_0+\eta\left(\ln\frac{1}{r}\right)^{\frac{1}{m}}$$

当$r=0.5$时，可得中位寿命为

$$t_{0.5}=r_0+\eta(\ln 2)^{\frac{1}{m}}$$

若$r_0=0$，$\eta=\dfrac{1}{\lambda}$，$m=1$，威布尔函数分布称为指数分布。

4）特征寿命

可靠水平$R=\mathrm{e}^{-1}=0.368$的可靠寿命$t_{0.368}$称为特征寿命。可靠寿命、中位寿命与特征寿命之间的关系如图 8-9 所示。

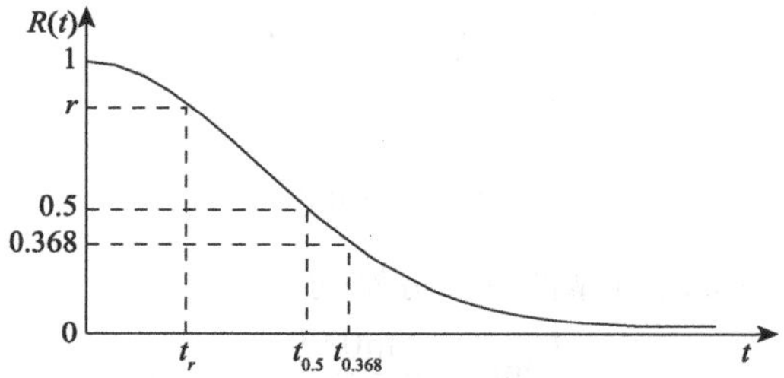


图8-9 可靠寿命、中位寿命与特征寿命之间的关系

从图 8-9 分析可知：可靠寿命 $t_r$ 满足

$$R(t_r)=r\text{或}p(T\geqslant t_r)=r$$

从图 8-9 观察可知可靠寿命 $t_r$ 就是失效分布的上侧 $r$ 分位数。中位数 $t_{0.5}$ 就是失效分布的中位数。

5）更换寿命

因失效率与可靠度、故障密度函数之间的关系有

$$\lambda(t)=\frac{f(t)}{R(t)}\text{或}\lambda(t)=\frac{-R'(t)}{R(t)} \tag{8-4}$$

若给定 $\lambda$ 的值，即由式（8-4）求出与之相应的时间 $t$ 值，称为更换寿命，记为 $t_\lambda$ 。更换寿命为更换元器件、零部件提供可靠的依据。

平均寿命、可靠寿命、中位寿命、特征寿命及更换寿命等特征数量指标，从不同的角度对产品失效前的工作时间或工作次数进行了描述。然而，衡量产品可靠性的指标很多，除以上指标外，维修度、有效度等指标也可有效地对产品的可靠性进行衡量。

### 5. 产品的广义可靠性指标

1）维修度

对于可修复的产品，维修度是指在规定条件下使用的产品发生故障后，在规定时间内按照规定的程序和方法进行维修时，保持或恢复到能完成规定功能状态的概率（方志耕等，2015）。它是维修时间 $t$ 的函数，以 $M(t)$ 来表示，称为维修度函数。倘若 $M(t)$ 服从指数分布，则有

$$M(t)=1-\mathrm{e}^{-ut}$$

式中，$u$ 为修理率，$u=\frac{1}{\mathrm{MTTR}}$ 。

2）有效度

有效度是在维修方面的定义，它指的是机械或设备能正常工作或在发生故障后在规定的条件下能修复，而不影响正常生产的概率大小。它是产品在某时刻维持其功能的概率，以 $A(t)$ 来表示，它是产品可靠度和维修度的综合尺度，有些产品如武器系统常用有效度来衡量其可靠性。

在不同的情况下，对有效度测度角度也不同，大致可分为瞬时有效度、平均有效度和时间有效度。瞬时有效度又称瞬时利用率，指在某一特定瞬时，可维修的产品能够保

持正常工作使用状态或功能的概率。平均有效度是指可维修产品在时间区间内的平均有效度，是瞬时有效度在此段时间内的平均值。时间有效度又叫可工作时间比（up time ratio，UTR）。它是时间 $t$ 趋于 $\infty$ 时瞬时有效度的极限。在此，简单介绍时间有效度。

假设产品发生故障而不能工作的时间为 $t_D$，能工作的时间为 $t_U$，则时间有效度为

$$A=\frac{t_U}{t_U+t_D}$$

当 $R(t)$、$M(t)$ 分别服从指数分布时，则

$$t_U=\mathrm{MTBF}=\frac{1}{\lambda}$$

$$t_D=\mathrm{MTTR}=\frac{1}{\mu}$$

则有

$$A=\frac{t_U}{t_U+t_D}=\frac{\mathrm{MTBF}}{\mathrm{MTBF}+\mathrm{MTTR}}=\frac{\mu}{\mu+\lambda}$$

3）重要度

若干个部件组成的系统中，每个部件并非同等重要，在可靠性分析中，一般将各部件在系统中所起的重要程度进行定量描述，常用 $\omega_j$ 表示

$$\omega_j=\frac{\text{第}j\text{个部件故障而引起系统故障的次数}}{\text{第}j\text{个部件故障的总次数}}$$

显然，$0\leqslant\omega_j\leqslant 1$，这个重要度是从系统的结构来看部件的重要程度，因此，它是结构重要度。

4）复杂度

复杂度 $c_i$ 可以简单地用分系统的基本构件数来表示，即

$$c_i=\frac{n_i}{N}=\frac{n_i}{\sum_1^n n_i}$$

式中，$n_i$ 为第 $i$ 个分系统的构件数；$N$ 为系统的构件总数；$n$ 为分系统数。

## 8.2.2 系统可靠性的度量

系统是由相互作用和相互依赖的若干单元（元件或子系统）组成的具有特定功能的有机整体。随着科学技术的发展，系统的复杂程度越来越高；而系统越复杂则发生故障的可能性就越大。为了保证系统的高可靠性，就得提出对元件的可靠性更高的要求。一方面由于对元件可靠度提出过高的要求，元件的生产又受到材料及工艺水平的限制，很可能无法达到过高的可靠度指标；另一方面也将导致系统本身价格十分昂贵。万一系统失效，将会在人力和物力上造成重大损失，甚至会引起严重后果。因此应重视系统可靠性的研究。

本书将分别介绍几种常见的可靠性模型及其系统可靠性计算。为了阐述方便，在讨论中采用以下两种假设。

（1）各单元只可能有两种状态包括正常与失效（故障），而没有中间状态。

（2）各单元工作与否是相互独立的，即任一单元的正常工作与否不会影响其他各单元的正常工作与否。

1. 可靠性框图

计算系统可靠性的第一步是要建立系统的可靠性框图，即从可靠性角度用框图来描述单元失效及它们的组合如何导致系统失效的逻辑关系，通常又称为可靠性结构模式（苏秦，2006）。

在完全了解产品任务定义和寿命周期模型的基础上，应该通过简明扼要的直观方法，表示出产品每次使用能成功地完成任务时所有子系统或单元之间的相互依赖关系，即建立系统的可靠性框图。框图中每一方框代表在评定系统可靠性时必须要考虑的，并具有与方框中相联系的可靠性值的单元或功能。所有连接方框的线没有可靠性值。导线或连接器单独放入一个方框或作为一个单元的一部分。所有方框就故障率或失效率而言是相互独立的。清楚规定系统定义的实质是建立系统的可靠性物理模型，即系统的工作原理模型，然后才能用可靠性框图表示系统各子系统或单元之间的功能关系，最后才能根据可靠性框图建立系统的可靠性数学模型。

对于特定的系统，可靠性框图的结构形式取决于该系统可靠性的定义。例如，对于一个简单的双重开关，如图 8-10（a）所示。如果关心的是当需要时该电路能接通，这就要求两个开关都要处于接通状态，整个开关连接的电路才能接通。两个开关中只要有一个不能接通，那么整个电路也就不能接通。因此在这种情况下其可靠性逻辑关系呈串联形式，其可靠性框图如图 8-10（b）所示。如果关心的是当需要时电路断开，那么只要两个开关中的一个断开整个电路也就断开了。因此在这种情况下，其可靠性逻辑关系呈并联形式，其可靠性框图如图 8-10（c）所示。

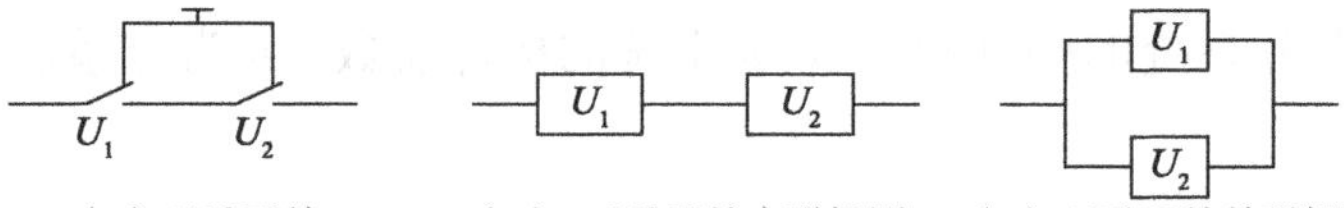


（a）双重开关　（b）双重开关串联框图　（c）双重开关并联框图

图8-10　双重开关示意图

2. 串联系统的可靠度

构成系统的所有单元中的任一单元的失效或出现故障，都会导致整个系统失效或出现故障的系统称为串联系统。可靠性串联系统是最常见和最简单的系统之一，其可靠性框图如图 8-11 所示（温德成，2009）。

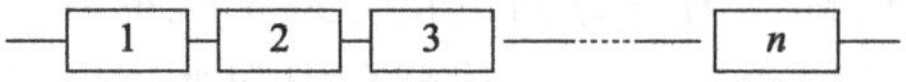


图8-11　串联系统可靠性框图

设各单元的可靠度分别为 $R_1(t), R_2(t),\cdots, R_n(t)$，根据概率的乘法原理，系统的可靠度为（马风才，2009）

$$R_s(t)=\prod_{i=1}^{n}R_i(t) \tag{8-5}$$

因此，系统的故障率就是各个单元故障率之和。如果各个单元的故障率均为常数，则系统的故障率仍为常数。

设各个单元的故障率分别为 $\lambda_1,\lambda_2,\cdots,\lambda_n$，根据式（8-5）可得

$$R_s(t)=\exp\left(-t\sum_{i=1}^{n}\lambda_i\right)$$

因此，系统的故障率就是各个单元故障率之和。如果各个单元的故障率均为常数，则系统的故障率仍为常数。

### 3. 并联系统的可靠度

构成系统的所有单元都发生故障时，系统才发生故障的系统称为并联系统。在一个并联系统中，只要有任何一个单元工作，系统就处于工作状态。因此，并联系统可以提高系统的可靠性。并联系统的可靠性框图如图 8-12 所示。

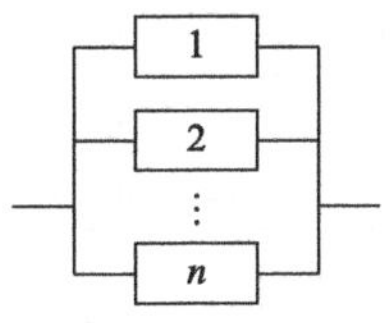


图8-12　并联系统可靠性框图

设各个单元的可靠度分别为 $R_1(t),R_2(t),\cdots,R_n(t)$，则并联系统的可靠度为

$$R_s(t)=1-\prod_{i=1}^{n}\left[1-R_i(t)\right] \tag{8-6}$$

现假定只有两个单元，且其可靠度相同，均为 $R(t)=\mathrm{e}^{-\lambda t}$

那么，系统的可靠度为 $R_s(t)=2\mathrm{e}^{-\lambda t}-\mathrm{e}^{-2\lambda t}$

因而，系统的故障率为

$$\lambda_s(t)=\frac{-R_s'(t)}{R_s(t)}$$
$$=2\lambda\frac{1-\mathrm{e}^{-\lambda t}}{2-\mathrm{e}^{-\lambda t}}$$

### 4. 混联系统的可靠度

1）串—并联系统的可靠度

考虑一个系统由 $m$ 个子系统串联而成，而每个子系统则是由 $n$ 个元件并联组成（温德成，2009）。我们称这样一个系统为串—并联模型，其可靠性框图如图 8-13 所示。

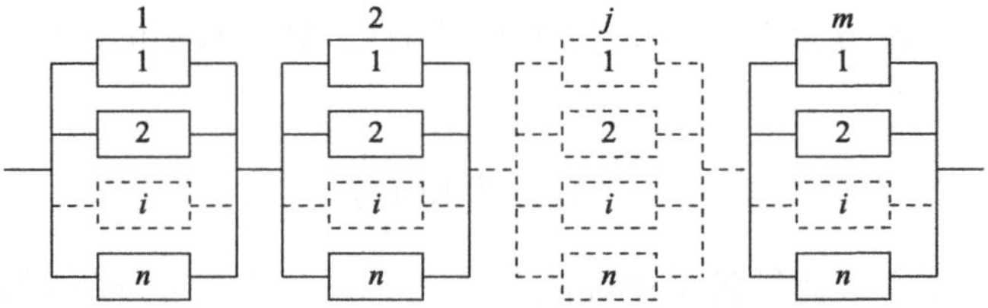


图8-13　串—并联模型可靠性框图

假设每个元件都具有相同的累积故障分布 $F(t)$，则有串—并联模型的可靠性函数为

$$R_s(t)=[1-F^n(t)]^m$$

串—并联模型是从串联模型变化而来的，考虑一个有 $m$ 个元件的串联系统。如果将每一个元件都加上 $n-1$ 个工作储备元件，则得到图 8-13 所示的串—并联模型。串—并联模型中具有工作储备元件，因此，其系统可靠性比单纯的串联系统可靠性高。但是，串—并联系统成本也较高，存在系统可靠性优化设计问题。

2）并—串联系统的可靠度

考虑一个系统由 $m$ 个子系统并联而成，而每个子系统则是由 $n$ 个元件串联组成。我们称这样的系统为并—串联模型，其可靠性框图如图 8-14 所示。

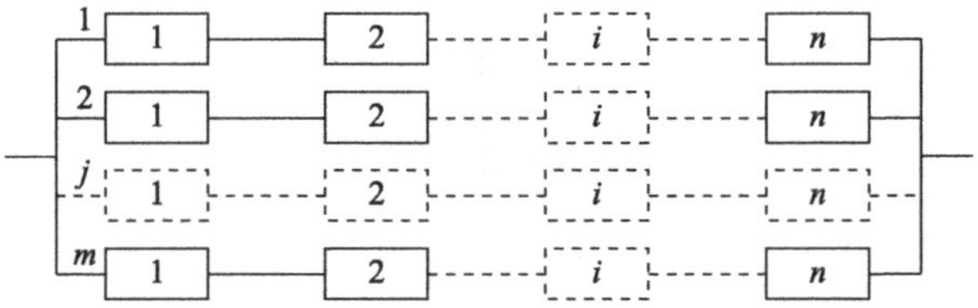


图8-14　并—串联模型可靠性框图

假设每个元件都具有相同可靠性函数 $R(t)$，则有并—串联模型的可靠性函数为

$$R_s(t)=1-\left[1-R^n(t)\right]^m$$

并—串联模型可视为由串—并联系统变化而来。考虑一个子系统由 $n$ 个元件串联而成，将 $m$ 个这样的子系统并联在一起即构成图 8-14 所示的并—串联模型。因为使用了工作储备元件，并—串联模型的可靠性高于任一子系统。对于一个并—串联模型也存在系统可靠性优化设计的问题。

3）串—并联混合模型

有些系统中各个元件之间的关系既有串联，也有并联。图 8-15 所示就是属于这类系统的一种可靠性框图。

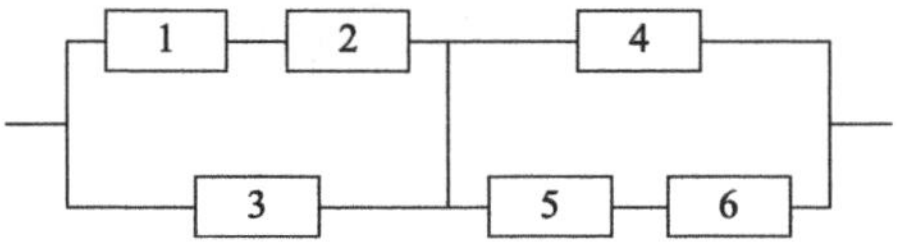


图8-15　串—并联混合模型

图 8-16 中，元件 1 与元件 2 串联构成子系统 1，元件 5 和元件 6 串联构成子系统 2，

子系统 1 和元件 3 并联构成子系统 3，子系统 2 和元件 4 并联构成子系统 4，最后子系统 3 和子系统 4 串联而成整个串—并联混合系统。假设图 8-15 中元件的可靠性函数均为 $R(t)$，则利用串联模型和并联模型系统可靠性计算公式，可以得到串—并联混合系统的可靠性函数为

$$\begin{aligned}R_s(t) &= \left\{1-\left[1-R^2(t)\right]\times\left[1-R(t)\right]\right\}\times\left\{1-\left[1-R^2(t)\right]\times\left[1-R(t)\right]\right\} \\ &= \left\{1-\left[1-R^2(t)\right]\times\left[1-R(t)\right]\right\}^2\end{aligned}$$

## 8.3　可靠性工程

可靠性工程是关于设计、制造和保证产品具有高可靠性的知识与技术。可靠性工程中的许多技术已经得到开发。可靠性技术最初是通过统计研究直接度量和预测产品的可靠性，主要的关注点集中在确定晶体管和电阻器这样的单个元件的失效率。运用元件失效率的知识，预测由这些元件组成的复杂系统的可靠性。可靠性技术的发展涉及产品设计、制造、使用和维修等产品寿命周期的各个环节，逐步形成一门提高产品质量的工程技术学科——可靠性工程。相应地有设计可靠性、制造可靠性、使用和维修可靠性等，在各个领域已经形成了一系列技术和方法。这些技术和方法又可分为可靠性设计方法、可靠性分析方法、可靠性试验方法等。本节简要介绍可靠性工程中的一些常用技术和方法。

### 8.3.1　可靠性设计

产品设计极大地影响着产品的固有可靠性，可靠性设计与分析在产品设计中具有重要的地位和作用（陈运涛，2008）。

1. 可靠性设计的主要工作

可靠性设计过程是明确可靠性要求，运用可靠性设计技术试验、预测、评估可靠性，选择和控制产品元件及其结构关系，分配和实现可靠性的过程。

（1）规定产品的可靠性要求，即可靠性指标，如 MTBF、MTTF 等。

（2）建立可靠性模式，预测和估计产品可靠性。典型的可靠性模型有串联模型和并联模型。这些模型可用于在产品整体层次上和分系统层次上定量地分配、估计和评价产品的可靠性。

（3）分配可靠性即将产品总的可靠性指标分配到特定的产品子系统层次。

（4）预测可靠性。在产品设计阶段对系统可靠性进行定量估计，根据相似的产品可

靠性数据、系统构成和结构特点、系统的工作环境等因素，估计产品系统及子系统的可靠性，同时将预测可靠性与要求比较，发现设计改进的环节。

（5）正式确定产品可靠性设计的原则和要求，形成设计标准和规范。

（6）选择和控制元件。

（7）必要时进行耐环境设计、电磁兼容性设计、热设计、维修性设计等。

2. 提高可靠性的方法

1）选择标准化的元件

保证高可靠性的方法之一是采用有多年实际使用可靠性记录的元件。如果元件的失效率可以确定，那么可以在设计过程中选择和使用标准元件。利用标准化元件不仅可以实现高可靠性，而且可以因标准化元件用于各种不同的产品而降低成本。此外，差额使用元件或者采用大安全系统的零件，也是提高产品可靠性的方法。

2）使用冗余技术

冗余提供各种可用元件的备份元件。在设计上，冗余元件可以采用待命的方式，也可以采用并联的方式进行配置。在待命系统中，一旦运行单元失效，则转换到待命单元；在并联配置中，两个单元都正常运行，但只需要一个单元正常发挥作用。对于那些失效代价极高的系统，如飞机和卫星通信系统，冗余十分重要。然而，冗余会增加系统的成本、尺寸和重量，所以设计者应根据需要增加可靠性来权衡这些因素。

3）耐环境设计

许多故障是由于化学反应，随着时间的增长环境不断恶化导致的，这种反应由于温度和湿度的影响加重。了解材料的特性及其对环境变化的敏感性，有助于消除潜在的故障，或者使产品对影响可靠性的各种环境条件有更强的适应性。可靠性工程师必须与化学家、材料科学工程师及其他有助于了解故障机制的人密切合作来提高可靠性。

4）维修性设计

在产品设计开始时，就考虑通过设计和分析维修性，来保证产品的高可靠性。其中包括简化设计、互换性与模块化设计、防误与安全设计、故障检测设计等。

## 8.3.2 可靠性分析

在产品可靠性分析的方法中，用得最多的是故障模式及影响分析（failure mode and effect analysis，FMEA）和故障树分析（fault tree analysis，FTA）（苏秦，2006）。

（1）故障模式及影响分析。故障模式及影响分析就是通过对产品的系统研究，鉴别故障模式，判断故障影响，确定故障原因和机理的过程。故障模式即故障的表现形式，如短路、开路、断裂、过度耗损等。故障影响是故障对产品的使用、功能或状态所导致的结果，一般分为局部的、高一层次的和最终影响三级。故障原因是直接导致故障或引起功能降低并进一步发展成故障的那些因素。故障机理是引起故障的物理、化学、生物等方面的内在原因。

故障模式及影响分析是一种重要的可靠性定性分析方法。除用于确定故障的各种原因和所造成的影响外，还可用来检查系统设计的正确性，评价系统的可信性、安全性，为系统的维修性分析、保障性分析及测试性分析提供信息，为确定纠正措施的优先顺序提供依据。

（2）故障树分析。故障树分析是通过对可能造成产品故障的硬件、软件、环境、人为因素进行分析，画出故障树，从而确定产品故障原因的各种可能组合方式和（或）其发生概率的一种分析技术。故障树是一种倒立树状的逻辑图。它用一系列符号描述各种事件之间的因果关系。

故障树分析是一种系统安全性和可靠性分析的工具。主要用于评估设计方案的安全性，判明潜在的系统故障模式和灾难性危险因素，为制定使用、试验及维护程序提供依据，辅助事故调查。

### 8.3.3 可靠性试验

产品的可靠性主要由设计可靠性和产品元件可靠性决定，不过可靠性十分复杂，通常不能单纯根据对设计的理论分析来确定。因此，需要正式的试验，其中涉及确定产品性能的环境条件、运行时间和故障模式等。

产品可靠性试验是对产品可靠性进行调查、分析和评价的手段。通过试验发现产品设计、元器件、原材料和工艺方面的缺陷或潜在故障，以采取有效措施，提高产品可靠性。

实践证明，可靠性试验十分有用。可靠性数据在产品责任保护、评估设计可靠性和供应商可靠性，以及在过程策划和选择过程中，通常都是必需的。在军用品合同中，通常要求有可靠性数据。良好的试验带来良好的可靠性，并因此带来良好的质量。在供应商可靠性评价中，试验的数据可以作为产品合格与不合格、产品批接收与拒收的依据。

可靠性试验有多种方式，可靠性试验可以在实验室进行，也可以在现场进行。从实验的目的来看，有以下几种可靠性试验。

（1）可靠性测定试验。它用于测定产品的可靠性水平，确定可靠性的各项指标。这种实验通常到规定的时间即停止，或故障数达到一定数量时即停止。例如，常见的寿命试验中，产品在特定的条件下运行，直到发生故障为止，它的目的是测量故障的分布，以更好地了解和消除这些原因。

（2）可靠性鉴定试验。它针对有代表性的产品，在规定条件下进行试验，获得产品可靠性是否满足要求的数据，鉴定和证明产品的可靠性。

（3）可靠性验收试验。针对用于交付的产品，抽取规定的样品，在标准的试验环境下进行试验，验证可接收的性能基准，以确定产品是否符合规定的可靠性要求。

（4）环境应力筛选试验。它是通过对产品施加一定的环境应力，以剔除不良元器件或工艺缺陷引起的产品早期故障。其中包括模拟温度、湿度、压力等环境条件，如半导体产品的烤机试验，将产品暴露在高温下，强制缺陷发生。烤机后生存下来的元器件很可能拥有更长的、无故障的运行寿命。

（5）可靠性增长试验。它是在一定的环境应力下，为暴露产品的薄弱环节，同时证明改进可靠性的措施是否有效而进行的再现试验。通过在规定的产品实际工作环境应力、模拟环境应力或加速变化的环境应力条件下试验，发现故障，分析和纠正故障，验证纠正措施的有效性，以提高产品的可靠性。

## 8.4 可靠性管理

可靠性是生产系统各个领域中的关键因素，并且应该成为设计、制造、存储、运输，以及采购、现场服务、维护等支持职能中的一个重要的考虑因素（陈运涛，2008）。可靠性必须变成所有的组织职能（营销、设计、采购、制造、现场服务）中的一个有机的组成部分。可靠性管理是指在实现产品或系统的可靠性的过程中，建立、实现和保持可靠性目标的全过程。

可靠性管理的基本要求是必须贯彻预防为主的思想，从头开始，从产品开发开始就将性能、可靠性、进度、费用等进行综合权衡，同时特别重视可靠性管理和信息工作，与技术状态管理相结合，建立故障分析、报告和纠正措施。

### 8.4.1 可靠性管理的一般步骤

可靠性管理过程是一个计划、组织实施和不断改进的过程。有效的可靠性管理，一般需要遵循以下几个步骤。

（1）定义顾客的效能要求。

（2）确定重要的经济因素，并评估它们与可靠性要求之间的关系。

（3）定义产品的使用环境和条件。

（4）选择满足可靠性要求及成本准则的元件、设计和供应商。

（5）确定机器和设备的可靠性要求，以及其在制造过程中对产品可靠性的影响。

（6）分析现场可靠性数据，作为一种质量改进的方法。

### 8.4.2 可靠性管理的内容

可靠性管理贯穿于产品可靠性形成乃至产品生命周期的全过程。每个过程都有相应的目的、技术、方法和手段。

1. 可靠性目标的确立

根据日本质量管理专家田口博士的损失函数，高可靠性可以产生较低的社会成本。消费者肯定期望产品百分百可靠，对各个制造商而言，这是一个很有价值的目标。然而，要求所有生产的产品在所有条件下仍有完美的可靠性是不现实的。为了实现高可靠性，必须采用更好的原材料和更精确的制造过程。这些改进将会增加成本，从而导致出现消费者不愿意支付的价格。因此，管理当局必须在经济因素与寻求成本最小化之间取得平衡，时刻牢记过低的可靠性可能危害公司的声誉，同时导致销量损失或招致产品责任诉讼。这样的决策必须由管理者从战略角度进行考虑。

2. 设计过程可靠性管理

可靠性作为质量的一个基本方面，设计到产品中去。关于产品或系统的效能特性、运行条件、效能持续期支配着技术设计。产品效能会由于使用方式和环境条件变异。例如，由化学成分、振动、压力的变化，或者由温度和湿度的变化所引起的原材料的膨胀和收缩，可能发生各种意想不到的变化，产品失效迟早会发生。创造出永远不失效的产品几乎是不可能的。问题不是产品是否失效，而是何时失效。设计师必须确定失效在多大程度上是可接受的，并建立可靠性规范。

许多消费者通常不会一直正确地使用产品或遵从建议上的维护程序。设计者必须考虑到操作误差导致的失效，同时必须在产品发生失效前保证其安全性。这方面的一个例子是铁路信号，其一旦发生失效则变成红色。防误设计可以在突然出现操作误差时防止继续运行。例如，温度控制可以通过不允许加热开关在风扇开关闭合之前闭合，来预防过热。

3. 制造过程可靠性管理

无论在制造过程中做什么，都可能会影响最终产品的可靠性。公司要根据良好的设计制造出可靠的产品，必须使用好的原材料、维护良好的设备和经过培训的工人。过程能力越能满足设计规范和设计的目标要求，产品才越可能具有高的可靠性。在制造过程中，预防性维修对设备至关重要。制造经理、营销经理和财务经理必须通力合作，以确保给予预防性维修活动充分的时间、日程计划和预算，如及时制定、检验和统计过程控制，这样的运行控制战略有利于实现可靠性目标。

4. 包装、运输和防护可靠性管理

在可靠性管理过程中，不能忽视包装运输。不良的防护和搬运，可能严重的影响产品的可靠性。例如，有一家公司在一个 40 英尺[①]长的卡车中装载了半车没有恰当包装的计算机，各个箱子从 12 英尺高处掉下来，翻到散落在长途行驶的卡车里。外包装全部损坏，当人们以为所有计算机全部摔坏后，却有一台计算机由于精心的包装和测试没有损坏。

---

① 1 英尺=0.3048 米。

5. 采购可靠性管理

采购在一个产品的最终质量方面发挥着积极的作用。采购人员必须了解所购元件的可靠性要求，并与供应商明确沟通。现场服务人员必须了解元件失效的特性，以进行预防性维修及保证有适当的备件和更换零件。关于失效的反馈构成了永无止境的产品改进循环、从而带来市场知识的改进和更好的设计。

## ➤本章小结

可靠性是产品在规定的条件和规定的时间区间内完成规定功能的能力。可靠性水平或相应的能力可以通过可靠度、失效率、平均失效时间、平均失效间隔时间等来度量。可靠性随时间变化的规律可以通过可靠度函数、失效率函数等来表示。系统的可靠性可以通过分析各个元件的构成形式及其可靠性来计算和预测。可靠性工程是关于设计、制造和保证产品具有高可靠性的知识与技术。可靠性管理是指在实现产品或系统的可靠性的过程中，建立、实现和保持可靠性目标的全过程。本章介绍了可靠性及其相关的基本概念，说明了可靠性的度量方法，介绍了可靠性工程的主要工作和方法，阐述了可靠性性管理的过程和内容。

## ➤思考题

1. 如何全面理解可靠性的含义？
2. 简述可靠性的分类。
3. 产品可靠性对产品质量有什么影响？
4. 可靠性与可用性之间的关系是怎样的？
5. 举例说明并联系统是如何提高系统可靠性的。
6. 简述故障树分析方法的作用。
7. 在可靠性设计中，采用了哪些提高可靠性的方法？
8. 简述可靠性管理的一般步骤及主要内容。

# 第9章

# 工序能力

**学习目标**

1. 了解工序能力的含义和术语。
2. 理解工序能力指数的含义。
3. 掌握工序能力指数和不合格品率的计算方法。
4. 了解工序能力调查和提高的途径。

**导读**

任何一种产品（有形产品）的实现，都需要经过生产资料的输入、工序加工直至产品的形成这样一个过程。在产品的生产过程中，工序过程的生产状态是保证产品质量的基本环节。工序能力是指工序生产过程生产出合格产品的能力，也是指工序在稳定状态下的实际加工能力，即人、料、机、法、环、测等质量因素充分规范化，处于稳定控制状态下所表现出来的保证工序过程质量的能力。本章的任务是介绍工序能力基本概念、工序能力指数及工序能力调查与提高。

## 9.1 工序能力的基本概念

### 9.1.1 工序能力的含义

工序能力或称过程能力、工程能力（process capability）就是指工序过程生产出合格产品的能力，也是指工序在稳定状态下的实际加工能力，即人、料、机、法、环、测等质量因素充分规范化，处于稳定控制状态下所表现出来的保证工序过程质量的能力。

对于生产过程而言，产品质量总是分散地存在于各个工序中，工序能力越高，则产品质量特性值的分散就会越小；工序能力越低，则产品质量特性值的分散就会越大。描述生产过程所造成的总分散，通常用$6\sigma$来表示工序能力，记为

$$P = 6\sigma$$

式中，$P$为工序能力；$\sigma$为处于稳定状态下的工序的标准偏差。

工序能力测定与分析是企业质量管理的基础性工作。工序能力无论是对质量管理本身，还是对产品设计、工艺制定、计划安排、生产调度和经济核算等都具有重要的意义。企业在设计、工艺及计划等工作中，一方面考虑用户要求，另一方面还要考虑加工过程的工序能力，提高工艺水平，合理组织生产，才能提高企业的生产经营效果。

### 9.1.2 常用名词术语

#### 1. 稳定状态

工序状态只受偶然因素的影响。当工序处于稳定状态时，控制图上的点几乎都在控制界限内且随机排列。

#### 2. 偶然原因

偶然原因能够引起工序质量发生微小变化，而这些原因在技术上难以查明和消除，或经济上不值得查明和消除。如刀具的正常磨损、成分的微小差异、夹具的微小松动、原材料性能等都属于这类原因。

#### 3. 正常波动

偶然原因造成的工序质量变化图描点在上下控制界限内且随机排列。

#### 4. 异常原因

引起工序质量发生异常变化，这些原因可以查明和消除。如加工人违反操作规程、刀具过度磨损或损坏、机床振动过大、原材料规格和质量不符、夹具严重松动等都属于这类原因。

#### 5. 异常波动

异常原因造成工序质量变化图描点超出上下控制界限或显示排列缺陷。

# 9.2 工序能力指数

## 9.2.1 工序能力指数概念

工序能力只表示过程的实际加工能力，与产品的技术要求无关。为了衡量工序能力满足过程技术要求的程度，在此引入工序能力指数的概念。工序能力指数是指工序质量要求与工序能力的比值，常用$C_P$表示

$$C_P = \frac{T}{6\sigma}$$

式中，$T$为产品的技术要求或质量标准，机械制造行业常用公差表示。

从这个公式不难看出，工序能力指数与工序能力不同。对于同一过程而言，工序能力是过程自身实际达到的质量水平，是一个比较稳定的数值；而工序能力指数是一个相对的概念，即使是同一过程，$C_P$值也因加工对象的质量标准（$T$）不同而不同，它可以正确反映工序是否具备生产合格品的能力。

## 9.2.2 工序能力指数计算

工序能力越强生产出质量、可靠性高的产品的可能性才越大。根据是否为双向公差要求及质量特性值分布中心$\mu$与公差中心$M$是否重合，可以把$C_p$的计算分为三种情况。

### 1. 双向公差要求，$\mu$与$M$重合

如图 9-1 所示。有双向公差要求，而且$\mu$与$M$重合。此时，工序能力指数的计算公式为

$$C_P = \frac{T}{6\sigma} = \frac{T_u - T_l}{6S} \tag{9-1}$$

式中，$T$为公差幅度；$T_u$为公差上限；$T_l$为公差下限；$\sigma$为总体标准差（实际中，用样本标准差$S$来估计）。

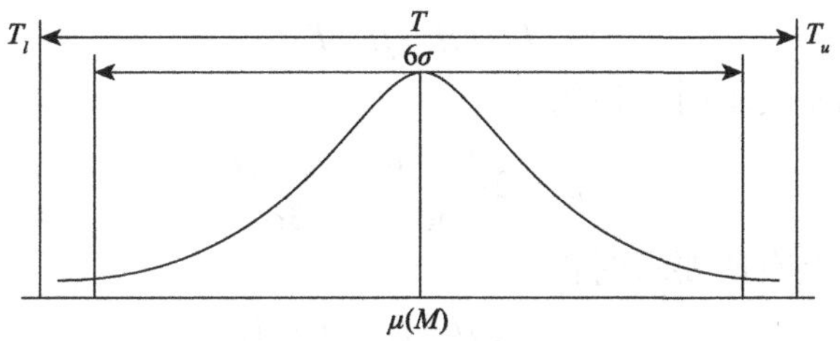


图9-1 $\mu$与$M$重合

2. 双向公差要求，$\mu$与$M$不重合

如图 9-2 所示。有双向公差要求，但是$\mu$与$M$不重合。此时，工序能力指数的计算公式为

$$C_P = C_P(1-k) \qquad (9\text{-}2)$$

式中，$k$为相对偏移系数。

计算公式为

$$k = \frac{|M-\mu|}{\frac{T}{2}} = \frac{E}{\frac{T}{2}} \qquad (9\text{-}3)$$

式中，$E$为偏移量。

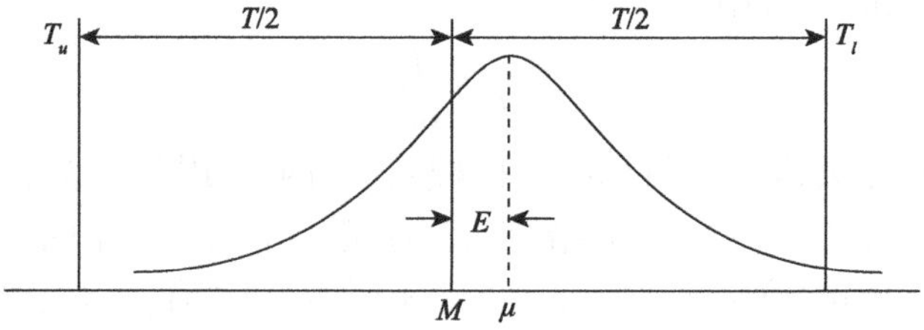


图9-2　$\mu$与$M$不重合

$C_{Pk}$的管理含义：即使加工精度保持不变，当$\mu$与$M$不重合时工序能力也会降低，并且随着偏差的增大，工序能力会逐渐变小。所以，在实际质量管理中，一方面要尽可能控制加工精度，另一方面还要尽可能地把加工中心保持在一定范围。

3. 单向公差要求

在某些情况下，产品质量要求只对上限有所限制，如噪声、形位公差（同心度、平行度、垂直度、径向跳动等）、原材料所含杂质等，在生产过程中，只需要对上限进行一定限制即可；而在另外一些情况下，只对产品质量的下限进行要求，如机械工业产品的寿命、可靠性、耐电压强度、表面光洁度、机电产品的机械强度等，其含义是产品的要求不能低于某个下限值。

双向公差要求$C_P$的计算公式进行推导就可以得到单向公差要求$C_P$的计算公式，即

$$C_P = \frac{T}{6\sigma} = \frac{T_u - T_l}{6\sigma} = \frac{T_u - \mu}{6\sigma} + \frac{\mu - T_l}{6\sigma} \qquad (9\text{-}4)$$

因为正态分布是对称分布，所以

$$T_u - \mu = \mu - T_l \qquad (9\text{-}5)$$

所以，只有上偏差要求时，值为

$$C_{Pu} = 2\frac{T_u - \mu}{6\sigma} = \frac{T_u - \mu}{3\sigma} \qquad (9\text{-}6)$$

同理，只对下偏差有所要求时得

$$C_{Pl} = 2\frac{\mu - T_l}{6\sigma} = \frac{\mu - T_l}{3\sigma} \qquad (9\text{-}7)$$

## 9.2.3 不合格品率计算

当质量特性值的分布服从正态分布时，工序能力指数大小对应不合格品率程度的大小。例如，当 $C_P=1$ 时，$\pm 6\sigma$ 与公差上下限重合，此时有 99.73%的质量特性值落在公差界限以内，因此不合格品率为 0.27%。据此，可以计算任意 $C_P$ 所对应的不合格品率。

1. 双向公差要求，$\mu$ 与 $M$ 重合

根据正态分布函数，进行变量替换，在 $T_u$ 与 $T_l$ 之间的分布函数值为

$$P(T_l \leqslant x \leqslant T_u) = \Phi\left(\frac{T_u-\mu}{\sigma}\right) - \Phi\left(\frac{T_l-\mu}{\sigma}\right) \tag{9-8}$$

而

$$T_u - \mu = T_l = \frac{T}{2}$$

所以

$$\begin{aligned}P(T_l \leqslant x \leqslant T_u) &= \Phi\left(\frac{T}{2\sigma}\right) - \Phi\left(-\frac{T}{2\sigma}\right) = \Phi(3C_P) - \Phi(-3C_P) \\ &= 1 - 2\Phi(-3C_P)\end{aligned}$$

因此，不合格品率为

$$1 - P(T_l \leqslant x \leqslant T_u) = 2\Phi(-3C_P)$$

当给定值时，通过查正态分布表即可得到相应的不合格品率。

2. 双向公差要求，$\mu$ 与 $M$ 不重合

根据式（9-8），得

$$\begin{aligned}P(T_l \leqslant x \leqslant T_u) &= \Phi\left(\frac{T_u-\mu}{\sigma}\right) - \Phi\left(\frac{T_l-\mu}{\sigma}\right) \\ &= \Phi\left(\frac{T_u-M}{\sigma} - \frac{\mu-M}{\sigma}\right) - \Phi\left(\frac{T_l-M}{\sigma} - \frac{\mu-M}{\sigma}\right) \\ &= \left(\frac{T}{2\sigma} - \frac{E}{\sigma}\right) - \Phi\left(-\frac{T}{2\sigma} - \frac{E}{\sigma}\right)\end{aligned}$$

根据式（9-3），得

$$\frac{E}{\sigma} = \frac{\frac{T}{2}k}{\sigma} = \frac{T}{2\sigma}k = 3kC_P$$

于是

$$P\left(T_l \leqslant x \leqslant T_u\right)=\left(\frac{T}{2\sigma}-\frac{E}{\sigma}\right)-\Phi\left(-\frac{T}{2\sigma}-\frac{E}{\sigma}\right)$$
$$=\Phi\left[3C_P\left(1-k\right)\right]-\Phi\left[-3C_P\left(1+k\right)\right]$$
$$=\Phi\left(3C_{Pk}\right)-\Phi\left[-3C_P\left(1+k\right)\right]$$

因此，不合格品率为

$$1-P\left(T_l \leqslant x \leqslant T_u\right)=1-\Phi\left(3C_{Pk}\right)+\Phi\left[-3C_P\left(1+k\right)\right]$$

这样，给定一个 $C_P$ 值和相对偏移系数 $k$，通过查正态分布表就可以得到相应的不合格品率 $P$。

根据 $C_P$、$P$ 及 $k$ 之间所确定的关系，可制定 $C_P$—$k$—$P$ 数值表，如表 9-1 所示。

**表 9-1　根据工序能力指数 $C_P$ 和相对偏移系数 $k$ 求总体不合格品率 $P$ 的数据表**

| $C_P$ | 0.00 | 0.04 | 0.08 | 0.12 | 0.16 | 0.20 | 0.24 | 0.28 | 0.32 | 0.36 | 0.40 | 0.44 | 0.48 | 0.52 |
|---|---|---|---|---|---|---|---|---|---|---|---|---|---|---|
| 0.5 | 13.36 | 13.43 | 13.64 | 13.99 | 14.48 | 15.10 | 15.86 | 16.75 | 17.77 | 18.92 | 20.19 | 21.58 | 23.09 | 24.71 |
| 0.6 | 7.19 | 7.26 | 7.48 | 7.85 | 8.37 | 9.03 | 9.85 | 10.81 | 11.92 | 13.18 | 14.59 | 16.81 | 17.85 | 19.69 |
| 0.7 | 3.57 | 3.64 | 3.83 | 4.16 | 4.63 | 5.24 | 5.99 | 6.89 | 7.94 | 9.16 | 10.55 | 12.10 | 13.84 | 15.74 |
| 0.8 | 1.64 | 1.67 | 1.89 | 2.09 | 2.46 | 2.94 | 3.55 | 4.31 | 5.21 | 6.28 | 7.53 | 8.98 | 10.62 | 12.48 |
| 0.9 | 0.69 | 0.73 | 0.83 | 1.00 | 1.25 | 1.60 | 2.05 | 2.62 | 3.34 | 4.21 | 5.27 | 6.53 | 8.02 | 9.75 |
| 1.0 | 0.27 | 0.29 | 0.35 | 0.45 | 0.61 | 0.84 | 1.14 | 1.55 | 2.07 | 2.75 | 3.59 | 4.65 | 5.94 | 7.49 |
| 1.1 | 0.10 | 0.11 | 0.14 | 0.20 | 0.29 | 0.42 | 0.61 | 0.88 | 1.24 | 1.74 | 2.39 | 3.23 | 4.31 | 5.66 |
| 1.2 | 0.03 | 0.04 | 0.05 | 0.08 | 0.13 | 0.20 | 0.31 | 0.48 | 0.72 | 1.06 | 1.54 | 2.19 | 3.06 | 4.20 |
| 1.3 | 0.01 | 0.01 | 0.02 | 0.03 | 0.05 | 0.09 | 0.15 | 0.25 | 0.40 | 0.63 | 0.96 | 1.45 | 2.13 | 3.06 |
| 1.4 | 0.00 | 0.00 | 0.01 | 0.01 | 0.02 | 0.04 | 0.07 | 0.13 | 0.22 | 0.36 | 0.59 | 0.93 | 1.45 | 2.10 |
| 1.5 | | | 0.00 | 0.00 | 0.01 | 0.02 | 0.03 | 0.06 | 0.11 | 0.20 | 0.35 | 0.59 | 0.96 | 1.54 |
| 1.6 | | | | | 0.00 | 0.01 | 0.01 | 0.03 | 0.06 | 0.11 | 0.20 | 0.36 | 0.63 | 1.07 |
| 1.7 | | | | | | 0.00 | 0.01 | 0.01 | 0.03 | 0.06 | 0.11 | 0.22 | 0.40 | 0.72 |
| 1.8 | | | | | | | 0.00 | 0.01 | 0.01 | 0.03 | 0.06 | 0.13 | 0.25 | 0.48 |
| 1.9 | | | | | | | | 0.00 | 0.01 | 0.01 | 0.03 | 0.07 | 0.15 | 0.31 |
| 2.0 | | | | | | | | | 0.00 | 0.01 | 0.02 | 0.04 | 0.09 | 0.20 |
| 2.1 | | | | | | | | | | 0.00 | 0.01 | 0.02 | 0.05 | 0.18 |
| 2.2 | | | | | | | | | | | 0.00 | 0.01 | 0.03 | 0.08 |
| 2.3 | | | | | | | | | | | | 0.01 | 0.02 | 0.05 |
| 2.4 | | | | | | | | | | | | 0.00 | 0.01 | 0.03 |
| 2.5 | | | | | | | | | | | | | 0.01 | 0.02 |
| 2.6 | | | | | | | | | | | | | 0.00 | 0.01 |
| 2.7 | | | | | | | | | | | | | | 0.01 |
| 2.8 | | | | | | | | | | | | | | 0.00 |

# 9.3　工序能力调查与提高

## 9.3.1　工序能力调查

工序能力是保证与提高产品质量的重要因素。工序能力指数综合、定量地反映了过程质量控制的状态。因此，进行过程质量控制，就必须了解和掌握工序能力的状况，测算工序能力指数。所以将了解和掌握工序能力的这种活动称为工序能力调查。

工序能力调查的作用，主要是通过工序标准化，消除工序中的异常因素，发现和解决质量问题，经济合理地选择和确定工艺标准与操作标准（刘广第，2018）。正确计算和确定工序能力，不仅是对工序能否保证质量的一种评定，而且是经济合理地进行产品设计和工艺验证的有力措施。

1）工序能力调查的方法

工序能力调查的方法主要有两种。

（1）直方图分析法。收集到数据之后，可根据数据建立直方图，并按照工序质量标准的要求，直观地对质量特性值分布中心 $\mu$ 和公差中心 $M$ 是否重合进行有效研究，若偏移量较大，就说明工序生产中存在着较大的系统误差，这时为了消除系统误差引起的中心偏差有必要对产生原因进行调查。

（2）分析工序变量法。为了满足用户不断提升的质量要求，持续不断地提高工序能力是十分必要的。最根本的提高工序能力方法，是通过收集和分析数据，找出工序变量（即 5M 因素中的支配因素）的变化数值同产品质量特性之间的内在关系，找出这些变量值并加以控制，能够有效地提高产品质量，并可以预防不合格品的产生。

2）工序能力调查的步骤

（1）明确调查目的，制订调查计划。

（2）制订调查计划，确定调查对象。

（3）工序标准化，分别制定标准，如设备、工装、量检具、材料、作业方法、工人技术等级、工作场地布置等。

（4）实施标准作业。严格按各项标准操作，同时记录变化情况。

（5）收集数据。按照调查计划规定的测量方法检测、收集数据。

（6）分析数据。将收集到的数据进行整理分析，做出直方图等。

（7）判断。根据数据分析与图表，判断工序是否处于稳定状态。

（8）计算工序能力指数，根据判断基准判定工序能力等级。

（9）处理。根据判断和分级进行处理。

（10）写出调查报告。

## 9.3.2 提高工序能力的途径

由工序能力指数的公式可知，提高工序能力有以下三种途径。

1. 最大限度地减小偏移量

通过收集数据，进行统计分析，找出大量连续生产过程中工具磨损、加工条件随时间逐渐变化而产生偏移的规律，及时进行中心调整、采取设备自动补偿偏移或工具自动调整和补偿；配置更为精确的量规，由量规检验改为量值检验，或采用更高等级的量具检验等。

2. 进行必要的技术改进而减少标准偏差

（1）通过对关键工序、特种工艺的操作者进行技术培训，实行标准化的操作方法来减少产品质量的波动。

（2）修订、改进工艺方法，修订操作规程，优化工艺参数；检修、改造或更新设备，改造、增添与公差要求相适应的精度较高的设备。

（3）推广应用新材料、新工艺、新技术；增添工具工装，提高工具工装的精度；改造现有的现场环境条件，以满足产品对现场环境的特殊要求。

3. 放大公差范围

当确认问题属于设计要求过严时，可采取放大公差范围的措施。放大公差范围的前提条件是必须保证放大公差范围不会影响产品质量。在这个前提条件下，可以对不切实际的、过高的公差要求进行修订，以降低工序能力指数。

### ➤本章小结

工序能力是指工序过程生产出合格产品的能力，也是指工序在稳定状态下的实际加工能力。影响工序能力的因素主要有人、料、机、法、环、测。工序能力指数是表示工序能力对设计的产品规范的保证程度，它能够评价加工工艺系统满足加工技术要求的程度。工序能力调查是采用一定的方法对产品生产过程的工序进行测定，并将测定结果与标准对比，观察并判定工序质量是否保持在稳定状态。提高工序能力的途径主要有以下三种：最大限度地减小偏移量、进行必要的技术改进而减少标准偏差、放大公差范围。

### ➤思考题

1. 什么是工序能力？什么是工序能力指数？
2. 如何使工序达到稳定状态？
3. 如何计算工序能力指数？

4. 如何计算不合格品率?
5. 简述工序能力调查的方法和步骤。
6. 简述工序能力提高的途径。

# 第10章

# 质量功能展开

**学习目标**

1. 了解质量功能展开的基本含义、发展历程、效用与功能。
2. 理解质量功能展开的基本原理。
3. 理解质量屋的概念、要素和构建方法。
4. 掌握质量功能展开的模式与方法。

**导读**

作为质量管理理论中的一项重要工具，质量功能展开（quality function deployment，QFD）无论在全面质量管理中还是在6σ管理中，它都是将顾客需求与质量特性的实现措施紧密结合的有效工具。本章介绍了QFD的发展和应用方法，并以美国供应商协会（American Supplier Institute，ASI）的四阶段模式功能展开为背景，对QFD组织实施的工作方法进行了重点介绍。

## 10.1 质量功能展开概述

### 10.1.1 QFD发展历史

QFD是一种在产品开发过程中最大限度地满足顾客需求的系统化、用户驱动式的质量保证与改进方法，这种方法把顾客对产品的需求进行多层次的演绎分析，转化为产品的设计质量（苏秦，2006）。简而言之，QFD就是把顾客需求转化为新产品质量要求，进而转化为具体的实施措施，最终展现到新产品中。QFD被引入中国时，其名称有的是从日本直接引入，也有的从英语翻译而来。因此，QFD目前在我国的名称有“质量功能展开”“质量机能展开”“质量职能展开”“质量功能配置”等（马风才，2009）。

QFD 产生于 20 世纪 60 年代末 70 年代初的日本，由日本质量专家水野滋（Shigeru Mizuno）教授和赤尾洋二（Yoji Akao）教授提出。1966 年，三菱重工神户造船所针对产品的可靠性，首次提出了“质量表”（chart of quality，COQ），随后水野滋教授提出了狭义的 QFD；1972 年三菱重工神户造船所利用“质量表”分析如何把顾客的需求转化为设计质量和相应措施，同年赤尾洋二教授在《新产品开发和质量保证——质量展开系统》一文中，首次提出 QFD 具体的 17 个步骤；1978 年 6 月，水野滋教授和赤尾洋二教授合作编写出版了《质量功能展开》一书，此后的十年里，QFD 方法在制造业、建筑业、服务业、软件产业等得到了广泛的应用；1994 年，随着《质量展开入门》《质量展开——质量表的制作和联系》《质量展开法——包括技术、可靠性、成本的综合展开》等书在日本相继出版发行，QFD 便逐渐建立起理论框架和方法体系。

QFD 于 20 世纪 80 年代末传播到美国，并逐步在各领域中得到广泛的应用。1988 年，美国国防部颁布指令“DODD5000.51 Total Quality Management”，明确规定美军产品生产商必须采用 QFD 方法；随后，QFD 陆续在美国民用行业、汽车工业等行业中得到应用。20 世纪 90 年代初，随着熊伟教授、新滕久和教授共同编写的《日本质量机能展开的动向与今后的发展》一文的发表，QFD 首次被引入到了中国；此后，中国航空企业、汽车行业、电子和机械等行业陆续引入了 QFD 技术，QFD 技术在各行业得到广泛的应用。

目前国外发表的 QFD 应用案例表明，企业正确地应用 QFD 可以获得以下几个方面的利益。

1. 有形的利益

①显著缩短产品开发周期；②有效地减少产品开发过程中的设计更改次数；③在早期进行低成本的设计；④显著提高设计可靠性；⑤降低企业的管理费用；⑥增加市场份额。

2. 无形的利益

①显著提高顾客满意程度；②完善企业质量保证体系；③建立 QFD 数据库，这些数据库可以应用于其他一系列类似的产品上，同时积累了产品开发和生产过程中的各种技能与诀窍。

3. 累积的价值

①强化了当前的产品开发过程；②改进了企业部门之间的协同和联系；③使企业资源得到合理、有效的配置；④提供顾客真正需要的产品或服务；⑤增强企业的竞争力（刘广第，2018）。

## 10.1.2 QFD 基本原理

### 1. QFD 概念

QFD 从字面上理解：质量（Q）指顾客的需求或期望是什么；功能（F）指如何满足顾客的需求；展开（D）是使其在整个组织机构中执行（苏秦，2006）。一般地，现在认为 QFD 是一个总体的概念，即提供一种将顾客的需求转化为对应于产品开发和生产的每一阶段的适当的技术要求的途径。因此，QFD 是在开发设计阶段就对产品适用性实施全过程、全方位质量保证的一种系统方法。其实质就是从市场要求的情报出发，将顾客的语言转换为工程设计人员的语言，既而纵向经过部件、零件展开至工序展开；横向进行质量展开（quality development，QD）、技术展开、成本展开、可靠性展开。通过大量的系统展开表和矩阵图，尽量将生产中可能出现的问题提前揭示，以达到多元设计、多元改善和多元保证的目的。

运用 QFD 的过程可以回答以下三个问题。

第一，顾客所要求的质量是什么？即什么样的产品或服务是必不可少和必须考虑到的？

第二，该产品必须具有什么样的功能及如何利用它来提供相关的服务？

第三，根据现有掌握资源的情况，如何尽可能地满足顾客的需求（刘广第，2018）？

由此可知，QFD 方法的出发点是顾客需求，听取顾客需求，理解顾客的需求并贯彻在现实行动中是 QFD 的核心思想。其实质就是用一种系统的保证方法，将顾客、市场需求通过产品开发的各阶段，准确地转化为相关的技术和管理要求，从而使企业的管理者及相关人员清楚地跟踪产品初期的顾客需求（马风才，2009）。

如图 10-1 所示，当今广义的 QFD 可以精确地分为两部分：质量展开方法和狭义的 QFD。

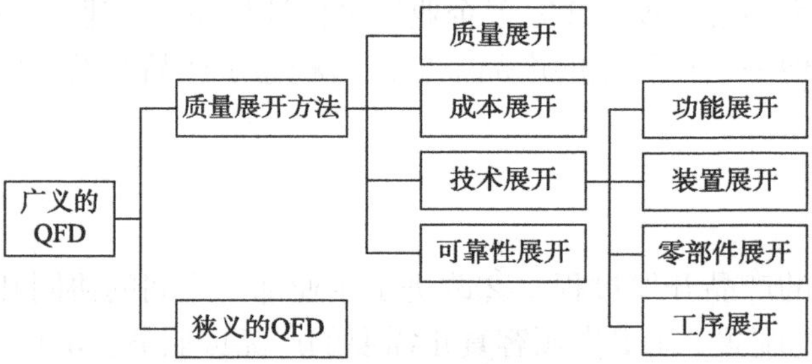


图10-1 QFD概念示意图

质量展开方法是将用户需求转换为质量特性，确定产品的设计质量，进而将其系统地展开到每一个元件、零件和过程要素及它们的关系。狭义的 QFD 是由赤尾洋二进行定义的：将顾客的需求转化成代用质量特性，进而确定产品的设计质量，再将这些设计质量系统地展开到各个功能部件、零件和服务项目的质量上，以及制造工序各要素或服务过程各要素的相互关系上，使产品或服务事前就完成质量保证，符合顾客要求，即把构成质量的操作、功能系统，逐步地展开到具体的部分，从广义来讲，不局限在完成某项活动的能力，还包含职能、功能等多方面的含义，而 QFD 正是按照质量形成的机理进行展开的，即调查用户需求，变换成指标体系，对质量特性、功能、零部件、工序、成本和可靠性进行展开，并展开各项质量职能，从而保证得到顾客满意的质量（马风才，2009）。也就是从在设计质量开始，就将用户所要求的真实质量特性转化为可衡量的代用特性，以便确定每个项目的质量要求，可衡量的代用质量特性进而转化为制造过程和检验过程中的各个检查点的焦点（刘广第，2018）。

2. QFD 特点

总的来说，QFD 具有以下特点。

第一，QFD 是一种顾客驱动的产品开发方法。它能使企业不断地倾听顾客的意见和需求（苏秦，2006），每一个阶段的质量屋（house of quality，HOQ）输入和输出都是顾客的需求驱动，力求最大限度地满足顾客需求，并制定出相应的实施措施，最终体现到产品上。

第二，QFD 是在实现顾客需求的过程中，帮助产品开发的各个职能部门制定出各自的相关技术要求和措施，减少产品从规划到产出各个环节的信息阻塞，并使各个职能部门能协调地工作的方法，从而实现产品的成本降低和质量提高，提高产品的竞争力（马风才，2009）。

第三，QFD 是一种在产品设计阶段进行质量保证的方法。它能使设计和制造出来的产品真正满足顾客的需求。其方法的基本思想是“需要什么”和“怎么满足”。在这种形势下市场顾客的需求不会被误解或丢失，产品的质量功能不会疏漏和冗余，这实际上也是一种企业经济资源的优化配置。

第四，QFD 采用一个类似房屋结构的关系矩阵——质量屋。质量屋是建立 QFD 的基础工具，典型的质量屋构成框架形势和分析求解方法不仅可以用于新产品的研发，还可以运用于原有产品的改善等企业管理、产品设计的中间过程（马风才，2009），将顾客需求转化为产品的设计质量，简单、清晰、生动地展示出质量管理过程及要求，提高了其实用性。

### 10.1.3　QFD 效用与功能

进入 21 世纪以后，经济全球化进程明显加快，企业面临的国际市场竞争愈演愈烈，质量已经成为企业竞争的焦点。现下顾客化产品已成为市场需求的趋势，越来越多的顾客希望能按照他们的需求和偏好来生产产品（苏秦，2006）。QFD 是为满足顾客需求提高产品质量、赢得市场竞争而形成的一种新的产品开发和质量保证技术。对于企业来说，QFD 的正确实施，除了可以获得可量化的效益外，还可以获得一系列不可量化的效益。QFD 的效用与功能主要体现在以下几个方面。

（1）QFD 是在产品设计阶段进行质量保证的方法，其目的是使产品以最快的速度、最低的成本、最优的质量和最合理的价格占领市场。

（2）QFD 方法的结构化、系统化过程使设计者在整个开发过程中能更准确地理解顾客需求。利用 QFD 使企业高层管理部门和产品设计部门在确定产品的质量标准时，能紧密结合产品的功能要求，使所确定的产品质量标准，既不至于超过产品功能的实际需求，也不至于达不到产品功能所需的要求，产品的整个研发过程直接由顾客需求所驱动（马风才，2009），开发出令顾客满意的产品，大大地提高顾客对产品的满意度。

（3）QFD 方法支持在综合考虑顾客需求、竞争对手产品、技术和成本约束的前提下实现产品与零部件技术特征的优化，可以在降低成本、提高生产率的同时提高产品设计质量因而可以增强企业的市场竞争力。QFD 实现了从被动的、反应式的传统产品开发和质量管理模式到一种主动的、预防式的现代产品开发和质量管理模式的转变，它聚焦于规划和问题的预防上，而不仅仅限于问题的解决上。

（4）QFD 是使各职能部门协调工作的方法。QFD 项目小组属于一个跨部门的单位，其由不同专业、不同部门的人来组成实施。QFD 方法支持并行工程中多功能小组协同工作模式，它运用质量屋将顾客的需求与设计、制造等职能部门自然地联系起来，使产品开发的各个职能部门对顾客需求和产品取得共识并建立信息联系，提高了信息沟通的效率。

（5）QFD 所提供的系统化、结构化的分解与决策方法能够以一目了然的方式显示产品开发中的各种经验和知识。QFD 使得企业内部能够合理分配和利用资源，并合理地解决产品开发中可能出现的各种矛盾和冲突；同时，QFD 为产品开发信息提供了存储器。QFD 矩阵包含了大量关键的产品开发信息，如顾客需求产品特征及其之间的相互关系，以及其他定量信息。因此，QFD 矩阵可以看作产品开发信息的索引。

（6）QFD 能够有效地指导其他质量保证方法的应用。统计过程控制、实验设计方法、故障模式和效应分析等方法对于提高产品的质量都是极为重要的。QFD 有助于制造企业规划这些质量保证方法的有效应用，即把它们应用到对顾客来说最为重要的问题上。使用 QFD 后，在产品开发过程中何时、何处使用这些方法都将由顾客需求来决定。

## 10.2 质量功能展开方法

### 10.2.1 质量屋的建立

#### 1. 质量屋的概念

质量屋又称质量表，最初是由三菱重工神户造船所提出："质量表是将顾客要求的真正的质量以功能为中心进行系统化，并表示这些功能与作为代用特性的质量特性之间关联的表"，后又由赤尾洋二教授整理为："质量表是将顾客要求的真正质量，用言语表现，并进行系统化，同时表示它们与质量特性的关系，是为了把顾客需求变换成代用特性进一步进行质量设计的表”。日本的质量表概念流入美国后，由于质量表的形状很像一个房屋，质量屋的概念便由美国学者 Hauser 和 Don Clausing 在 1988 年提出。质量屋是一种形象直观的二元矩阵展开图表。

QFD 的核心思想是满足顾客的需求。其基本思想是利用质量屋的形式，将顾客需求逐层展开为产品的设计要求、零部件的设计要求、工艺要求和生产制造要求等，通过量化分析顾客需求与工程措施间的关系度，经数据分析处理后找出对满足顾客需求贡献最大的工程措施，即关键措施，从而指导设计人员抓住主要矛盾，开展稳定优化设计，开发出顾客满意的产品。就像建立一座满足用户需求的建筑，使用户可以在质量大厦的庇护下，满意地享用他们所需要的产品或服务（刘广第，2018）。

质量屋结构如图 10-2 所示。从形式上讲，质量屋主要包括以下七个要素（刘广第，2018）。

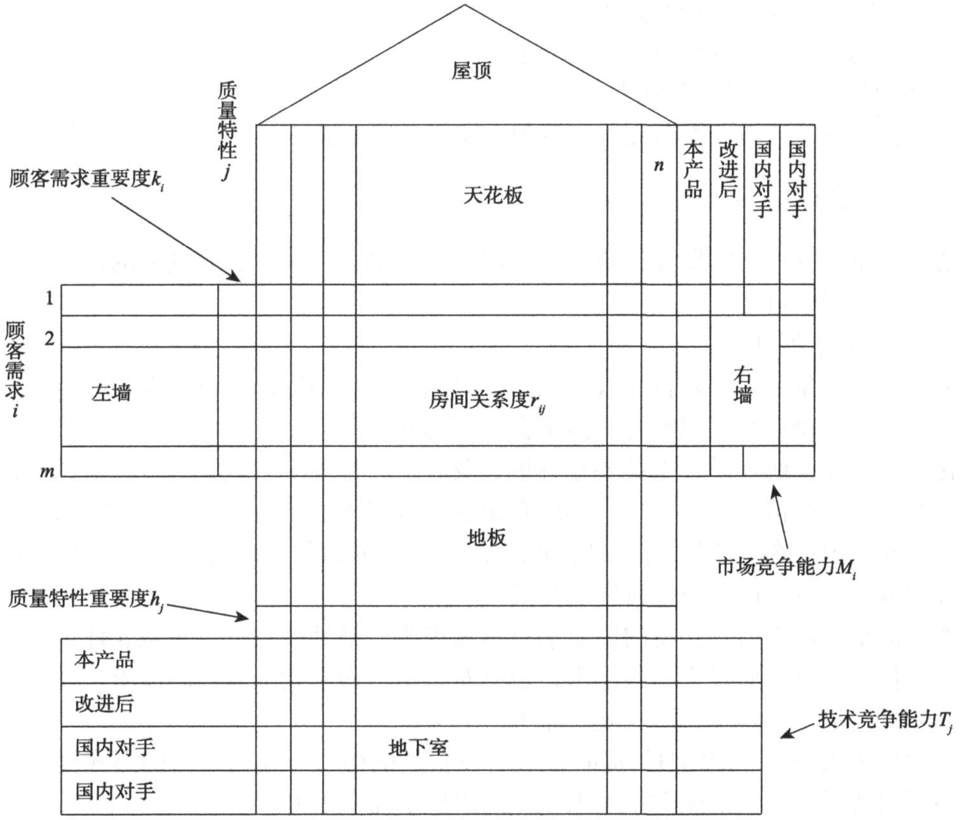


图10-2　质量屋结构图

1）左墙——顾客需求 $i$ 及其重要度 $k_i$

它表示顾客需求什么，包含顾客需求及其重要度（权重），是质量屋的“什么”。开发设计人员通过掌握第一手市场信息，整理出对该产品的顾客需求，评定各项需求的重要程度，并填入质量屋的左墙。

2）天花板——质量特性 $j$

它表示针对需求怎样去做，是技术需求，是质量屋的“如何”。从技术角度出发，为满足顾客需求，提出相应的产品设计要求，需明确产品应具备的设计要求，整理后填入质量屋的天花板。

3）房间——房间关系度 $r_{ij}$

它表示顾客需求与技术需求之间的关系。房间关系度描述的是顾客需求与相应的实现的技术需求之间的关系程度，将顾客需求转化为技术需求，并表明它们之间的关系。

4）地板——质量特性重要度 $h_j$

用于记录各质量特性重要度数据。

5）屋顶——相关矩阵

用于评估各项工程措施之间的相关程度。用以下特定符号来表示。

强正相关：◎。正相关：○。不相关：空白。强负相关：#。

6）右墙——市场竞争能力 $M_i$

填入市场竞争能力调查研究得分分值。

7）地下室——技术竞争能力 $T_j$

填入技术竞争能力调查研究得分分值，完成从“需求什么”到“怎样去做”的转换。

### 2. 质量屋的构造过程

通常质量屋的构造需要经过质量需求展开、质量特性展开、质量屋的搭建和质量屋的分析与完善四个过程。

1）质量需求展开

为了建立质量屋，必须首先收集顾客或市场信息，整理出质量需求。顾客或市场的需求往往比较有概括性，但顾客的需求会随着时间的推移、技术的进步、经济的发展发生变化，这就要求研发设计人员要充分地、及时地收集并掌握顾客或市场信息；在此基础上，对这些原始信息进行整理，形成系统的、有层次的、有条理的质量需求，并填入质量屋的左墙内；顾客需求的获取是 QFD 最为关键重要的一环，它是一个组织正确制定产品开发战略、设立产品质量目标的基础。

顾客需求获取以后，获得的原始信息多表现为概括性的意见、希望、评价等形式，并且这些信息中有对质量方面的需求，也有对价格方面和功能方面的需求，对这些需求要进行整理、加工、提炼，形成质量需求。

对原始需求进行“5W1H”提问，然后以自己的语言、通俗易懂的形式提取出需求项，最后将各需求项变换成质量需求，构建出质量需求展开表。

2）质量特性展开

质量特性是指从技术角度出发，将顾客的需求转化成产品的代用特性或设计要求，研发设计人员根据质量需求展开表和已经成型的技术，整理出产品各项技术需求，构建出质量特性展开表。

在进行质量特性展开工作时，应当以质量需求为基础，从中提取质量要素，即评价质量的角度。通常将质量要素分为：物理要素、功效要素、时间要素、经济要素、生产要素和市场要素，每类要素均可提取出产品相应的诸多设计要求或质量特性。提取质量特性的要点如下。

（1）要充分考虑质量需求，包括能够测量和计量的需求，如速度、长度、时间等，以及不能测量和计量的感性方面的需求，如外观等。

（2）在对质量要素提取时，要尽量遵循针对性、可测量性和全局性。

3）质量屋的搭建

得到质量需求展开表及质量特性展开表后，首先要对各项需求进行评估，得到相应的质量需求重要度；其次根据各项需求与各质量特性之间的关系，确定两两之间的关系度即确定出关系矩阵，其中，关系度值越大，该需求与相应特性之间关系越密切；最后计算每项质量特性与全部质量需求重要度加权关系度之和。一般将加权关系度之和大于所有质量特性加权关系度之和平均值 1.25 倍以上者视为关键质量特性或关键措施。

关键质量特性找到后，实施中应予以保证；但从技术角度来看，有些技术可以实现，有些技术难以实现。我们将现有技术很难解决或实施中需要达到的技术称为瓶颈技术，在 QFD 过程中应找到瓶颈技术，并努力攻克。

一般，质量屋的搭建分以下四个步骤。

步骤一：绘制质量需求展开表。

步骤二：绘制质量特性展开表。

步骤三：确定各质量需求重要度及关系矩阵。

步骤四：质量屋的分析与完善。

4）质量屋的分析与完善

质量屋构造完成后，在实际运用中可能会存在一些问题，如未能满足或不完全符合顾客需求、设计要求考虑不周或在实际生产中存在瓶颈技术等。为了最大限度地满足顾客需求，QFD 小组在产品设计阶段，要仔细分析，随时发现问题并及时修改完善质量屋。质量屋分析与改善的内容有如下几点。

（1）检查关系度是否仅出现在对角线上，如果是，则需要对该需求项进行修改；修改时要考虑顾客为什么一定要提出该项需求，该需求是否可以忽略，从而分析确定真正的质量需求，修改质量需求展开表。

（2）检查一行或一列的关系度是否过多，如果是，则应分析确定是否对质量要素的结构等进行修正。

（3）检查强相关符号是否过于集中，如果是，有可能是高层次的质量需求中混合着低层次的质量特性，应对质量特性予以修正。

### 10.2.2　QFD 模式与方法

#### 1. QFD 模式

目前，通过日本、美国等对 QFD 的深入研究和发展，形成了两种比较简单常见的

QFD 模式，即综合 QFD 模式、ASI 的四阶段模式。

1）综合 QFD 模式

赤尾洋二最初发表的质量展开表中，针对狭义的质量归纳了 17 个工作步骤（马风才，2009），然而在实际产品开发过程中，质量只是其中一个方面，还有为了实现质量所必需的技术和成本，必须考虑和综合平衡这些因素。此外，如果产品在有可靠性要求的情况下，必须针对可靠性进行特别的重点管理。综合 QFD 模式是把功能、成本、可靠性等要素单独展开，进行全面的分析，作为顾客需求（或工程措施），以质量特性等要素为工程措施（或顾客需求），借助质量屋进行重要度评估、关系度分析、相关指标设定等工作。顾客需求可与其他任何维组合展开，而其他各维两两之间很多情况下也可组合展开。该模式中最重要的三个部分。

（1）技术展开：旨在尽可能早地发现可能的关键问题和打破瓶颈的技术，如现有的技术不能实现目标尺寸，可能延误开发进程或者需要变更方案。

（2）成本展开：旨在体现工程措施的重要性与其成本一致性，在质量实现与成本分摊中实现平衡。

（3）可靠性展开：旨在预测可能产生的障碍类型并设计预防方法，可以将可能的主要功能故障模式表与顾客需求表、功能展开表、特性展开表相结合，分别加以分析，辨别其影响关系，采取对应的预防措施（刘广第，2018）。

2）ASI 的四阶段模式

ASI 提倡的四阶段模式是一种典型的质量展开模式，它从顾客需求出发，经过产品规划、零部件展开、工艺设计、生产计划四个阶段，将顾客需求逐步展开并转化为产品设计要求、零部件特性、工艺需求和生产需求；每一个阶段产生一个质量屋，并且各阶段质量屋内容都有内在的联系；上一阶段质量屋的输出将转化为下一阶段质量屋的输入；各阶段质量屋的结构可根据具体情况适当裁剪和扩充，一般来说第一阶段（产品规划阶段）质量屋结构是最完整的，其他各阶段有可能对质量屋结构进行适当调整。ASI 的四阶段模式如图 10-3 所示。

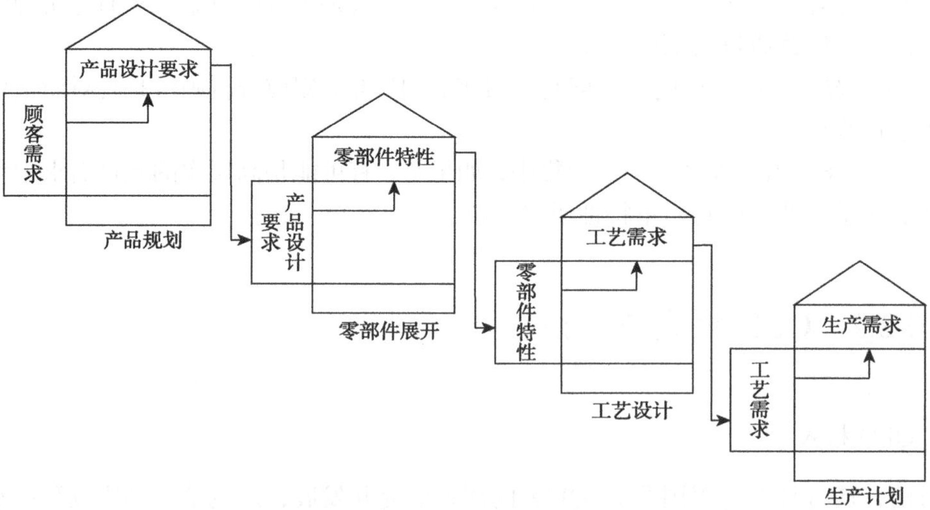


图10-3 ASI的四阶段模式

并不是所有的 QFD 都需要完整地包括上述四个阶段。根据 QFD 分析对象的复杂程度，可按如下原则对 QFD 进行删减或扩充。

（1）每一阶段质量屋的工程措施应足够具体和详细，适用于作为下一阶段质量屋的输入。

（2）质量屋的规模不宜过大，即顾客需求和工程措施的数量不宜过多，以便于操作。一般顾客需求不应多于 20 项，工程措施不应多于 40 项。

2. QFD 方法

本书以 ASI 的四阶段模式功能展开为背景，一般情况下，QFD 组织实施的工作方法如下。

1）确定开展 QFD 项目

QFD 的对象是谁，是全新的新产品还是改进的新产品，是整个机器设备还是零部件，对于不同的设计和开发对象，QFD 的内容等有所不同。因此，首先要确定开展 QFD 的项目，才能有针对性地开展工作（马风才，2009）。此外，由于 QFD 的实施通常需要跨部门合作，实施中有一定工作量，应根据项目工作范围大小、涉及部门的多少，由适当级别的负责人来确定是否应用 QFD 技术及需要开展 QFD 的项目。

2）成立多功能综合 QFD 项目小组

QFD 项目小组的建立，是成功实施 QFD 的组织保障。QFD 项目小组是由同项目有关的专业技术人员和管理人员组成的临时性机构，具有多功能性和综合性。QFD 工作内容包含制定工作程序、进行市场调研、绘制各类表格、进行各项内容的分析研究及计算、组织实施等（马风才，2009）。在应用 QFD 时，必须强调矩阵管理，既要加强纵向（专业内部）的联系，也要加强横向（项目内容）的联系。QFD 项目小组的活动有助于消除不同部门、不同专业间的隔膜，使产品或服务能更好地满足顾客的需求。

3）顾客需求分析

顾客需求分析是 QFD 的关键环节，这一过程也被称为收集“顾客的声音”（voice of customer，VOC）（马风才，2009）。这里的“顾客”是一个广义的概念，除了产品使用者和潜在使用者外，必要时还包括主管部门、分销商、产品维修人员等在产品生命周期内关系密切的组织和人员。

用户对产品的需求可以分为基本需求、特性需求和激动人心的需求。基本需求指的是用户对产品的基本要求，是指产品的必备能力和特性，这些需求被用户视为理所当然的质量，因此，在用户提供的信息中往往被遗漏，但如果这类需求得不到满足，会造成顾客的不满意。特性需求指的是用户对产品功能和性能的期望，在市场调研中得到的大部分用户需求属于特性需求，对这类需求，顾客的满意程度与需求实现程度呈正比关系。激动人心的需求是指顾客潜在的或尚未考虑到的需求，主要靠生产制造商来发掘，如能提出激动人心的需求，用户惊喜的需求就会被满足，从而使产品具备一定的魅力质量，极大地吸引顾客。

满足顾客的需求是 QFD 的最终目标，所以，必须运用一定的方法对顾客需求进行市场调研，明确产品的用户是谁，用户对产品的基本功能有哪些要求，用户有什么样的特殊要求或偏好等。一般情况下，用户对产品的功能要求是模糊的，QFD 项目小组必须运用定性和定量的方法对这些模糊的要求进行深入分析研究、整理、加工、提炼，使之成为有层次、有条理、可定量化的信息，并对这些信息进行重要度分析。另外，对于一些大型复杂产品而言，用户的需求往往来自更多的方面，如涉及环境、安全等方面的国家和行业的法令、法规、标准及规范等。

4）技术特征的确定与瓶颈技术的攻关

对于用户的需求，从技术的角度出发，确定产品的质量特性，如可靠性、维修性、安全性、经济性、使用寿命等。另外，我们将现有技术很难解决的技术关键指标称作关键技术，在 QFD 过程中必须找出瓶颈。根据量化评估方法对各项顾客需求与对应的技术特征的相互关系进行打分，完成质量屋的关系矩阵，计算各项技术特征的重要度。根据重要度的大小找到关键技术特征，作为控制重点。

5）四阶段质量屋的建立

由于产品开发一般要经过产品规划、零部件展开、工艺设计和生产计划四个阶段。因此，有必要对这四个阶段进行质量功能展开。一般而言，某层次开发的产品就是其隶属产品的“顾客”，本道工序就是上一道工序的“顾客”。因此，各个开发阶段均可建立质量屋，且各阶段的质量屋内容存在一定的联系，上一阶段质量屋天花板的主要项目将转换为下一阶段质量屋的左墙。

产品规划阶段。QFD 通过产品规划矩阵，将顾客需求转化为技术需求，并根据顾客竞争性评估结果确定各个技术需求的目标值，即指导产品的总体设计方案，输出关键的产品设计要求及指标。

零部件展开阶段。以上一阶段输出的设计要求作为输入的顾客需求，必要时可补充未能覆盖的产品功能与性能要求，并运用头脑风暴法分析为满足这些设计要求应具备的零部件特性，筛选出重要的、对产品最终质量特性影响大的零部件特性，建立质量屋。本阶段的 QFD 用于指导产品详细设计和有关技术要求的制定。

工艺设计阶段。质量屋反映从设计到生产阶段的转移，其输入是上一级质量屋输出的关键的零部件特性，并可根据实际需要进行补充。此阶段的 QFD 指导了工艺方案的编制，其输出是重要度高的工艺特征及参数。

生产计划阶段。顾客需求是关键的工艺参数，质量特性则是一线技术人员的制造操作要求，如操作程序、操作人员的培训、计量保证和生产设备的维护等。为防止已知故障的重复发生，还应设定预防性维护要求。此阶段 QFD 的目的是策划如何减少生产操作的成本，在提高产量的同时将生产的波动最小化。

6）落实关键环节的稳定性优化设计和强化控制

通过以上四个阶段的 QFD，确定了关键环节，为后续深入产品开发指明方向，对于有关键技术要求与瓶颈技术攻关的产品和工艺的设计，有赖于其他质量和可靠性工具，因此，有必要将 QFD 与其他质量和可靠性工具结合使用，开发出优化的产品。

7）质量屋的不断迭代与完善

质量屋制作完成以后并不是一成不变的，随着产品研制工作的深入，需要对各阶段的质量屋技术及时地、不断地进行迭代、完善，尤其在初步设计结束和投产决策两个节点，应进行 QFD 的评审。在产品进入市场前形成最终的四阶段模式的质量屋，成为产品技术归档资料的一部分。质量屋的迭代与完善可结合设计评审、工艺评审和产品评审进行。在新产品上市后，应继续应用 QFD 方法，开展和优化售后服务，收集和研究顾客的意见，应用 QFD 方法不断改进产品，提高产品质量，推出新的款式和型号，满足市场新的需求。

## ➤本章小结

QFD 方法是分析展开顾客需求的科学方法，是将市场目标与工程要求联系起来的最好纽带。QFD 方法具有广泛的适用性，既适用于新产品的开发，也适用于老产品的改进，既适用于一般产品，也适用于大型复杂产品。本章首先介绍了 QFD 的发展历史、基本原理、效用与功能，其次介绍了质量屋的概念及其结构，详细阐述了质量屋的构造过程、关键技术及步骤，并以 ASI 的四阶段模式功能展开为背景，对 QFD 组织实施的工作方法进行了具体描述。

## ➤思考题

1. 简述 QFD 的含义和基本原理。
2. 简述 QFD 的效用与功能。
3. 简述质量屋的含义、要素及构造过程。
4. QFD 方法为什么可以在企业质量管理中起到显著作用？
5. 请举例说明，在应用 ASI 四阶段模式的 QFD 方法中是如何在各阶段体现以顾客需求为本，实现顾客需求的？

# 第 11 章

# 质量经济与成本分析

**学习目标**

1. 理解质量经济性、质量经济性管理和质量经济分析的概念。
2. 掌握在开发设计过程、制造过程、使用过程中的质量经济分析方法。
3. 理解质量成本的概念及构成，了解质量成本管理概念及内容。
4. 掌握质量成本特性曲线、质量成本分析和报告的内容。

**导读**

质量管理的成效最终表现为质量管理的经济性。质量的经济性就是追求产品（有形或无形）在整个生命周期内，给生产者、顾客（消费者或用户）及整个社会带来的总损失最小。质量的经济性是质量的重要特征，而质量成本是产品质量经济性的重要体现。质量成本管理是在质量管理与成本管理的基础上结合而成的，它的形成不仅有利于企业优化产品质量，而且有利于企业在达到预期质量水平的情况下寻求利益的最大化。

## 11.1 质量经济分析

### 11.1.1 质量经济性概念

质量问题实际上是一个经济问题，质量经济分析和管理是一个组织质量经营追求成功的重要环节，也是衡量一个组织质量有效性的重要标志（苏秦，2006）。

人们从事各项经济活动都是一个获得质量同时追求经济利益的过程，在此过程中发生资源的消耗与利用，而如何使资源价值量的消耗最小、实现利益最大化，这就是经济性问题。在考虑利益方面时，面向顾客，需考虑减少费用，改进适用性；面向组织，需考虑提高利润和市场占有率。在考虑成本方面时，面向顾客，需考虑安全性、购置费、运行费、保养费、停机损失和修理费及可能的处置费用；面向组织，需考虑由识别顾客需要和设计的缺陷，包括不满意产品返工、返修、重新加工、生产损失、担保和现场修理等发生的费用，以及承担产品责任和赔偿风险等（苏秦，2006）。开展质量管理不仅要满足顾客的需要和期望，同时企业和组织应保证自身的利益，即实现质量经济性。

质量管理以质量为中心，努力开发和提供顾客满意的产品与服务。质量管理的趋势从“消除不满意”向“追求满意”方面发展。质量经济性逐渐成为质量管理中的一个重要课题（苏秦，2006）。质量经济性是指企业或组织进行各项经济活动过程中获得质量所耗费资源的价值量的度量，即在相同质量条件下，资源消耗越少，其经济性越好。质量经济性有狭义和广义之分，前者是指质量在形成过程中所消耗资源的价值量，包括设计成本和制造成本及期间费用等；后者是指消费者获得质量的全寿命周期资源耗费，包括质量在形成中资源耗费的价值量和用户在使用过程中耗费的价值量。质量的经济性就是追求产品在整个生命周期内，给生产者、顾客（消费者或用户）及整个社会带来的总损失最小。

质量经济性强调产品在满足适用性要求的同时，还需满足经济性，也就是追求低成本，因此需要研究产品质量与成本变化的关系。质量与费用的最佳选择，受到许多内部和外部因素的影响，一方面要保证产品的质量好，使用户满意；另一方面要保证支付的费用尽可能低。这就是质量与经济的协调，是质量经济性的表现。如图 11-1 所示，质量水平在 $M$ 点时，利润最高，该点即最佳质量水平。当质量水平低于 $A$ 点或高于 $B$ 点时，都将导致亏损。然而现实中，企业的质量水平通常在 $A$ 点与 $B$ 点之间的某一位置（马风才，2009）。

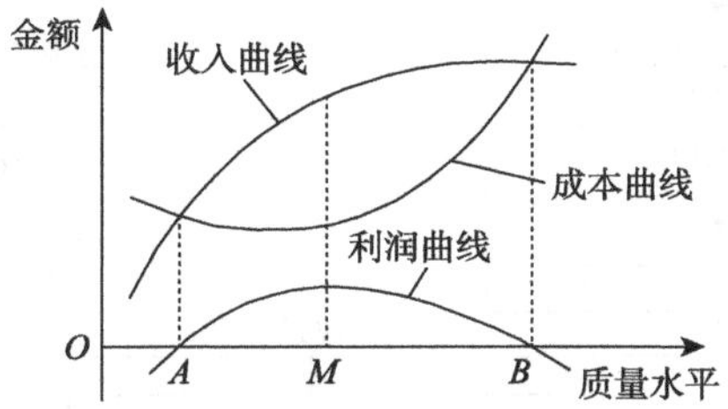


图11-1 质量与成本、收入和利润关系曲线

从生产者出发，产品质量的好坏最终用质量特性来描述，对质量特性测量的数值称为质量特性值。不同的产品有不同的质量特性，通常表现为功能、寿命、精度、强度、可靠性、可维修性、经济性物理、化学、机械性能等。同一批产品，即使是由同一操作者，用同样的材料、设备、工具，在相同的环境下制造出来的，其质量特性值或多或少总会有所差别，不可能保持绝对一致。通常，即使制造出来一批差异极小的产品，在使用过程中，特别是使用一段时间以后，其质量特性值也会发生变化（刘广第，2018）。因此，质量波动是客观存在的事实，有其内在的原因和规律，制造过程的质量波动会带来质量损失。质量损失函数为质量的技术经济分析提供了方便而易于操作的工具，具有良好实用价值。如果过程或生产系统处于控制状态，即消除了异常因素的影响，而只受随机因素的影响，则质量特性值（主要指计量值）大多数服从正态分布。当质量服从正态分布时，能使产品质

量具有最好的经济性（苏秦，2006）。

### 11.1.2 质量经济性管理

ISO/TR 10014 提供了从质量管理的应用中获取效益的指南。图 11-2 为质量经济性管理办法流程图，该流程首先识别和评审一个组织的所有运作过程，其次识别和监控全部过程成本与识别和监测顾客满意的情况，并各自形成报告，并将报告提交组织的最高管理者进行管理评审。通过评审，评价过程成本、顾客满意度和组织的整个经济效益，从中寻找任何改进机会，包括不合格的纠正和预防、持续改进和全部的新产品过程。在寻找和确定了需改进或持续改进的项目之后，应对此及相关的活动进行详细的成本和利益的分析。通过分析、比较，确定并提出具体的质量改进活动方法和计划并付诸实施。通过实施又重复上述的过程，同时识别和监控改进活动过程的实际成本与改进后顾客满意的程度（苏秦，2006）。图 11-2 显示了组织经济性管理分析和改进质量经济性应遵循的两条路线，即增加“顾客满意”的路线和降低“质量成本”的路线，实际上是基于质量成本分析、识别机会，改进组织运作过程的路线，质量经济管理的核心问题是分析和识别质量成本，这是质量经济性管理的前提和基础。

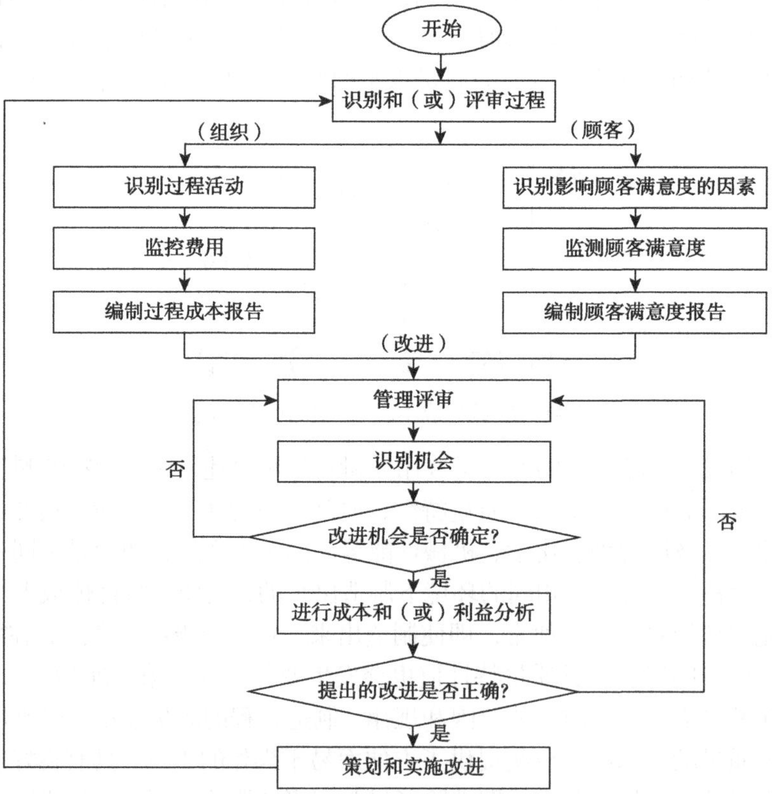


图11-2 质量经济性管理的实施程序

质量经济性管理的核心是综合考虑顾客满意和组织的过程成本、综合考虑顾客和组织的利益，从中寻找最佳结合点。

为了进行成本和（或）利益分析，组织可采取如下步骤。

（1）确保对所建议改进的措施做出与组织的基本目的相一致的明确规定、计划安排和成本估算。

（2）通过增加使顾客非常满意和满意的因素，减少引起不满意的因素，来预测对顾客满意度的影响。

（3）估计因提高顾客满意度而得到的重复订单和因新业务而增加的收入。

（4）识别顾客和其他受益者的隐含利益。

（5）估计过程内外合格（符合性）成本和不合格（不符合性）成本的变化。

（6）检查所建议的改进措施的整体财务效果。

（7）将整体效益与改进措施的投资进行比较，从而决定是否采取改进措施。提高组织的经济效益可从增加收入和降低成本入手。图 11-2 概括了改进质量经济性的基本原则：从组织方面考虑——降低经营性资源成本，实施质量成本管理；从顾客方面考虑——提高顾客满意度，增强市场竞争能力（苏秦，2006）。

### 1. 增强顾客满意

（1）开发新产品（包括服务）包括开发具有创新性的产品（服务），以满足顾客不断变化的需求；开发独特的产品（服务）；缩短新产品的推出时间；及时满足顾客的需求；改进现有的产品（服务），适应不同顾客群的需要。

（2）改进现有产品（服务）的市场营销包括增强信誉；增强顾客忠诚度；认真考虑顾客的愿望；扩大市场份额；加强营销策略的研究，加强营销网络的建设，采用先进的营销手段，努力扩大市场占有量，为更多的顾客服务。

### 2. 降低过程成本

1）降低符合性成本

符合性成本是指现有的过程不出现缺陷（故障）而满足顾客所有明示的和隐含的需求所花的成本。

（1）提高现有的过程能力。过程能力指过程加工方面的能力，对于过程加工而言，过程能力即工序能力。应从提高人员素质、改进设备性能、采用新材料、改进加工方法和改善环境条件等各方面出发提高过程能力，从而提高产品的合格率、降低损失。

（2）提高技能。提高操作人员的操作技能。

（3）过程再设计。重新对过程进行设计，采用新的加工艺流程和方法，设计全新的服务过程，从而提高产品（服务）的质量、降低损失。

2）降低非符合性成本

非符合性成本指现有过程出现的缺陷（故障）而造成的成本。其包括减少停工所造成的损失；减少顾客退货；减少超支，主要是减少计划外的额外开支；降低能耗和污染。

### 11.1.3 质量经济分析方法

质量经济分析也称为质量经济性分析，是指利用经济手段和方法，以经济效益为目的，分析研究质量—成本—利润之间的关系，寻求最佳质量水平，以提高企业和社会经济效益。对于企业和组织而言，就是分析考虑如何降低成本，包括不满意或不合格的产品返工、返修、更换、重新加工及包装、生产损失及维修、承担责任及索赔风险等，同时提高产品价格和市场占有率。对于用户而言，就是分析考虑如何降低费用，包括购置费、运行费、保养费、等待损失和修理费及相应的处置费用等，同时提高安全性、稳定性及适用性。质量经济分析无论对于消费者个人还是企业组织和社会，都具有重要作用，不但可以满足用户的需求和期望，同时可以降低费用和成本，提高企业和社会经济效益。质量经济分析追求的就是以低的投入、低的成本获取满意的质量和尽可能大的利润。

1. 质量经济分析的原则

企业在进行质量经济分析时，一般应遵循以下几项原则。

（1）正确处理企业、消费者和社会经济效益的关系，将三者有机地结合起来。如发生矛盾，则应该使企业的利益服从消费者和社会的利益。

（2）正确处理当前经济效益与长远经济效益的关系，若两者发生矛盾，应更注重长远经济效益。

（3）正确处理有形经济效益与无形经济效益的关系，应更多地注重无形经济效益。

（4）质量优化的目标函数应为利润最大或成本最低，在整体优化的前提下考虑局部优化。

（5）进行质量经济分析应从产品寿命循环的角度考虑问题。

（6）在分析中采用相同的比较对象，必须有明确的比较条件和比较范围。

2. 质量经济分析的一般方法与步骤

质量经济分析就是对不同质量水平的目标函数（如利润和成本）进行分析比较，以确定使目标函数达到最大或最小的最佳质量水平作为评价与优化各种质量水平的依据。

进行质量经济分析的方法一般有三种。

（1）当质量和费用之间的关系可用简单的函数关系表示时，则采用求导的方法求出最佳质量水平。

（2）当质量和费用之间的函数关系比较复杂时，可以采用线性规划法，借助于计算机求解。

（3）当质量与费用之间的关系不能用确定的函数关系表达时，可以将有关数据列成表或画成图形，通过对图表的分析确定最佳质量水平。

在进行质量经济分析时，一般可遵循以下步骤。

（1）确定质量经济分析的指标体系。质量指标如产品等级、合格品率、返修率、技术性能水平、可靠性等；经济指标如利润、质量成本、销售成本、使用成本、市场占有率等。

（2）明确课题，提出方案。通过分析质量指标、经济指标的状况和变化趋势，与同范围的先进水平进行比较，分析原因，找出差距，提出质量改进方案。

（3）进行方案的比较。对提出的质量改进方案选定相应的评价目标和方法，进行经济分析，确定最优方案。

（4）控制与实施。按质量经济目标和 PDCA 循环实施情况进行调整控制。

3. 设计过程质量经济分析

1）新产品开发的经济分析

在新产品开发过程中，常常需要对不同的质量保证方案进行选择，选择时应同时考虑投入资金额和产品的市场占有率两个主要因素，这两个因素之间的联系纽带就是质量水平。新产品开发经济分析的理论模型如图 11-3 所示。

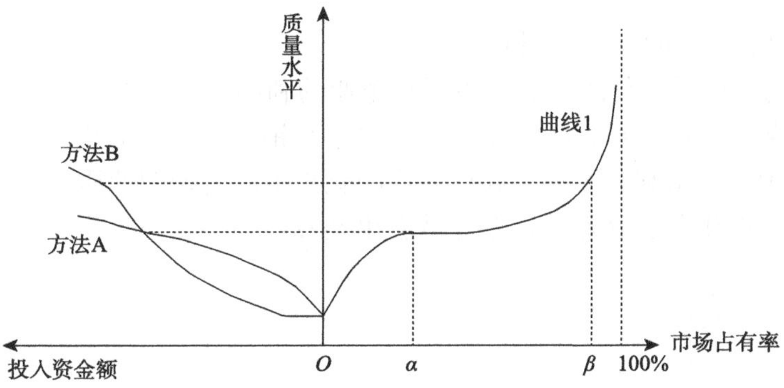


图11-3　新产品开发经济分析的理论模型

图 11-3 表明，产品的质量水平与产品潜在的市场占有率有关，市场占有率与质量水平之间的关系如曲线 1 所示。当质量水平很低时，市场占有率也很低；当质量达到一定水平后，随着质量水平的提高，市场占有率也不断提高。但当市场占有率达到某一水平后，即使再提高质量，市场占有率的增长也变得很缓慢。

从经济性角度来考虑，提高产品质量可以采用不同的方法，它们所需的资金不相同，效果也就不同。如图 11-3 所示，方法 A 初期见效快，而方法 B 潜在效果好。在质量水平较低时，应采取方法 A 提高产品质量，它的花费少，但质量水平提高较快。考虑到企业的经营目标，当预测市场占有率低于 $\alpha$ 时，则应采用方法 A 提高产品质量；若市场占有率超过 $\alpha$ 时，则应采用方法 B；老市场占有率等于 $\alpha$ 时，采用方法 A 与方法 B 无差别。

2）消费者期望的质量水平分析

消费者在购置设备时，不但要考虑购置费用的高低，还应考虑设备的维持费用（包括运行费、维修费等）的多少。在不考虑报废处理费用时，从消费者的角度看，产品的寿命周期费用由两项内容组成，即

寿命周期费用=购置费用+维持费用

上述公式中，购置费用随质量水平的提高而增加，而维持费用（运行费、维修费等）却会随质量水平的提高而下降。两者叠加形成的寿命周期费用曲线如图 11-4 所示。寿命周期费用曲线最低点对应的质量水平就是消费者期望的最佳质量水平。

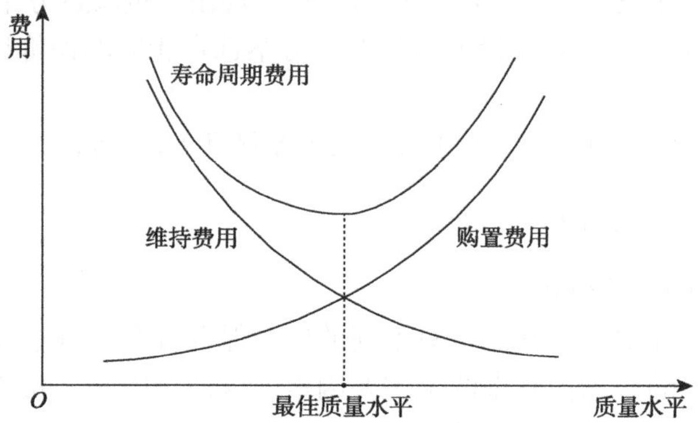


图11-4　消费者期望的质量水平

3）生产者期望的质量水平分析

从生产者的角度看，他所关心的主要是企业的利润。一般情况下，产品的利润是销售收益与生产成本之差。图 11-5 表示了质量水平与销售收益、生产成本、利润之间的关系。从图 11-5 中可看出利润曲线最高点对应的就是生产者期望的质量水平，还可看出当质量水平小于 *A* 点和大于 *B* 点时，企业就会出现亏损。

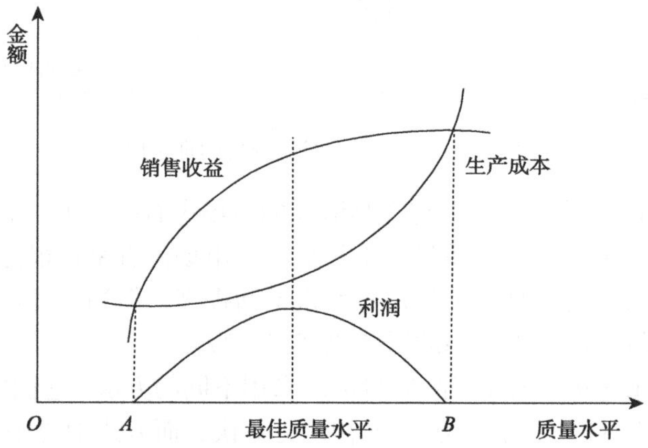


图11-5　生产者期望的质量水平

4）消费者和生产者均满意的质量水平

实际中，仅考虑消费者的利益或仅考虑生产者的利益均行不通，人们希望的是这两者的利益均得到照顾，即要选出一个质量水平，使得消费者支付的寿命周期费用尽可能小，而生产者的利润尽可能大，可能会出现如图 11-6 所示的三种情况。

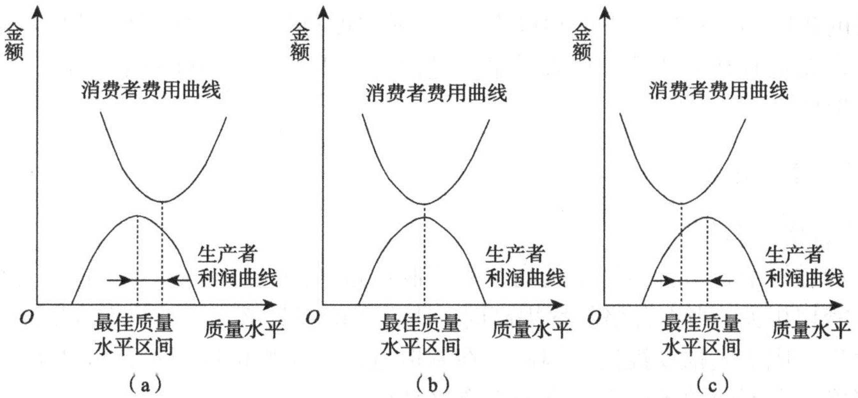


图11-6 综合最佳质量水平

（1）生产者的最佳质量水平低于消费者的最佳质量水平，则综合最佳质量水平应大于生产者的最佳质量水平，而低于消费者的最佳质量水平，如图 11-6（a）所示。

（2）生产者的最佳质量水平与消费者的最佳质量水平相重合，这是最理想的情况，综合最佳质量水平是显而易见的，如图 11-6（b）所示。

（3）生产者的最佳质量水平高于消费者的最佳质量水平，则综合质量水平应小于生产者的最佳质量水平，而高于消费者的最佳质量水平，如图 11-6（c）所示。

5）质量改进分析

质量改进分析包括质量等级水平的提高和产品某种质量特性的改进。

就质量等级水平的提高而言，定义单位产品的成本收益率增量 $\Delta\beta$ 为

$$\Delta\beta = \frac{\Delta I}{\Delta C_{变}}$$

式中，$\Delta I$ 为单位产品的收入增量；$\Delta C_{变}$ 为单位产品的变动成本增量，因此时的固定成本不变，故等于单位产品的总成本增量。

在市场销售量不变的情况下，当 $\Delta\beta > 1$ 时，这种提高是可取的。当 $\Delta\beta = 1$ 时，如果这种提高对社会有益，则是必要的，否则将是不必要的。但当 $\Delta\beta < 1$ 时，等级提高不必要。

如果由于质量等级水平提高而销售量有显著提高，则当 $\Delta\beta_{总} = \dfrac{\Delta I_{总}}{\Delta C_{总}} > 1$ 时质量等级水平提高是有利的，否则是不利或无利的。式中，$\Delta\beta_{总}$ 为全部销售量的总成本收益率增量；$\Delta I_{总}$ 为全部销售量的总收入增量；$\Delta C_{总}$ 为全部销售量的总成本增量。

就产品的某种或某些质量特性的改进来说，由于每种产品都可能有多种质量特性，其中有些是应当加以改进的，而另一些则可以不做改进或不应加以改进的。在应当力求改进的质量特性中，又可以安排其改进顺序，以便与资金供应的可能性相适应。应当改进的质量特性一般是指顾客最关心、对整个产品质量影响最大、反应最敏感，而且所需的改进费用又比较少的那些特性。

总之，质量改进的经济效益分析比较简单。从图 11-4 和图 11-5 可以看出，无论是

从消费者的角度还是从生产者的角度看，只要质量改进使质量水平向最佳质量水平靠近，则这种改进总是有利可图的；如果质量改进使质量水平远离最佳质量水平，则这种改进将是不可取的。

4. 制造过程质量经济分析

1）不合格品率分析

在生产过程中，不合格品率越高，表明制造过程的质量越差。产品的不合格品率与经济效益密切相关，当不合格品率提高时，所带来的损失必然加大；不合格品率降低时，往往会使生产成本大幅度提高。因此，在制造过程中应严格控制不合格品率。从经济上看，应当确定在不同的条件下适合的不合格品率。

2）返修分析

在生产过程中出现各种不合格品，对于可以修复的不合格品，究竟是返修还是报废？下面从经济性方面进行分析。

假设产品返修不占用正常的生产设备和生产时间，设 $J$ 为每件产品的零售价，$D$ 为每件不合格品的材料回收费，$B$ 为每件产品的返修费用。此时，只要满足 $J>B+D$，则返修是值得的。

如果返修时要占用正常的生产设备和生产时间，是否返修将取决于生产设备的生产率。设 $F$ 为返修产品的个数，$T$ 为单件返修时间，$R$ 为生产率。此时返修所占用的时间为 $FT$，返修时间内的产量应为 $RFT$。在不返修时，企业得到的利益应为 $RFTJ+DF$；在返修的情况下，则收益为 $FJ-BF-RFTJ-DF$。

显然，如果要返修，则应使下式得到满足：

$$FJ - BF - RFTJ - DF > RFTJ + DF$$

最后得

$$R < \frac{J - B - 2D}{2TJ}$$

即在生产率 $R$ 满足上述公式时，返修是值得的。

3）质量检验分析

产品检验是一项花费巨大的工作。因此确定检验方式和检验数量对降低成本、保证产品质量具有重要意义。

如果产品在生产过程中和出厂前不做任何检验，可能会给消费者带来损失。这不仅影响企业的声誉，也会因为消费者的索赔带来经济损失。反之，如果对产品进行全数检验，则检验的费用就会是一笔很大的开支，可能会比不合格品出厂带给企业更大的损失。采用何种方式能使企业减少经济损失，这是一个重要的决策问题。

一般情况下，对质量保证能力很高的企业，可考虑全不检验的方式；但对质量保证能力较差的企业，进行严格的全数检验可能更有利。

进行以下简单分析：设 $p$ 为企业某种产品长期的平均不合格率，$u$ 为单位产品的检验成本，$c$ 为单位不合格率的检验成本，$k$ 为单位不合格品出现后带来的损失。

根据定义，再假设 $u$ 和 $k$ 不变，$c$ 和 $p$ 的关系如图 11-7 所示。

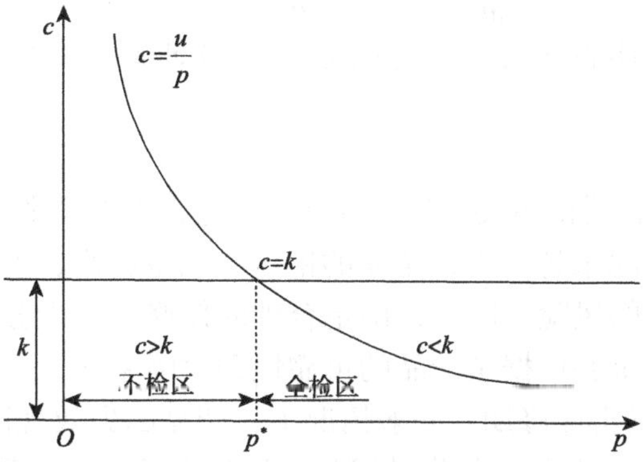


图11-7　不合格品与检验成本的关系

曲线 $c$ 与 $k$ 有一交点，交点的横坐标值 $p^*=\dfrac{u}{k}$ 称为临界不合格品率。从图 11-7 中可以看出：当 $p<p^*$、$c>k$ 时，可以不进行任何检验；当 $p>p^*$、$c<k$ 时，应进行全数检验。

5. 使用过程质量经济分析

一般讲，每设置一个销售网点和技术服务网点，虽可提高服务质量，但企业必须支付一定的费用。网点设置的总费用 $C$ 与服务网点数 $n$ 成正比（$C=nj$，$j$ 为系数），但是，网点数设置越多，企业的销售收入也越多。设销售收入 $S$ 与服务网点数 $n$ 之间关系为

$$S=a+f(n)$$

式中，$a$ 为不设网点时的销售收入。

网点设置的总费用 $C$、销售收入 $S$ 和服务网点数 $n$ 的关系如图 11-8 所示。图中，$S$ 与 $C$ 的交点处表明企业的效益为零，所对应的横坐标 $N$ 为最多设置的网点数。

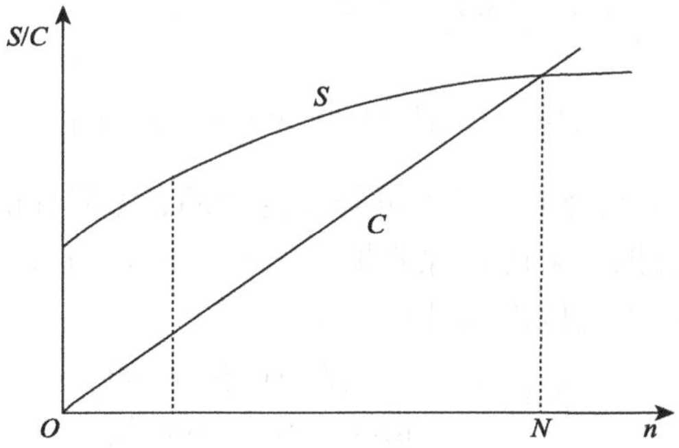


图11-8　C、S与n的关系

要使企业的效益达到最大值，即

$$A=a+f(n)-nj \tag{11-1}$$

达到最大，可求 $A$ 对 $n$ 的导数，并令其为 0，即

$$\frac{\mathrm{d}A}{\mathrm{d}n}=\frac{\mathrm{d}\left[a+f(n)-nj\right]}{\mathrm{d}n}=0$$

在得到$f(n)$的具体表达式后，代入式（11-1）求解，就可得到最佳服务网点数。

6. 保修期分析

保修期是决定企业信誉的重要质量指标之一，它在很大程度上影响着产品的销售量。保修期越长，顾客购买起来越放心，企业的销售收入也越高，但企业却要为此支付更多的保修费用和承担更大的风险。因此，确定合理的保修期是十分重要的。

确定保修期长短的重要依据是产品的可靠性和故障率。

（1）根据故障率确定保修期。一般情况下，产品的失效规律服从"浴盆曲线"，如图 11-9 中的虚线$a'$所示。开始为早发故障期，故障率较高，随后下降到偶发故障期，故障率比较稳定，到衰耗期，故障率又逐步升高直至产品失效。维修费用也相应地呈现"浴盆曲线"，形状如图 11-9 中的实线。销售收入$S$与$a$相交于$A$、$B$两点，因此，在$A$、$B$两点与时间轴相交之间的区域是盈利区，也是产品的保修期。从图中可以看出，最大盈利点应在$C$点。因此，最佳保修期应确定在产品进入故障衰耗期的$C$点，或在$C$点稍前的时段上。

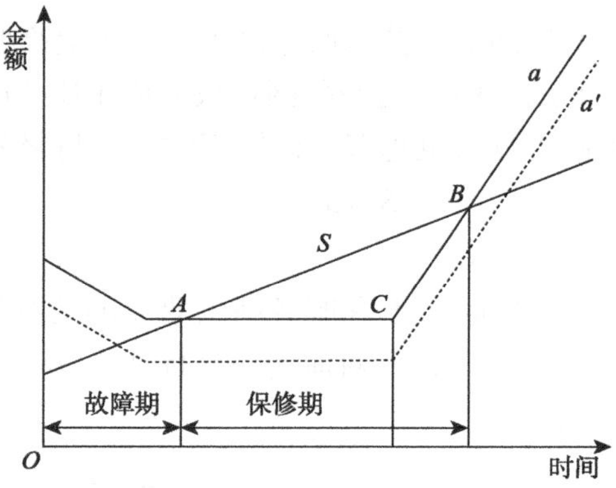


图11-9　产品故障曲线和保修期的确定

（2）根据可靠性确定保修期。对于可修复的产品，可靠性的主要指标之一是平均故障间隔时间，因此可以根据它来确定保修期。对于生产者而言，当然希望在保修期内尽可能不出故障。因此可以确定保修期计算如下

$$\text{保修期}=\frac{\text{平均故障间隔时间}}{\text{每年工作的小时数}}$$

这样在确定的保修期内，出现故障的次数是极少的。

质量经济分析的内容极其丰富，它几乎渗透到质量经营管理的各个环节和层面，这里阐述的只是其一部分重要内容。同时，在质量成本管理过程中，还必须充分运用质量会计分析所取得的成果，指导具体的质量成本管理活动。

"提高经济效益的巨大潜力蕴藏在产品质量之中"，这句名言已经被世界许多企业的成功经验所证实。只有减少与质量有关的损失，企业效益才能得到充分体现和增加。要

用经济的手段生产消费者所满意的产品，重视使用中的适宜性，同时满足企业的需要和利益。为此应把企业效益和社会效益统一起来，在整个质量活动中坚持质量与经济的统一，是质量经济分析的任务。

## 11.2 质量成本分析

### 11.2.1 质量成本介绍

#### 1. 质量成本概念

质量成本也称质量费用，由美国质量专家朱兰和费根堡姆于 20 世纪 50 年代提出。质量成本是指为了保证用户满意的质量而发生的费用，以及没有达到满意的质量而产生的损失费用，即确保产品质量为规定的质量标准所需的费用。质量成本是在企业质量管理实践中逐步形成的，其综合考虑了企业中质量预防和鉴定费用与不符合企业内部标准的产品损失和顾客要求所造成的损失，同时有效降低质量成本对提高企业经济效益发挥重要作用。

在对质量成本概念的理解中，需注意以下几点。

（1）质量成本是客观存在的，在实际过程中总是要发生的。

（2）质量成本只是针对产品生产过程中的符合性质量而言的。

（3）质量成本是生产过程中那些与出现不合格品有着密切联系的费用。

（4）质量成本并不包括制造过程中与质量有关的全部费用，而只是其中的一部分。

#### 2. 质量成本构成

根据 ISO 将质量成本按性质分为内部运行质量成本和外部质量保证成本。内部运行质量成本是指为运行质量管理体系，以达到和保持所要求的质量水平所需支付的费用，包括预防成本、鉴定成本、内部损失成本、外部损失成本（图 11-10）。表 11-1 列出了各质量成本包含的费用项目。

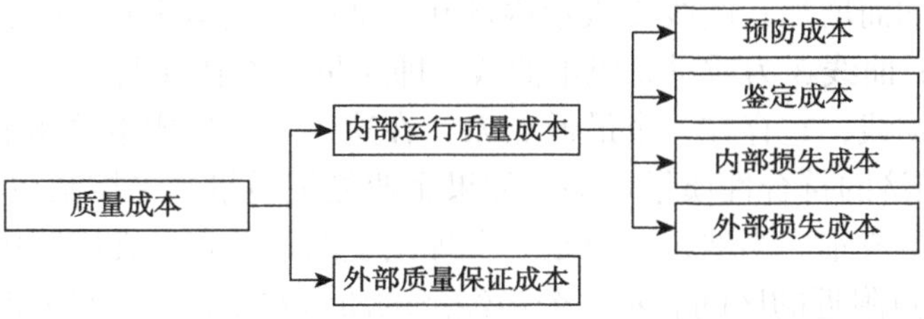


图11-10　质量成本的构成

表 11-1 各质量成本包含的费用项目

| 质量成本 | 费用项目 |
|---|---|
| 预防成本 | 包括质量培训费、质量管理活动费和日常支出费、质量改进费、质量评审费、质量管理员工工资和福利费 |
| 鉴定成本 | 包括实验和检测费、质量检验日常支出费、工资及福利费、检验设备折旧和维修费 |
| 内部损失成本 | 包括报废损失费、返修费、降级损失费、停工损失费、产品质量达不到要求处理费 |
| 外部损失成本 | 包括赔偿费、退货损失费、折价损失费、维修费 |
| 外部质量保证成本 | 包括质量保证措施费、质量证实测试费、质量认证费 |

（1）预防成本是指为预防故障，达到产品规定标准所支付的费用。

（2）鉴定成本是指为了评估产品是否达到所规定的质量标准所进行的有关实验、测试、检查等工作所支付的费用。其目的主要是发现并纠正问题，确保中间产品、产成品符合质量标准并减少废次品流向市场。

（3）内部损失成本又称内部故障成本，是指交货前未能达到规定的质量标准而造成的损失费用。

（4）外部损失成本又称外部故障成本，是指交货后质量未能达到用户要求和标准而造成的损失费用。

（5）外部质量保证成本是指按照合同规定，向用户提供质量保证的客观证据和凭证所支付的费用。

3. 质量成本特性曲线

为了进一步降低质量成本，提高质量水平，就需要对质量成本结构进行深入分析。主要分析各质量成本项目相互关系及最佳质量成本构成和比例，以确定最适宜的质量水平。

质量成本各项目之间存在相互动态联系、彼此制约的关系。一般来说，适当增加预防成本可以提高产品质量水平，进而可以减少损失成本；同时，适当增加鉴定成本会提高产品出厂质量水平和厂内损失，但会降低厂外损失，即增加内部损失成本，减少外部损失成本，相比之下出厂产品质量水平会影响组织的形象与声誉，所以质量水平的高低对外部损失成本影响更大，综合来说此时损失成本会减少。各质量成本项目关系可用质量成本特性曲线表示，如图 11-11 所示。曲线 1 表示预防和鉴定成本之和，随着产品质量合格水平的增加而增加；曲线 2 表示内部和外部损失成本之和，随着产品质量合格水平的增加而减少；曲线 3 为质量总成本曲线，即质量成本特性曲线（苏秦，2006），在图上表现为一条抛物线，它存在一个最低点 $M$，在这一点质量成本总额最小，相应的质量水平 $P_0$ 称为最经济的符合性质量水平。如果企业能把质量水平控制在 $M$ 点，那么就可以获得最低的质量成本。当然，这只是一个理论上的最低点，在实际中往往很难做到。所以，通常用 $M$ 点附近的区间表示一个最经济的质量水平区间，只要能把质量水平控制在该区间内，就可以获得较为经济的质量水平。

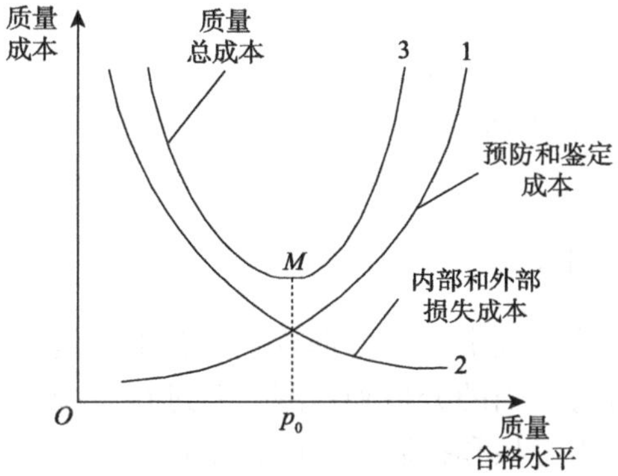


图11-11　质量成本特性曲线

4. 质量成本构成的优化

实际中，质量总成本正好达到 $M$ 点是不可能的，总是在一定范围内波动。这就带来了质量成本构成的优化问题，即通过确定质量成本各组成部分的比例，使质量总成本保持在一个合理的范围之内（苏秦，2006）。对质量成本特性曲线中质量总成本曲线 3 进一步分析，如图 11-12 所示。

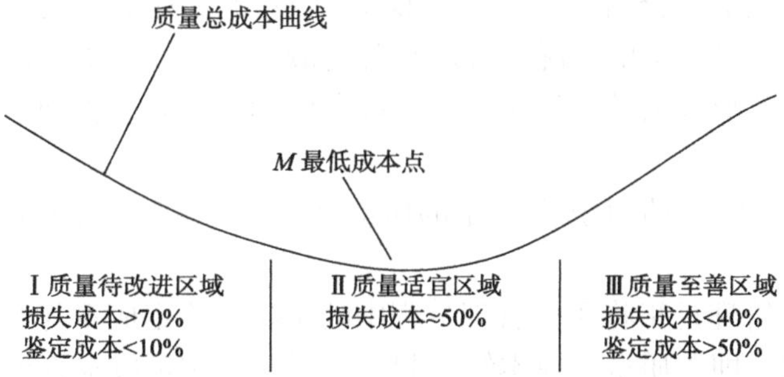


图11-12　质量总成本曲线局部放大示意图

Ⅰ质量待改进区域：鉴定成本占总成本低于 10%，损失成本高于总成本 70%，预防和检测不力，产品质量水平低，质量总成本高，质量管理工作需进一步提高。

Ⅱ质量适宜区域：又称质量控制区或维持区，其损失成本占总成本 50%左右。产品质量处于最适宜水平，质量总成本最低，各项成本比重合理，质量管理工作应继续维持和控制现有质量水平。

Ⅲ质量至善区域：又称质量过剩区，其损失成本占总成本低于 40%，鉴定成本占总成本高于 50%，检测过多和过繁，导致鉴定成本过高。虽然质量水平很高，但超出用户使用要求，总成本较高，造成不经济、不合理现象。质量管理工作应重点关注产品质量标准是否过严，简化质量检测程序，降低鉴定成本。

## 11.2.2 质量成本管理

### 1. 质量成本管理体系建立

在企业发展过程中，质量成本管理占据着举足轻重的地位，在提高产品质量的基础上，企业要对质量成本进行适当的分析和预测，并进行系统的核算考核，对结果进行分析评价，从而达到质量成本考核和控制的目的，企业所做的这一系列活动概括起来就是质量成本管理。

质量成本管理是指企业对质量成本进行的预测、计划、核算、分析、控制、考核等一系列有组织的活动，以寻求适当的质量成本为手段，提高产品质量水平、过程的质量管理水平和质量保证能力。

质量成本管理的最终目的就是要达到质量、成本和效益的最优化。实现这一目的的关键是准确核算质量成本，加以分析，并得出考核结果。质量成本管理是整个企业管理活动的重要组成部分，不能独立于企业其他的经营管理活动。质量成本管理是在质量管理和成本管理的基础上结合而成的，它的形成不仅有利于企业优化产品质量，而且有利于企业在达到预期质量水平的情况下寻求利益的最大化（方志耕等，2015）。

质量成本管理的形成大致经历了三个阶段，即标准化质量管理、质量成本管理、全面质量成本管理。

（1）标准化质量管理是指按照制定的质量标准进行事后质量检测和质量把关，以减少废品或次品率。

（2）质量成本管理是指将质量管理过程中的预防和鉴定成本与产品质量不合格所引起的损失一并考虑，即将质量与成本结合起来，形成了质量成本管理。

（3）全面质量成本管理是指在产品整个生命周期内实施质量成本管理工作。

为有效开展质量成本管理工作，需要建立完善的质量成本管理体系，即建立系统的质量成本管理组织并明确各组织机构和人员相应的职责范围，为实施质量成本管理提供组织保障。

建立完善有效的质量管理体系，应遵循“全员参与”的原则，即充分发挥各部门的作用并且全体员工共同努力，以实现适宜的成本下保证质量要求的目的，提高经济和社会效益。

既然质量成本管理工作涉及各部门和全员参与，因此开展质量成本管理工作就需要明确各部门及相应人员的职责范围。具体而言，财务部门主要负责制定本年度质量成本计划、成本核算和分析、成本数据收集和统计等工作；会计师负责收集与统计以往各项成本费用数据，并以此为依据对本年度成本进行预测和计划，确定费用科目，对成本执行结果进行核算与分析，组织收集整理成本数据，形成质量成本分析报告，定期向上级领导和质量管理部门提供质量成本分析报告与相关数据，编制并提供质量成本数据统计、核算及经济分析报表等工作，同时对相应数据的真实有效性负责。质量部门主要负责组织执行、监督、考核与评价质量成本计划，对质量成本实施控制，制订质量改进计划等工作；总工程师负责综合分析质量成本和质量改进工作，根据质量成本综合分析结果，制订相应的质量改进计划，并定期向上级领导及有关部门提供相应分析报告和改进计划；总经济师负责考核与评价质量成本计划，监督和控制质量成本计划执行情况。其他部门及其员工主要负责本部门质量成本计划的执行工作，负责收集、统计、核算并提供本部门的质量成本数据，定期上报上级领导和有关部门。

2. 质量成本管理特征

自 20 世纪 50 年代以来，质量成本管理在企业管理实践中不断得以发展，为降低成本和提高社会效益发挥了重要的作用。质量成本是企业降低其他成本的有力保证。质量成本管理所具有的特征有以下四点。

（1）广泛性。质量成本管理对功能、成本、服务和环境等多方面都提出了满足用户需要的要求，既适用于有形的产品，也适用于无形的服务，包括服务质量和工作质量等。由此可见，现代成本管理工作覆盖了物质生产部门和非物质生产部门的管理效益状况，具有一定的广泛性。

（2）动态性。质量成本管理随着社会环境和市场竞争的变化，包含的内容和要求相应地改变，质量成本是相对变化发展的，随着社会科技的进步、知识的不断更新，内涵和要求也更加丰富。因此，质量成本管理必须随着产品质量适用性的变化而不断变化，时刻保持着自身的动态性。

（3）收益性。质量成本管理的目的就是通过核算反映质量与收益之间的关系，不断寻求两者之间的最佳组合，从而为质量经营决策提供有力依据。因此，质量成本不仅要及时反映企业质量成本支出，还要反映质量收益，以便进行经济效益核算，进而做出正确的经济决策。

（4）多样性。质量成本除了主要采用货币计量工具，还要兼用实物计量、工时计量等各种计量形式（方志耕等，2015）。

3. 质量成本管理体系推行

1）质量成本管理实施原则

为有效开展质量成本管理工作，确保质量成本管理体系高效运行，实施质量成本管理应遵循以下原则。

（1）控制适宜原则。质量成本不是越低越好，预防成本和鉴定成本等内部运行质量成本一定会发生，质量成本控制的重点是适度，关键是控制外部损失成本。

（2）真实可靠原则。质量成本管理过程中，要尽量确保质量成本的预测、计划、核算、分析及控制等活动相互协调、相互配合，使质量成本管理工作高效开展；同时要保证所得数据的真实可靠性，为制定出有效的控制措施提供依据。

（3）全员参与原则。在建立了完善的质量成本管理体系的基础上，要充分发挥各部门及全体员工的作用，以达到适宜的质量成本、提高产品质量及经济效益的目的。

2）质量成本管理实施程序

实施质量成本管理一般分三个阶段和九个步骤进行。

（1）准备阶段。该阶段包括三个步骤：其一是进行质量成本管理培训和教育，对员工进行质量成本管理知识及相关业务培训，可提高其管理水平。其二是建立质量成本管理体系，建立质量成本管理组织机构并明确相应的职责范围，可高效地开展质量成本管理工作。其三是制定质量成本管理办法，使质量成本管理有法可依。

（2）实施计划阶段。该阶段包括四个步骤：其一是质量成本预测与计划，根据质量成本目标，合理制订质量成本计划，为质量成本核算和控制提供依据。其二是质量成本核算与分析。其三是质量成本考核。其四是编写质量成本分析报告，根据质量成本分析结果，定期编写质量成本分析报告，可为质量改进工作提供有力依据。

（3）巩固提高阶段。该阶段包括两个步骤：其一是审核和评价质量成本管理系统，审核与评价该系统的有效性和符合性，为完善系统提供依据。其二是组织质量改进，根据质量成本分析报告和有关数据资料，提出质量改进建议与措施，开展质量改进工作。

#### 4. 质量成本管理的意义

质量成本自 20 世纪 50 年代提出以来，在实践中的不断应用与发展，现在已经发展成为世界范围内企业进行质量管理的主要手段之一。而自 20 世纪 80 年代初以来，质量成本管理相关内容被引入中国，并开始在我国的一些企业中进行实践。实践证明，质量成本是客观存在的，加强对质量成本的管理和控制有利于提高企业经济效益。

1）降低成本、增加效益

质量成本管理工作贯穿于企业生产活动的全过程，包括产品从设计、生产到销售的各个环节。全面的质量成本管理有效地反映了企业生产经营活动的质量经济效果，使管理者充分掌握产品质量提高而产生的成本费用及质量管理工作出现的问题，以便及时采取措施降低质量成本，最终达到成本与效益的平衡。

2）促进企业管理水平的提高

质量成本管理工作的开展可以使企业管理者清楚地了解本企业的质量成本管理现状，找出与竞争对手之间的差距，准确做出自己的市场定位。同时，质量成本管理工作的开展能够暴露出企业产品质量缺陷和质量管理存在的问题。因此可以说，质量成本管理水平的提高意味着企业管理水平的整体提高（方志耕等，2015）。

### 11.2.3 质量成本分析和报告

#### 1. 质量成本分析

质量成本分析是质量成本管理的重点环节之一，是指利用质量成本分析的方法，对质量成本核算结果按要求进行分析比较，使之成为改进质量提高经济效益的有力工具。通过质量成本分析可以找出影响质量成本的关键因素，可以找出影响产品质量的主要缺陷和质量管理工作的薄弱环节，为产品质量改进和成本控制提供信息，可有效降低质量成本，确保质量，达到降低生产成本、提高经济效益的目的。

质量成本分析方法分为定性分析和定量分析两类。定性分析可以加强质量成本管理的科学性和实效性。定量分析能够计算出定量的经济效果，作为评价质量体系有效性的指标。其方法主要有以下几种（刘广第，2018）。

1）指标分析法

（1）质量成本目标指标：指基期与计划期内质量总成本及预防成本、鉴定成本、内部损失成本、外部损失成本的增减额或增减率。设 $C$、$C_1$、$C_2$、$C_3$、$C_4$ 分别为质量总成本、预防成本、鉴定成本、内部损失成本、外部损失成本（刘广第，2018）。

$\Delta C$= 基期质量总成本−计划期质量总成本

$\Delta C_1$= 基期预防成本−计划期预防成本

$\Delta C_2$= 基期鉴定成本−计划期鉴定成本

$\Delta C_3$= 基期内部损失成本−计划期内部损失成本

$\Delta C_4$= 基期外部损失成本−计划期外部损失成本

其增减率分别为

$$P_1=\frac{\text{基期预防成本}-\text{计划期预防成本}}{\text{基期质量总成本}}\times 100\%=\frac{\Delta C_1}{C}\times 100\%$$

$$P_2=\frac{\text{基期鉴定成本}-\text{计划期鉴定成本}}{\text{基期质量总成本}}\times 100\%=\frac{\Delta C_2}{C}\times 100\%$$

$$P_3=\frac{\text{基期内部损失成本}-\text{计划期内部损失成本}}{\text{基期质量总成本}}\times 100\%=\frac{\Delta C_3}{C}\times 100\%$$

$$P_4=\frac{\text{基期外部损失成本}-\text{计划期外部损失成本}}{\text{基期质量总成本}}\times 100\%=\frac{\Delta C_4}{C}\times 100\%$$

（2）质量成本构成指标：预防成本、鉴定成本、内部损失成本、外部损失成本各占质量总成本的比率。

$$\text{预防成本比率}\ q_1=\frac{\text{计划期预防成本}}{\text{计划期质量总成本}}\times 100\%$$

$$\text{鉴定成本比率}\ q_2=\frac{\text{计划期鉴定成本}}{\text{计划期质量总成本}}\times 100\%$$

$$\text{内部损失成本比率}\ q_3=\frac{\text{计划期内部损失成本}}{\text{计划期质量总成本}}\times 100\%$$

$$\text{外部损失成本比率}\ q_4=\frac{\text{计划期外部损失成本}}{\text{计划期质量总成本}}\times 100\%$$

（3）质量成本相关指标：一定时期内，质量总成本与百元相关经济指标的比值，相应指标。

$$\text{百元商品产值的质量成本}=\frac{\text{质量总成本}}{\text{商品产值总额}}\times 100$$

$$\text{百元销售收入的质量成本}=\frac{\text{质量总成本}}{\text{销售收入总额}}\times 100$$

$$百元总成本的质量成本=\frac{质量总成本}{产品成本总额}\times 100$$

$$百元利润的质量成本=\frac{质量总成本}{产品销售总利润}\times 100$$

2）质量成本趋势分析

质量成本趋势分析是指利用折线趋势图，分析确定质量总成本及其构成在一定时期内的变化趋势。确定相应指标的发展变化趋势后，质量管理人员便可制定相应的措施，实施成本控制，使其向有利的方向发展。

3）灵敏度分析

灵敏度分析是指在一定时期内，质量成本投入对质量成本损失的影响程度或质量改进效果，灵敏度$\alpha$越大，质量成本投入对质量成本损失影响越大，反之则越小。

$$质量成本灵敏度=\frac{计划期内外故障成本之和-基期相应值}{计划期预防与鉴定成本之和-基期相应值}$$

4）排列图分析

排列图分析是指利用排列图分析法对质量成本进行分析，以期找出影响质量成本的关键因素，为质量成本改进工作提供有力依据的方法。通过绘制质量成本排列图，可以清晰、直观地找出影响质量成本的主要原因和主要矛盾，组织可以明确成本控制的关键所在，进而可以有效地开展质量成本控制工作。

2. 质量成本报告

质量成本报告是质量管理部门和财务部门对上一期质量成本管理活动或某一典型进行调查、分析、建议的书面材料，它是一定时期质量成本管理活动的总结性文件。其目的企业领导和各有关职能部门提供质量成本信息，以便评价质量成本管理效果及质量管理体系的适用性和有效性，确定目前的质量工作重点及质量和成本的目标。

质量成本报告一般应包括如下内容（苏秦，2006）。

1）质量成本报告的内容

（1）质量成本计划执行和完成的情况与基期的对比分析。

（2）质量成本四个组成项目构成比例变化的分析。

（3）质量成本与相关经济指标的效益对比分析。

（4）典型事例及重点问题的分析与解决措施。

（5）效益判断的评价和建议。

2）质量成本报告的分类

（1）按时间分为定期的（月、季、年）报告和不定期的报告（典型事例及重点问题）。

（2）按送报对象分为向领导和有关部门的报告。

（3）按报告的形式分为陈述式、报告式、图表式（如排列图、波动图）和综合式质量成本报告。

企业在编写质量成本报告时，应依报送对象、报告形式及要达到的目的等，确定相应的质量成本报告内容，其详简程度也应有所不同（苏秦，2006）。

## ➤本章小结

质量经济性强调的是产品在满足适用性要求的同时，还需满足经济性，也就是追求低成本，在二者寻找最佳平衡。质量成本管理的最终目的就是要达到质量、成本和效益的最优化。质量成本由内部运行质量成本和外部质量保证成本两大部分组成。企业实施质量成本管理的主要任务是，揭示企业质量管理体系运行中的不合格（无效）工作和不合格（有缺陷）产品，为企业质量改进活动和整体管理水平的提高指明方向。本章介绍了质量经济性、质量经济性管理和质量经济分析的概念，阐述了其在开发设计过程、制造过程、使用过程中的质量经济分析方法。对质量成本的概念、质量成本管理、质量成本分析和报告等内容进行了重点介绍。

## ➤思考题

1. 什么是质量经济性？什么是质量经济性管理？
2. 什么是质量经济分析方法？
3. 什么是质量成本？质量成本主要由哪几部分构成？
4. 什么是质量成本管理？质量成本管理的特征有哪些？
5. 简述质量成本分析方法。
6. 为什么要进行质量经济性管理、质量成本管理？
7. 如何推行质量成本管理？推行质量成本管理应遵循哪些原则？
8. 质量成本分析报告一般包括哪些内容？

# 第12章

# 六西格玛管理

**学习目标**

1. 了解6σ管理的概念、特点和原则。
2. 理解实施6σ管理的DMAIC模型各阶段的主要内容。
3. 掌握6σ管理的项目管理流程。
4. 理解精益6σ管理方法的含义和成功要素。
5. 了解精益6σ管理的实施过程。

**导读**

面对复杂多变的顾客需求和市场竞争环境，企业只有致力于持续改进才能适应动态变化的环境。6σ管理提供了一种衡量缺陷率的方式，提出了一个明确的目标，形成了一种方法，构成了一套管理系统。6σ管理驱动企业不断关注顾客、追求完美、减少浪费和降低成本，最终以实现顾客价值和企业价值的双赢为目标。

## 12.1　六西格玛管理概述

### 12.1.1　六西格玛管理基本概念

六西格玛（six sigma，符号6σ）首先是由摩托罗拉企业的比尔·史密斯于1986年提出的（温德成，2014），作为品质管理的概念，其目的是设计一个目标：在产品制造过程中尽量减少产品或流程的缺陷频次，提升产品质量，防止产品变异。20世纪90年代中期，6σ从一种全面质量管理方法逐步演变成为一种高效的企业流程设计、改善和优化的技术，并为新产品的设计、生产和服务提供了一系列同等适用的开发工具，继而与通用电气公司的全球化、服务化、电子商务等战略齐头并进，成为全世界追求管理卓越性的企业最为重要的战略举措。随着时代的发展，6σ 逐步发展成一种持续进步管理哲学，它强调以顾客为主体来进行企业战略的确定，并成为新产品开发设计的重要标尺。6σ 管理在摩托罗拉、通用电气、戴尔、惠普、西门子、索尼、东芝、华硕等众多跨国企业得到广泛应用，实践证明此方法是卓有成效的。为此，国内一些部门和机构在国内企业大力推广 6σ 管理工作，引导企业开展 6σ 管理。

σ 在数理统计中表示“标准差”，是一种评估产品和生产过程特性波动大小的参数，常被用来表示任意一组数据或过程输出结果的离散程度。对于连续可计量的质量特性而言，σ 值越大，说明数据的离散性越大。

σ 质量水平是指过程输出的平均值、标准差与质量要求的目标值、规格线联系起来进行比较，是对过程满足质量要求能力的一种度量。σ 水平越高，过程满足质量要求的能力就越强；反之，σ 水平越低，过程满足质量要求的能力就越低。考虑到不同工作的复杂程度，即出错机会，给出百万机会缺陷数（defects per million opportunity，DPMO）的概念。该指标的计算公式为

DPMO=单位缺陷数（defect per unit，DPU）/百万个出错机会

6σ 质量水平意味着百万出错机会中不超过 3.4 个缺陷，即如果某项工作每 100 万次出错机会实际出现错误只有 3.4 次。6σ 质量水平代表着卓越的管理、强大的竞争和忠诚的客户（温德成，2014）。

如今，6σ 已经远远超出其统计的含义，成为一种客户驱动下的持续改进的管理模式。企业推行 6σ，也不仅仅把 6σ（3.4DPMO）作为一种目标或指标，6σ 还有更为深刻的管理意义。

1. 6σ 是一种质量尺度和追求的目标

6σ 能够减少产品质量波动，促使生产过程趋于目标值。实施 6σ 并不意味着一定要达到 6σ 水平的质量，而在于对过程进行突破性改进和创新。6σ 的目标就是“又精又准”，使过程趋于目标值并减少波动，追求零缺陷，追求完美。

2. 6σ 是一套科学的工具和管理方法

6σ 运用 DMAIC 或 DFSS（design for six sigma，六西格玛设计）的过程进行流程的设计和改善。在方法层面上，6σ 强调系统的集成与创新。这里应注意的是，6σ 是一套系统的业务改进方法体系，其工具和方法包括应用统计技术、工业工程和其他现代管理技术、现代质量管理技术、信息技术等。

3. 6σ 是一种经营管理策略

6σ 管理强调的是提高顾客满意度，降低经营成本和周期，它是一种新经济环境下企业获得竞争力和持续发展能力的经营策略，其目的是通过提高组织核心过程的运行质量，进而促使企业盈利能力的管理方式的改进。

4. 6σ是一种企业文化和战略

将6σ价值观和改进方法融入企业文化，作为企业的一种经营战略，大幅度提升企业执行能力，促进组织完成其使命，实现其愿景和战略目标。

### 12.1.2 6σ管理原则

任何一种管理模式，无论它在理论上如何创新，但只有能够给企业带来实际的收益才是有意义的，6σ管理模式就能为企业带来多方面切实收益。6σ管理需要遵循以下三个基本原则才能使企业获得高效的效益。

1. 顾客满意度的原则

无论何时，顾客满意的情况对于企业都是至关重要的，在很大程度上，顾客满意度决定着组织的市场份额，换而言之，它决定着企业的生存和发展。然而，维持较高的顾客满意度情况，可能需要组织投入很多成本，换句话说，对顾客有益的不一定会对组织有益。但大部分组织始终是把营利作为首要目的，管理层的任务是为股东创造源源不断的价值，因此这个问题困扰了许多质量学者。

传统的做法是组织花费大量精力集中在顾客方面，而且，企业为实现顾客满意所做的各种努力与为营利所做的努力之间是断裂的，没有建立任何联系。6σ则强调从整个经营的角度出发，而不只是强调单一产品、服务或过程的质量，将注意力同时集中在顾客和企业两方面。

2. 降低质量成本原则

6σ管理从质量成本分析入手，分析质量成本占销售额比例来寻求改善之策。如图12-1所示，非符合性质量成本和符合性质量成本共同构成了质量成本，一般而言，非符合性质量成本占销售额的4%～5%，6σ项目管理突破的关键点就是降低非符合性质量成本。6σ管理不仅关注非符合性质量成本，而且对劣质成本十分重视。劣质成本就是指不给过程增值的那部分运行成本（图12-2），它既包括非符合性质量成本，又包括符合性质量成本不增值的一部分。劣质成本占总成本的15%～20%，减少劣质成本，消除不增值的“隐藏工厂”（hidden factory）是6σ管理的突破口。劣质成本存在于企业的各个层面，加班过多、上门服务支出过多、文件延迟、报价或结账错误、未按时完成销售订单、设备闲置和利用率低等都是劣质成本产生的根源，降低或消除劣质成本就可以大大地降低质量成本，这是6σ管理关注的重点，也是6σ管理的关键。

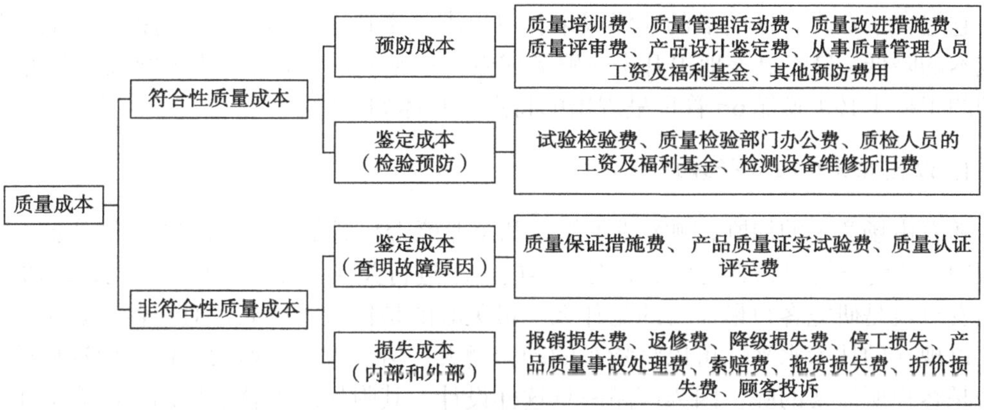


图12-1　质量成本构成

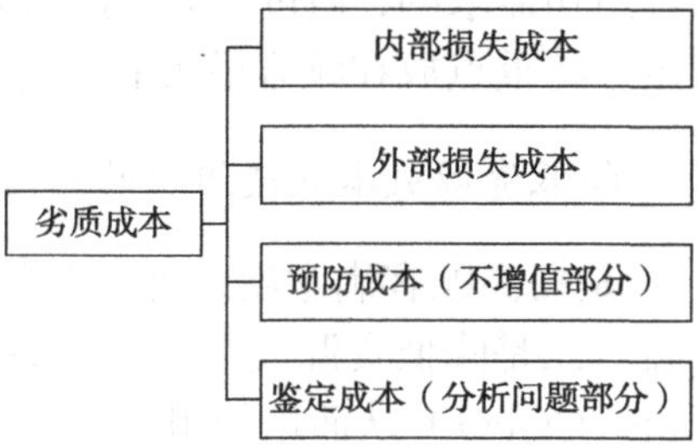


图12-2　劣质成本构成

3. 降低资源成本和风险原则

6σ管理思想中，缺陷和错误都是风险的代表，但不是所有风险都可以以缺陷的形式表示。6σ的目的不仅在于减少产品缺陷，而且在于降低风险。一方面可以降低顾客购买产品或服务的风险；另一方面也可降低产品或服务提供者的风险。换言之，应用6σ来降低风险意味着所有方面业绩的提高，如质量、能力、周期、库存及其他的关键因素。

为此，从符合性质量成本和非符合性质量成本的角度，来寻求和识别6σ改进的机会及项目是十分关键的。6σ管理要求降低经营资源成本，就要降低非符合性质量成本和符合性质量成本。符合性质量成本由有增值和不增值两个部分组成。通过有效的手段，找出不增值的部分，加以改进。消灭所谓的“隐蔽工厂”，从而降低成本和风险。当然，要做到这一点，就必须实施质量成本分析，界定质量改进项目。并通过测量手段和统计分析，在测量和分析中发现那些对顾客来说十分关键，对组织来说非常重要的因素（变量），采取有效的改进措施和控制手段，使其达到一个较高的绩效水平。即采用有效的6σ模式（smarter six sigma solutions，MAIC）。

## 12.1.3　6σ管理特点

6σ是一种实施原则和技术，能够对企业的流程管理质量进行严格、集中和高效的改善。它包含了众多管理前沿的先锋成果，以追求“零缺陷”的产品为前提，从而带动质量成本的降低，最终显著地提升企业财务成效，实现企业竞争力的重大突破。在实施6σ管理的工程中必须遵循6σ管理呈现出的特点，具体如下所示。

1. 以顾客为中心的管理理念

随着市场竞争的加剧，顾客成了组织和企业能否在竞争中生存的决定性因素。在6σ管理中，始终坚持以顾客为中心，对顾客的需求进行关注（陈国华和贝金兰，2018）。它的出发点就是研究客户最需要的是什么？最关心的是什么？比如，对一辆载货车进行改进，以现在的技术水平，可以将货车的动力增大一倍，载重量增大一倍，但这样的产品是否是客户所需要的呢？因为产品一旦这样设计，其附加成本就会增加，顾客对于此类产品的消费就会持有保守态度，为了明确顾客的需求，就需要对顾客进行调查分析，以便挖掘哪一项影响要素是顾客迫切需求的，通过计算，找到最佳组合。因此6σ要根据顾客的需求进行管理项目的确定，将重点放在顾客最关心、对组织影响最大的方面。

2. 通过提高顾客满意度和降低资源成本促使组织的业绩提升

6σ项目目标分为两个，一是提高顾客满意度，通过提高顾客满意度来占领市场、开拓市场，从而提高组织的效益。二是降低资源成本，通过降低资源成本，尤其是不良质量成本损失（cost of poor quality，COPQ），从而增加组织的收入（陈国华和贝金兰，2018）。因此，实施6σ管理方法能给一个组织带来显著的业绩提升，这也是它受到众多组织青睐的主要原因。

3. 注重数据和事实，使管理成为一种真正意义上基于数字的科学

6σ管理一开始就想方设法识别什么是影响经营业绩的关键指标，并通过收集数据和分析方法去理解关键变量和最优化目标，可以更加有效地发现、分析和解决问题。因此，6σ管理方法是一种高度重视数据，依据数字、数据进行决策的管理方法，强调“用数据说话”“依据数据进行决策”“改进一个过程所需要的所有信息，都包含在数据中”。另外，它通过定义“机会”与“缺陷”，通过计算DPO（defect per opportunity，每个机会中的缺陷数）、DPMO，不但可以测量和评价产品质量，还可以把一些难以测量和评价的工作质量与过程质量，变得像产品质量一样可测量和用数据加以评价，从而有助于获得改进机会，达到消除或减少工作差错及产品缺陷的目的。因此，6σ管理广泛采用各种统计技术工具，使管理成为一种可测量、数字化的科学。

4. 一种以项目为驱动力的管理方法

6σ管理方法是以项目为基本单元，通过一个个项目的实施来实现。通常项目是以黑带为负责人，牵头组织项目团队通过项目成功完成来实现产品或流程的突破性改进。

5. 实现对产品和流程的突破性质量改进

6σ项目的一个显著特点是项目的改进都是突破性的。通过这种改进能使产品质量

得到显著提高，或者使流程得到改造，从而使组织获得显著的经济利益。实现突破性质量改进是6σ的一大特点，也是组织业绩提升的源泉。

6. 无边界合作

无边界是通用电气公司成功的秘籍之一。杰克韦尔奇致力于消除部门及上下级间的障碍，促进组织内部横向和纵向的合作。这改善了过去仅仅是彼此间的隔阂和企业内部部门间的竞争就损失大量金钱的状况，这种做法改进了企业内部的合作，使企业获得了许多受益机会。6σ扩展了这样的合作机会。在6σ管理中无边界合作需要确切地理解最终顾客和流程中工作流向的真正需求，更重要的是，它需要用各种有关顾客和流程的知识使各方受益，6σ管理是建立在广泛沟通基础上的，因此，6σ管理法能够营造出一种真正支持团队合作的管理结构和环境，黑带是项目改进团队的负责人，而黑带项目往往是跨部门的，要想获得成功就必须由黑带率领他的团队打破部门之间的障碍，通过无边界合作完成6σ项目。

7. 追求完美，容忍失误

作为一个以追求卓越为目标的管理方法，6σ为企业提供了一个近乎完美的努力方向。没有不执行新方法、贯彻新理念就能实施6σ管理的企业，但在追求完美的过程中必然会产生一些风险。在推行6σ的过程中，可能会遇到挫折和失败，企业应以积极应对挑战的心态，面对挑战和失败。

# 12.2 实施六西格玛管理的 DMAIC 模型

在6σ管理实施中，对现有过程改进的 DMAIC 模型被广泛地认同并使用。DMAIC 是一个逻辑严密的循环过程，强调以顾客为中心持续进行改进，并将顾客的满意度与企业的经营目标紧密地联系起来。

DMAIC 模型将6σ项目的实施分为五个步骤，分别为定义、测量、分析、改进与控制，6σ管理 DMAIC 模型步骤关系如图 12-3 所示。

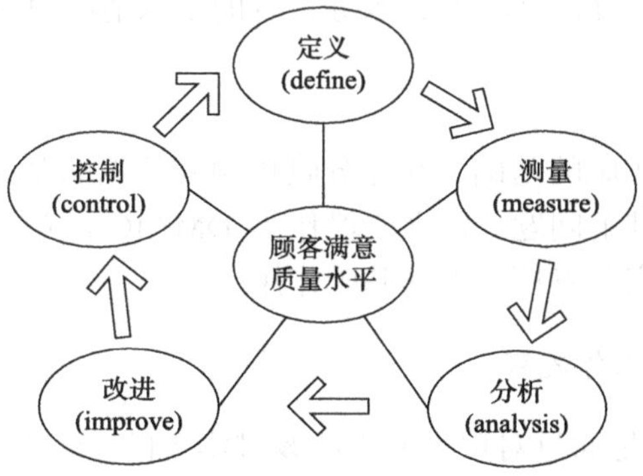


图12-3 6σ管理DMAIC模型图

### 12.2.1 6σ项目实施的定义

定义是DMAIC的第一步，它是识别顾客心声，确定影响顾客满意度的关键因素。其主要作用是明确项目所解决的问题，找准需要改进的产品，确定实施项目所需要的资源。

1. 识别顾客需求

定义阶段的一项重要工作就是顾客需求分析，只有充分了解顾客的需求，才能保证6σ绩效的实现。在进行6σ定义的过程中，顾客的价值取向和期望，决定他对产品或服务的认知质量；顾客对他所接受的产品或服务的状态和效果与认知质量比较后的感受，决定他对产品或服务的感受质量。因此只有顾客的需求被理解并恰当地确定为过程输出质量要求时，才能确定顾客的关键要求有哪些，也就是顾客要求的关键质量特性。

2. 设定项目目标

明确顾客的要求后，就要将顾客的需求转换为6σ具体的项目实施目标。6σ项目目标的类型主要有缺陷率、周期时间和费用成本等。项目目标应该是与实际相符的，并适当超前，最重要的是，项目目标一定是可以测量的且双方都能够达成共识。

3. 定义项目范围

6σ项目的范围应该有一个清晰的定义。一般情况下，项目改进目标与改进程度、项目代价与成本项目流程和控制等问题，有助于定义项目的范围。

4. 确定项目条件

6σ项目受一定条件的制约，明确6σ项目有哪些条件制约，是定义项目的重要前提。一般认为，制约条件包括组织的人、财、物、信息等资源情况，项目的时间要求，项目实施的外部环境等。确定项目最后完成期限、能够投入的时间和人力、可支配的资金、硬件资源可否满足需要、外部环境的影响等，有助于认清项目的制约条件。

5. 整理和分析数据

数据是项目制定和实施的基础，在充分收集顾客数据的基础上，通过详细分析可以看清项目现状，发现并理解问题。定义阶段作为DMAIC的第一步，应该对已收集到的数据进行整理分析，以充分发挥数据的基础作用。

6. 确认需要改进的工作流程

6σ项目的改进主要是通过对项目流程的改进实现的，通过流程的改进实现企业绩效的改进。因此，6σ项目改进的基础性工作就是对流程进行管理和描述。确认需要改进的业务流程，可以在项目目标分析的基础上，通过绘制流程图的方法进行。通过绘制流程图，可以明确项目的过程范围、关键要素、输入与输出等主要事项，确认需要改进的工作流程，是定义阶段明确项目改进的核心流程的重要方法。

### 12.2.2　6σ 项目实施的测量

测量阶段是6σ项目工作中一个十分重要的阶段，没有测量，也就没有6σ项目的后续工作。测量就是定义缺陷、收集和整理有关产品或过程现状的数据，确定改进的目标。测量是6σ管理分析的基础，通过测量收集关键质量值的基本数据，进而量化管理。

测量阶段的主要工作内容有以下几点。

1. 确定关键的产品质量特性和过程质量特性

关键的产品质量特性和过程质量特性对产品质量和资源成本有重要影响，它们的平均水平和波动大小，常常对劣质成本的减少和劣质质量的降低起决定作用。此外，只有找出关键的产品质量特性和过程质量特性，才能提出对它们的控制要求和方法，并加以控制和改进。

2. 收集数据

测量阶段收集数据有重要的作用和意义。收集到的数据可以为测量系统的验证提供重要的保障，使用数据证实的测量系统精确可信；可以为分析阶段奠定数据基础，使分析更加真实准确；可以为统计分析方法的应用提供前提条件，使其应用成为可能等。

3. 验证测量系统

准确的测量可以带来准确的数据，为确保数据的准确性，必须对测量系统的效能进行验证。测量系统包括测量设备和软件、测量人员、测量程序和方法、测量用的辅料和试剂、测量环境等。测量系统应具有足够的分辨力和统计稳定性。测量系统验证的主要工作：验证测量设备和软件，确认其对产品质量特性和过程质量特性的分辨能力，保证测量设备和软件的精确度；验证测量系统的稳定性，在规定的条件下，通过重复性和再现性分析重复测量系统的一致性，确保测量系统的稳定的准确度；验证测量人员的业务技术水平、测量程序和方法是否规范、测量环境是否符合要求、测量用的辅料和试剂是否合格，以确保准确测量所需的各种条件。

4. 测量过程能力

过程能力是处于稳定生产状态下的过程的实际工作能力。在满足精确度要求的条件下，过程能力以该过程的产品质量特性值的变异或波动来表示。这种变异和波动的分布，可用6σ原则来确定，即以6σ为标准来衡量过程是否具有足够的精确度和经济性。

过程能力测量，就是在已收集的数据基础上，应用专业方法推算出过程的实际能力，即σ水平。

### 12.2.3 6σ项目实施的分析

分析阶段是 DMAIC 的第三个步骤，也是测量的后续阶段。分析阶段的作用在于，通过对影响过程能力或造成缺陷的种种原因进行研究和分析，找出最关键的影响因素，为过程改进奠定基础。分析阶段的主要工作包括四个方面。

1. 学习 DMAIC 模型阶段的相关知识

分析阶段与 DMAIC 模型其他阶段相比较，需要学习大量的统计知识、并要求能将这些知识应用到具体的工程问题分析和判断中，分析阶段需要使用的工具和使用目的如表 12-1 所示。

**表 12-1 分析阶段的工具清单和使用目的**

| 工具名称 | 使用目的 |
| --- | --- |
| 群体动力方法 | 利用团队激励，发挥团队智慧，更有效地分析和验证问题。由于团队成员各有自身专长，应充分发挥多个专业的协同效应 |
| 因果图 | 以定义阶段为基础，利用历史数据对原因—结果之间的定性逻辑关系进行细化和展开。必要时进行进一步的定量分析、判断与验证，寻找导致某一结果出现的真正原因 |
| 因果矩阵 | 以因果图为基础，利用矩阵结构对“多原因—多结果”关系进行定性或定量分析，为多元回归分析和实验设计的因素选择提供依据 |
| 排列图 | 以测量阶段的数据分析为基础，进一步寻找主要原因 |
| 假设检验 | 利用统计分析结果，对统计分布或其参数是否满足既定的假设进行判断 |
| FMEA | 利用历史或仿真数据，对各种故障模式及其潜在影响进行分析，通过确定故障的严重程度、发生频率和可检测性，综合判断故障的优先解决顺序。针对需要优化解决的故障，分别制定和实施工程或管理措施，并对措施实施后的效果进行判断 |
| 多变量分析 | 对影响过程绩效的各个离散变量进行独立分析，以确定最佳的取值范围 |
| 方差分析 | 对描述过程绩效的数据的总波动大小进行合理分解，确定不同因素及同一因素的不同水平对总波动贡献的大小，区分不同因素及同一因素的不同水平对过程绩效的影响，并借助于显著性检验原理做出统计判断 |
| 回归分析 | 在对变量之间的作用模式进行初步分析的基础上，通过大量的数据采集，建立相应的线性或非线性回归模型，并对模型的有效性进行检验 |

2. 收集和分析数据

收集数据的目的在于通过收集用于过程分析的数据，并对其进行分析，以确定关键的产品质量特性和关键的过程质量特性的影响因素。收集和分析数据应该注意以下几个问题：工作的计划性，重视特异数据的研究和处理，使用必要的统计分析工具。通过上述注意的问题来观察数据的总体变化趋势、特征倾向和特异现象。收集和分析数据是为了为验证因果关系和确定关键因素奠定基础。

3. 建立和验证因果关系

在上述关键的产品质量特性和过程质量特性分析的基础上，使用专业的方法建立这些特性与其影响因素之间的因果关系。在因果关系分析条件下，将关键的产品质量特性和过程质量特性与其影响因素有机地结合起来。

验证因果关系就是对已经建立的因果关系，在组织的实际工作过程中进行验证，通过专业的方法，确定产品质量特性和过程质量特性与其影响因素间是否具有因果关系。

4. 确定关键因素

建立并验证因果关系后，为了能集中有限的资源和时间，就需要用专业的方法，从众多因素中确定少数关键因素，对所要解决的问题实施6σ改进。

### 12.2.4 6σ项目实施的改进

改进阶段是 DMAIC 模型的第四个阶段，也是6σ改进方法的核心。与 DMAIC 模型的前三个阶段侧重问题的分析与诊断不同，改进阶段侧重于寻求解决方案，其核心目标是针对分析阶段提出的少数几个关键的原因，分别制订相应的改进方案和改进措施，并对改进措施的有效性进行工程验证。其具体内容有以下几点。

1. 广泛征集改进意见

改进方案的制订需要广泛收集改进建议。在制订改进方案之前，应该让团队成员充分了解分析阶段所提供的数据资料和信息。以便成员能够充分了解信息，进而提出以数据和事实为依据的改进建议。用头脑风暴法集思广益，充分发挥团队成员的创造性思维，以及成员之间的互动作用，既发挥每个成员的特长和优势，又发挥团队的集体作用，为征集改进意见提供正确的指导思想。

2. 制订改进方案

在广泛收集改进意见之后，就需要针对关键原因，分别提出配套的改进方案和改进措施，并对实施改进措施可能带来的不确定风险进行定性或定量分析。制定改进的具体工作是，对征集来的各种改进意见，进行分析研究、加工整理，以便形成一个能够达到项目目标要求，符合企业实际、切实可行的和完整的方案。制订改进方案应以项目目标要求为导向并形成文件。该文件的内容包括改进方案的工作内容、实施步骤、采取的措施、资源准备、负责人员、时间进度等。该文件应清晰简明、符合规范要求。

3. 实施改进方案

形成改进方案并编制出改进方案文件后，就需要对改进方案进行具体的实施。实施工作的内容主要包括做好实施过程策划、制订详细的工作计划、确认改进措施、确认管理模式及进度要求；对发生的问题及时采取纠正措施；对可能遇到的问题拟定备用替代方案和相应措施；对实施过程进行适当评价和总结等。

### 12.2.5 6σ项目实施的控制

控制阶段是DMAIC模型的最后一个阶段，一旦进入控制阶段，就意味着6σ项目已经进入了收尾阶段，项目改进的基本效果已经显现并达到了预期的目标，需要制定控制措施以便长期保持所取得的成绩。控制阶段的主要工作有以下几点。

1. 制定相应的文件，保证成果的推广应用

实施过程取得成果后，应对成果制定相应的执行性文件，并纳入到组织的文件体系之中，这样可以用法治化的方法执行文件，以保证此改进成果的推广应用。组织的管理体系便可以通过跟踪和评价成果文件的实施成效，及时做出调整，以进行有效的控制。

2. 明确过程处理的监控职责

为了做好6σ改进过程的监控工作，就必须明确和落实过程管理的监控职责。6σ过程管理的监控职责主要有监控过程文件的实施、保持过程记录、确认失控现象、不合格和纠正措施的分析、与其他管理者的沟通等，其目的是使改进过程达到预期效果。

3. 实施过程监控

实施过程监控是6σ改进成果巩固、6σ改进持续发展的重要环节。实施有效的过程监控，能对过程是否满足顾客需求做出及时的反应，能对过程出现的问题及时做出分析，并采取相应的措施加以纠正和改进，这样便能有效地推动过程改进不断地发展和提高。

DMAIC 模型是一种改善企业现有流程的强大工具，也是处理复杂系统问题的全面方法，它把各种数理统计工具和方法融入模型的各个环节（表 12-2），这是6σ管理突出的特点。DMAIC 模型要求从顾客的需求出发，确保整个项目都是以顾客需求为中心，最后以数据和信息为基础做出决策，确保所取得的成果能够保持下去，并能够满足顾客需求。

**表 12-2 DMAIC 过程活动要点及工具**

| 阶段 | 活动要点 | 常用工具和技术 | |
|---|---|---|---|
| D（定义阶段） | 明确问题确定 $Y$ | 头脑风暴<br>亲和图<br>树状图<br>流程图<br>宏观流程图<br>平衡积分卡 | 力场图<br>因果图<br>顾客的声音<br>质量功能展开<br>不良质量成本<br>项目管理 |

续表

| 阶段 | 活动要点 | 常用工具和技术 |
|---|---|---|
| M（测量阶段） | 确定基准测量 $Y$，$X_s$ | 排列图　不良质量成本<br>因果图　水平对比法<br>散布图　直方图<br>流程图　趋势图<br>测量系统分析　检查表<br>失效后果分析　抽样计划<br>过程能力指数 |
| A（分析阶段） | 确定要因确定 $Y=f(X)$ | 头脑风暴法　实验设计<br>因果图　抽样计划<br>失效后果分析　假设检验<br>水平对比法　多变异分析<br>方差分析　回归分析 |
| I（改进阶段） | | 实验设计　失效后果分析<br>相应曲面法　测量系统分析<br>调优运算　过程改进 |
| C（控制阶段） | 保持成果更新 $Y=f(X)$ | 控制图　过程能力指数<br>统计过程控制　标准操作程序<br>防差错措施　过程文件控制 |

DMAIC 模型的应用是一个循环过程，DMAIC 模型作为实施6σ的操作方法，它的运作程序与6σ项目的周期及工作阶段紧密结合。DMAIC 模型从定义到控制不是一次性的直线过程，有些技术与方法反复被使用。只有不满足现状，勇于创新，才能在6σ管理中取得卓越成就。

## 12.3　六西格玛项目管理

6σ管理通过有组织、有计划地实施6σ项目而实现其经济效益，同时通过6σ实施来促进人们观念和行为方式的改变。项目管理包括启动、规划、执行、控制和收尾五个过程。在6σ项目管理中，启动过程包括6σ选择和6σ项目立项表制定，规划过程包括6σ项目计划制订，执行和监控过程包括6σ项目团队建设、6σ改进或6σ设计的实施和监控，收尾过程包括6σ项目总结、成果评审与分享。

6σ项目指由职责明确的团队通过用6σ方法（6σ方法改进或6σ设计），在规定的时间内，寻找最佳方案并实现预定目标的特定过程。

## 12.3.1 6σ项目选择

### 1. 项目选择原则

1）有价值，有意义（meaningful）

6σ项目的意义和价值体现在以下几个方面。

（1）6σ项目要支持顾客满意度的提高。6σ最重要的价值观就是始终以顾客需求为中心，6σ有两个基本特点：一是产品或服务让顾客满意，从而使顾客忠诚；二是减少缺陷直至彻底消除缺陷。因此，必须根据顾客的需求、顾客的反馈等信息进行分析找出顾客真正关心的问题，在此基础上确定关键质量特性。

（2）6σ项目要支持企业战略目标的实现。6σ管理是企业实现战略目标的有效手段，每一个6σ都应该支持企业战略的实现。通过6σ项目架设桥梁，实现企业未来战略目标。

（3）6σ项目目标要有一定挑战性。在进行6σ项目目标制定时，目标设定既要有一定高度，又要使目标能够通过努力可以实现，只有这样才能实现过程绩效的突破性改进。

（4）6σ项目要为企业带来较大的经济效益。6σ管理要用财务的语言阐述现状水平和改进后的绩效，用财务指标将绩效转化为财务效益。

2）可管理性（manageable）

每一个6σ项目都应是可管理的，也就是说，6σ项目要解决的问题应该清晰可测量。6σ项目不仅关注产品质量，而且关注缩短制造或服务周期、改善服务或交付的响应时间、提高生产力、提高产品开发过程能力、提高效率、降低不良成本等。无论是针对哪种问题，都应该先定义“缺陷”，然后才能评估要解决问题的现状水平。

6σ项目的范围应清晰可控，每个项目都要明确应解决的问题，每个问题都应该被清晰地界定范围，并且适当。对于规模比较大的项目，可将其分解为若干个小项目，在相对小的可控范围内解决，这样便于6σ项目的管理。

6σ项目应该得到管理层的支持和批准。项目必须得到管理层的支持和批准，才能获得适当的资源（人、财、物）支持。

### 2. 项目选择流程

选择6σ的流程，也就是通过分析确定6σ项目的过程，一般来说，项目选择需要经过四个步骤。

（1）确定项目的大方向 $Y$。

（2）将 $Y$ 进行分解，确定影响 $Y$ 的主要因素。

（3）确定关键质量特性。

（4）优选并确定项目课题。

6σ 项目的选择流程如图 12-4 所示。

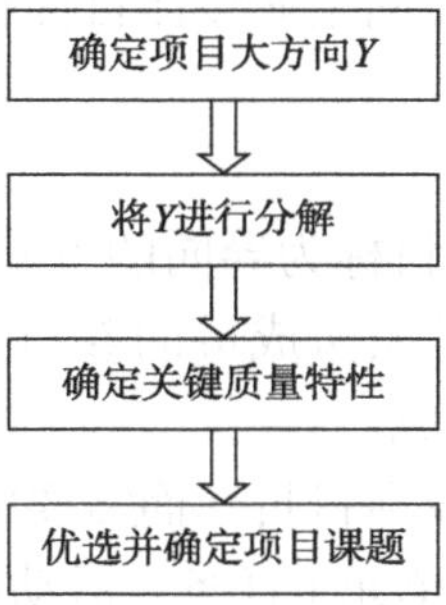


图12-4　6σ 项目选择流程

## 12.3.2　6σ 项目计划

在按照6σ项目选择的原则完成项目选择后，就要制定项目立项表和计划，委派项目组长和组成项目团队，明确项目目标和各种环境因素及总体进度等，指明团队努力方向，为项目的实施奠定基础。

### 1. 项目立项表概述

作为6σ项目管理的一部分，规范一致的项目文档是必要的。这些规范的项目文档对于持续改进活动及知识的积累都会起到很好的作用。在项目实施过程中，应派专人负责对文档的管理。

项目立项表是正式批准项目的文件，该文件授权6σ项目组长在项目活动中动用组织的资源的权利。立项表所含的内容：项目名称；项目背景及选择理由；问题、机会陈述；目标陈述；项目团队组成及职责分工；项目涉及的过程和职能范围、约束和假定；项目利益相关方及其影响；总体里程碑进度表；倡导者的批准和授权等。

项目立项表一般由项目组长和组织成员一起讨论、分析，制定出初稿，报企业负责6σ协调、推进的资深黑带或承担类似职责的主管人员，或培训、咨询师审议，最后报送发起该项目的倡导者批准。项目立项表制定是一个协调商议的过程。

### 2. 项目目标的确定

一个完善的项目需要一个定义明确、成员理解的项目目标。作为项目的负责人，首要责任就是带领项目组成员一起制定明确的项目的目标，从而带领团队朝着项目目标去努力。

在确定项目目标时，通常考虑以下几个因素。

（1）目前水平。即当前的状况，也就是项目的基线，以此为基准进行改善。

（2）顾客需求。项目目标应该逐步满足甚至超过顾客的期望。

（3）业界标准。项目目标的设立应以业界最佳水平为标杆，设立挑战性目标，不断缩小与行业最佳的差距，实现持续改善。

（4）企业目标。项目的目标要同企业整体目标相一致。

3. 项目计划的制订

在制订项目计划时必须采取以目标为导向的策略，项目计划必须与目标紧密结合。在制订项目计划过程中最重要的是团队成员的参与并达成一致意见。在制订项目计划时，团队成员可以参考以下步骤完成。

（1）任务分解。就是将为达成项目目标而需要完成的 DMAIC 或6σ设计的阶段性工作分解为可执行、可跟踪的工作单元（任务、活动或关键阶段），为进一步明确、区分各工作单元，还可以制定工作任务分解表。

（2）估算任务时间并确定任务之间的关系。明确了各个工作单元之后，就要估计每个单元所需要的时间及彼此之间的先后关系，明确相关责任人。时间估算的方法很多，现在介绍其中的一种——三点法，如下所示：

$$E=\left(O+4M+P\right)/6$$

其中，$E$ 为时间估算结果；$O$ 为乐观估计时间；$M$ 为正常估计时间；$P$ 为悲观估计时间。

各工作单元之间的关系确定主要是考虑任务之间的衔接，如哪项工作应该在哪项工作完成之后才能开始等。

（3）编制项目计划。为使6σ项目有效实施，有必要编制项目计划，在编制项目计划时，应让团队成员共同参与，将有助于增进团队的向心力。

在6σ项目计划的制订过程中，一般先制订项目计划表。根据项目计划工作表中注明的团队活动里程碑的要求，为便于项目管理，团队可以编制项目甘特图。

### 12.3.3 6σ团队组建

1. 团队的组成要素

拥有高度热忱的团队成员与拥有受过专业训练的领导人同样重要。团队应做好准备工作，建立团队目标共识，然后决定如何实现目标。作为团队成员必须确认以下内容。

（1）使命：团队成立或存在的目的。

（2）基础：团队的使命如何与企业目标或计划配套。

（3）目标：对现状及绩效的挑战。

（4）角色：团队成员（黑带，绿带）。

（5）职责：根据项目分配给每位成员的职责和任务。

（6）主要里程碑：项目活动的时间表、项目报告日期。

（7）授权：获得管理层的授权和支持。

2. 选择团队成员

6σ团队通常由项目负责人或组长、核心成员、扩展成员、业务负责人、项目指导人组成，其工作要求如表 12-3 所示。

表 12-3 项目团队成员及职责分析表

| 团队成员 | 职责 |
|---|---|
| 项目负责人或组长 | 受业务责任人的指派对整个项目负责 |
| 核心成员 | 实施项目计划的人员，对项目或组长负责 |
| 扩展成员 | 根据项目需要，只需部分参与项目 |
| 业务负责人 | 一般由管理者担任 |
| 项目指导人 | 为团队提供 6σ 方法和工具，直接对业务负责人负责 |

3. 团队发展阶段

随着团队成员的共同工作，团队逐步进入成长和成熟阶段。理解这些发展阶段对管理团队的有效管理是非常有利的。团队的类型、工作环境及团队个体的影响会导致每一阶段会有不同的强度和持续期，下面着重介绍每一阶段的具体特点。

阶段 1：形成期。团队首次成型，每个团队的组成都是一个新的经历，甚至对于那些以前曾参加过团队的成员也是如此。团队中的每一位成员都会小心谨慎地进入这个环境，起初，团队成员会感到不适应。因此，在形成阶段，团队通常要阐明其目的，确定每个成员的角色，进行团队培训，以及定制可接受的行为准则。

阶段 2：振荡期。在此期间，团队成员对团队任务的真实情况已完全了解，但团队成员并未完全接受团队工作模式，每位成员首先会考虑自己，并且通常会根据自己以往的经历进行决定，成员之间不能很好地广泛协商，团队缺少协作精神。对于团队来讲，如果不能较好地处理这一阶段产生的问题，很有可能导致项目最终失败。对此，项目组长应事先预料到这是组建团队一定会遇到的问题，应该起到带头作用，与成员进行个别沟通，重申团队目标，鼓励成员发表解决问题的意见，排除障碍，带领团队跨过这一阶段，必要时请业务负责人或倡导者出面支持。

阶段 3：规范期。在此阶段，团队成员已从关心个人问题转变为关心注重团队目标，个人已经融入团队中，团队成员间会达到一定程度的彼此适应，团队成员开始就各种问题达成一致，并愿意为了团队而协商和消除分歧，因而在这个阶段团队有了更多协商和对话，团队领导应予以支持。

阶段 4：执行期。在此阶段，团队已经成为一个具有高度凝聚力的整体，团队成员对他人的优缺点及他们如何完成使命了如指掌，并能够群体解决问题，在此期间，团队在实现目标上取得重大进展，团队领导可予以更多授权。

虽然发展的四个阶段表明了时间的逻辑关系，但每个团队发展过程有所不同。项目团队应该在团队发展过程中根据实际情况，在动态中及时调整，解决团队的问题。

4. 建立团队的技巧

团队领导负责组建团队，并对项目目标负责，一个跨部门的团队通常由4～7名核心成员组成。选择核心成员时除了专业知识背景外还要考虑以下因素：具有团队精神；拥有团队工作的经验；具有良好的沟通能力；愿意接受挑战；勇于揭露潜在问题等。

一个成功的团队应该是一个高度团结、独立自主的团队。这些不仅要在选择团队成员时要注意，在团队开展工作时也要努力经营。通常团队建设的步骤如下。

（1）仔细分析任务，确定所需的技能组合和工作风格，以取得相互补充、相互促进的组合。

（2）向每一位成员讲述团队的背景、目标及对个人任务的要求。

（3）提供必要的技能培训和及时的处理工具。

（4）共同建立团队规则，包括团队的例会制度、问题的沟通解决机制、编制项目特许任务书等。

（5）监控进度、保证团队凝聚力，并不断向目标迈进。

（6）注意团队工作中的成绩，并予以鼓励。

5. 指导团队的技巧

面对6σ管理的挑战，6σ管理团队必须讲究团队技巧。团队的绩效不仅依赖于个人努力，而且和黑带的领导有很大关系。作为团队的负责人，想要其成员共同为项目负责，激励技巧是十分重要的，TARGET激励办法可以起到很好的作用，具体如下。

T（事实）：团队成员必须知道事实的真相。

A（负责）：团队成员应为自己的绩效负责。

R（尊重）：团队成员应本着正直与坦诚的原则，相互学习，交换心得。

G（成长）：团队成员及团队本身都必须能够经历学习而成长，以便有能力挑战更困难的工作任务。

E（授权）：成功的群体仍然需要个别的行动，黑带应协调业务负责人，让团队成员取得足够的授权。

T（信任）：作为一个高效的群体，6σ团队成员应该相互信任，并且同心协力完成指定任务。

高效的6σ团队的共同特征：跨职能团队；挑战性绩效；有意义的目标；清楚的方法；开放的沟通；公正的回报。

6. 团队绩效评估

在项目团队的发展过程中，应当不断对项目团队的绩效进行评估，从中及时发现团队发展中的问题。项目团队也应该进行自我评价，并向倡导者和业务负责人报告这些评价指标的测评结果。团队绩效评估是向管理层反馈团队在实现目标过程中的进展情况的一种有效手段，它对项目团队获得管理层的支持十分重要（温德成，2014）。

### 12.3.4　6σ项目实施

1. 项目的执行

1）变革管理

6σ项目的执行过程是一个流程变革、系统变革和文化变革的过程。项目的负责人要带领团队接受变革、倡导变革。项目管理中的沟通与变革管理是关系到项目成败的关键因素之一。成功的6σ项目管理不仅是一项技术性工作，也是一项变革管理。沟通是促进变革管理的重要手段。管理变革必须实现以下目标。

（1）项目团队与业务部门领导、企业决策层之间能进行开诚布公、及时有效的沟通，从而获得他们的支持、参与和推动。

（2）项目团队内部能进行清楚高效的沟通，以保证项目团队成员工作的协调一致，按时、保质、保量是此案预期目标，并得到认同和提升。

2）项目成功的障碍

在推进6σ项目的过程中，会遇到各种影响项目成功的障碍，见表 12-4。

**表 12-4　影响 6σ 项目成功的障碍**

| 障碍 | 解释 |
| --- | --- |
| 敌意、冲突 | 对新事物的敌意 |
| 退却 | 知难而退，害怕承担责任 |
| 各自为政 | 意见不一致，各行其是 |
| 不适当、不完整的运用 | 不能做到学以致用 |
| 宿命论 | 没信心，“这不可能成功” |
| 路径依赖 | 对现有规则过分遵从或强调 |

3）谈判与解决冲突的技巧

项目的进展不可能是一帆风顺的，团队总会遇到各种问题及障碍。对于项目负责人而言，不仅要求其具有管理和控制项目的能力，还要求项目负责人具有消除障碍、解决冲突及适时进行谈判的技巧。项目负责人解决冲突时首先要求对冲突持有积极主动的态度，仔细分析冲突根源，对冲突做出恰当反应，有效解决冲突。在众多解决冲突的方式中，最好的办法是沟通谈判，使冲突双方尽可能达成一致。而谈判的技艺有很多，在6σ团队中最重要的一条就是团队成员要有妥协精神。

4）激励技巧

关于激励的传统观点是马斯洛的需要层次理论，即人们具有五个基本需求：生存的需要、安全的需要、归属感、尊重、成就或自我实现。随着成员需求的不断满足，人们的激励便来自更高一层的需求。在五个基本需求中，“成就或自我实现”需求最为重要，由此可以得到五个新的激励因素：目的；积极主动；分享收获；个人发展；专业上的认可。通过对员工的激励可以使团队效率得到很大的提高。

5）沟通

对于一个项目团队而言，良好的沟通是十分必要的，但同时很困难。项目负责人要对项目结果负责，在项目推进过程中，带领团队营造一个良好的沟通环境是非常重要的。

成功的团队应该保持良好的沟通习惯，沟通无处不在，不同类型的团队应该根据自身特点采用不同的沟通方式。沟通的目的是使团队思想统一，采取正确的行动。因此，无论何时、何地、以何种方式，双方沟通都非常重要。

为了确保高效和交互式的沟通，项目负责人必须做到以下几点。

（1）以身作则，做一个良好的沟通模范。

（2）肯定员工中优秀的沟通技巧。

（3）建立团队的沟通机制。

（4）不断进行培训和训练，提高沟通技巧。

（5）提供面对面的、电子的及其他形式的沟通途径，鼓励频繁的、坦诚的沟通。

（6）提供充分的非正式沟通机会，培养合作关系。

### 2. 项目的控制

1）项目的控制原则

项目控制就是监督项目计划实施情况的过程，包括检测过程、预测、发现并解决问题及重新计划，以使项目恢复正常工作。

项目控制的目的是在预算内按时完成任务。在项目进行过程中，肯定会出现与计划不一致的情况，对此团队需要迅速识别问题、解决问题，尽快使项目恢复正常。项目控制的常用流程是项目标准—实际测量—找出差距—问题解决。在制订项目计划时，为了便于以后的跟踪监测，项目计划中应该有里程碑计划，对每一项工作应该有明确的输出要求。

2）项目控制的工具和方法

（1）项目柔性分析。项目监控的目的是使项目在预算时间内按时完成。但事实上，可以在规定的时间和预算内完成任务的项目并不多。这样项目控制就涉及项目的调整问题。当项目遇到问题需要调整时，团队应首先考虑是否增加资源，确保项目在规定的时间内完成。

（2）风险管理计划。风险管理计划打分制定可以参照风险识别、风险评估、预防计划三个步骤完成。

风险识别：团队可以运用头脑风暴法识别项目风险。

风险评估：一般对风险的评估从三个方面进行，风险发生后果的严重性、风险发生的可能性、及时发现风险的难易程度。

预防计划：主要从三个方面考虑，预防措施、应急措施、风险发生的临界定义，最好指明一名风险负责人。

（3）建立阶段或里程碑汇报制度。建立 DMAIC 五个阶段的项目进展汇报机制，根据项目工作计划表，通过各阶段目标达到情况的回顾和评估，使问题在过程中被发现，及时调整资源和计划，保证项目目标的完成。

### 12.3.5 6σ项目收尾

项目管理的最后一个过程是项目收尾，包括行政收尾和合同收尾。对于6σ项目而言，主要包括6σ项目总结、项目成果评审与分享。

1. 6σ项目总结

1）项目总结报告的编写

为交流和承认结果，推进6σ项目的持续发展，项目团队应基于项目立项表和项目文档，对活动记录进行整理归纳，撰写成果报告书，要求文字简练，条理清楚，尽量用图表表达。

2）项目总结报告的审核

项目总结报告应报请业务负责人、财务主管、资深黑带（实施6σ项目的主要技术负责人）和倡导者审核。业务负责人从过程的角度，核实项目过程及效果的真实性；财务主管核实项目财务收益的计算方法和结果；资深黑带对项目的全过程进行全面的核实；倡导者则更多地从文化和战略的宏观角度审核6σ项目的成果。

3）项目的移交

在项目成果得到审核确认后，项目团队应将之移交给过程所有部门或区域，后者对项目成果进行日常监测和控制，同时做好项目文档的最终归档。

2. 6σ项目成果评审与分享

企业应当对6σ项目成果进行科学、全面的评价，建立符合企业自身特点的激励政策，使改革活动能够良性循环。

1）成果发布、评审与分享

企业应根据6σ管理的推进情况，定期举行6σ项目成果的发布、评审与分享，参加者包括评审人员、项目团队成员及各相关过程、部门的人员。

2）成果激励

6σ成果是追求卓越绩效的体现，值得公开承认和奖励，以增强参与员工的自尊和成就感。激励可以包括物质激励和精神激励。例如，物质激励可以采用奖金、奖品，也可以对员工进行晋升或加薪。精神激励可以采用举办成果发布会让参与者及其家属参加；利用媒体进行表彰；举办表彰大会，授予获奖人员证书等形式（温德成，2014）。

# 12.4 精益六西格玛管理

## 12.4.1 精益方法与6σ方法

精益6σ管理（lean six sigma management，LSSM）是精益生产与6σ管理的结合，其本质是消除浪费。精益生产直接关注提高流程速度和减少资本投入，其实质是树立与浪费针锋相对的思想，精确地定义价值，识别价值流并制定价值流图，让没有浪费环节的价值流真正流动起来，让顾客拉动价值流，追求尽善尽美。6σ管理是一种直接使用统计方法来最大幅度地减少核心流程的缺陷，以实现组织的持续改进，从而达到甚至超过顾客满意的管理思想和方法体系（马风才，2009）。精益6σ管理的目的是通过整合精益生产与6σ管理，吸收两种生产模式的优点，弥补单个生产模式的不足，达到更佳的管理效果。精益6σ管理不是精益生产和6σ管理的简单相加，而是二者的互相补充、有机结合。表12-5对精益方法与6σ方法进行了比较。

**表12-5 精益方法与6σ方法比较**

| 名称 | 精益方法 | 6σ方法 |
| --- | --- | --- |
| 假定 | （1）清除浪费，可以改善绩效<br>（2）大量的小改进更有利于组织成长 | （1）问题总是存在<br>（2）测量是重要的<br>（3）随着变异减少，系统产出得到改进 |
| 直接目标 | （1）消除一切浪费，降低成本<br>（2）缩短流程周期，增强响应能力 | （1）消除变异，增加价值<br>（2）优化流程，提高质量 |
| 关注焦点 | 价值流 | 问题 |
| 工具方法 | 5S现场管理、准时生产、看板管理、并行工程、自动化、全员生产维护、持续改进、面向可制造型/可装配性设计、价值工程、标准化作业等 | 分层法、散布图、排列图、因果图、关联图、系统图、矩阵图、矩阵数据分析法、PDPC、宏观流程图、QFD、FMEA、试验设计法、统计过程控制、杠杆分析法等 |
| 共同点 | （1）关注顾客满意，顾客驱动<br>（2）关注财务指标<br>（3）注重持续的系统整体改进<br>（4）重视改变思想观念和行为方式<br>（5）全员参与，团队相互合作与协调<br>（6）管理层的大力支持与参与<br>（7）注重人、系统和技术集成 | |
| 特点 | （1）工具软性，但很有效<br>（2）注重柔性、灵活性、迅速机动<br>（3）强调节流 | （1）工具精良、功能强大<br>（2）注重系统性、规范化<br>（3）强调开源 |
| 工作方式 | 自下而上推动，线外控制 | 自上而下推动，线外与在线控制结合 |
| 主要效果 | （1）减少一切浪费<br>（2）优化流程、缩短交货期<br>（3）提高生产率<br>（4）降低成本、改善资本投入 | （1）减少变异，统一产出<br>（2）消除缺陷，改进质量<br>（3）增加顾客价值，提高利润<br>（4）顾客满意与忠诚 |

续表

| 名称 | 精益方法 | 6σ 方法 |
|---|---|---|
| 长处 | （1）持续的全面创新和变革<br>（2）强调连续流动和拉动<br>（3）与相关利益主体全面合作关系<br>（4）整体优化，追求尽善尽美 | （1）应用大量统计工具，精确界定问题<br>（2）流程彻底改进和设计<br>（3）追求完美和精益求精 |
| 不足 | （1）过多依赖经验管理，缺乏定量分析<br>（2）对波动处理不力，难以“精益”<br>（3）属于人才培训和系统方法整合<br>（4）急功近利，出现“非精益化”反弹 | （1）无法提高流程周转速度<br>（2）不鼓励创新和变革 |
| 精益 6σ 管理优势 | 通过持续快速改进，消除浪费与缺陷，低成本快速地满足顾客需求，获得竞争优势 | |

资料来源：尤建新等（2008）

通过实施精益 6σ 管理，组织流程可以在以下方面获得收益。

（1）减小业务流程的变异、提高过程的能力和稳定性、提高过程或产品的稳健性。

（2）减少在制品数量、减少库存、降低成本。

（3）缩短生产节拍、缩短生产准备时间、准确快速理解和响应顾客需求。

（4）改善设施布置、减小生产占用空间、有效利用资源。

（5）提高顾客满意度、提高市场占有率。

## 12.4.2　精益 6σ 成功要素

企业实施精益 6σ 管理实施的关键成功因素包括以下几点。

### 1. 领导的支持

精益 6σ 管理需要处理的是整个系统的问题，要分析和解决的问题也更复杂，需要与不同的部门进行沟通，得到更多资源的支持，所以没有领导的支持是不可能成功的。领导的支持不是口头上的承诺，而是需要参与到精益 6σ 管理变革中去，只有参与其中，才能发现问题，有力地推动精益 6σ 管理。

### 2. 关注系统

精益 6σ 管理强调整个系统的优化，将精益管理和 6σ 管理有机接合，处理整个系统的问题，对于系统中不同过程或同一过程的不同阶段的问题，精益管理和 6σ 管理相互补充，才能达到 1+1>2 的效果。例如，当过程处于起始状态，问题较为简单，可以直接用精益方法和工具解决，但随着过程的发展，问题处于复杂状态时，就要用 6σ 方法解决。

在实施精益 6σ 管理的过程中要关注于整个系统，用系统的思维方式、综合考虑、恰当选用精益 6σ 管理的方法或工具。一些企业实施精益 6σ 时之所以没有达到预期效果，是因为它们虽然同时做了精益管理和 6σ 管理，但是没有把二者接合在一起，而是不同的部门分别使用不同的模式。

3. 重视文化建设

实施精益6σ管理离不开文化建设。通过文化建设，企业每一个员工形成一种做事的习惯，自觉地按精益6σ管理的方式去做事情。

持续改进、追求完美、全员参与是精益6σ管理的文化重点。只有追求完美，持续地对过程进行改进，才能不断超越现状，取得更多的绩效；而现代的组织管理是一个非常复杂的系统，个人或一部分人的力量是有限的，只有靠全员参与，才能最大地发挥出集体的能力。

4. 流程管理为中心

精益生产和6σ管理都是以流程为中心的管理方式，因此精益6σ管理也必须以流程为中心，摆脱以组织功能为出发点的思考方式。只有以流程为中心才能真正发现在整个价值流中哪些是产生价值的、哪些是浪费，从而进行高效的管理。

5. 正确使用方法和工具

在利用精益6σ管理对系统分析之后，针对具体某一点的问题，可能仅仅用到精益生产或者6σ的方法或工具，也可能需要把两个管理模式中的方法和工具结合起来使用。例如，对于简单问题，就应该用持续改善（Kaizen）的策略，用精益生产的方法和工具直接解决，如果还用6σ的方法和工具，必然降低过程的速度；而对于复杂的问题，如果不用6σ的方法和工具，就不能发现真正的原因，不能有效解决问题，还有一些复杂问题需要同时利用精益的和6σ的方法和工具来解决，才能达到其目的。因此，精益6σ管理要实现精益生产速度和6σ的过程稳健性，必须确定问题的种类，针对具体问题选用恰当的处理方法和工具。

## 12.4.3 精益6σ实施过程

我们把精益6σ活动可以分为精益改善活动和精益6σ项目活动。精益改善活动主要是针对简单问题，这类问题可以直接用精益的方法和工具解决。

精益6σ项目活动主要是针对复杂问题，它把精益生产的方法和工具与6σ的方法和工具结合起来，实施流程采用新的“定义—测量—分析—改进—控制”流程，称为DMAIC Ⅱ，它与传统的DMAIC过程的区别是它在实施中加入了精益的哲理、方法和工具。

DMAIC Ⅱ各阶段内容：定义阶段利用精益思想定义价值、提出流程框架，在此框架下，结合6σ工具，定义改进项目；测量阶段把精益生产时间分析技术与6σ管理工具结合测量过程管理现状；分析阶段运用6σ技术与精益流动原则结合，分析变异和浪费；改进阶段以流动和拉动为原则，运用两种模式中的所有可以利用的工具对流程增加、重排、删除、简化、合并，同时对具体流程稳健性和过程能力改进；在控制阶段除了完成6σ

管理控制内容外，还要对实施中产生的新问题进行总结，以便下一个循环对系统进行进一步完善。

实施一个精益 6σ 改进项目的过程，大致需要经过以下几个步骤。

1. 识别目标客户

识别目标客户涉及企业的定位，企业应该将那些既能满足其需求，又能从其服务中赚取利润的特定群体视为目标客户。很多职能部门，间接地为实现企业目标而工作，它们不是直接面对市场，它们的客户就是内部客户。在每个流程中，下游工作人员就是上游工作人员的流程客户。通过识别客户，才能知道企业的服务对象。

2. 识别客户的需求和关键质量点

客户是为了实现他们的价值，才选择购买企业的服务，这些价值需要来自企业生产，能否满足顾客的价值需求决定着顾客是否认同企业的产品。为了识别顾客需求，企业需要进行分类，并且判断它们的重要性。客户满意与否，是一个结果，企业应该通过去控制和改变产生这一结果的过程及过程中的关键质量点，去满足或超出顾客的需求。

3. 了解流程和现状

企业要完成对顾客的服务，先要研究企业需要什么资源，如何组织资源，以及通过什么过程使资源变成可以影响最终客户满意的产品。上游提供的资源不符合要求，本身流程不当，都会造成产出不合格，或成本过高。在具体的流程改善活动中，是必须区别流程方法要素和流程资源投入要素并实施改进措施的。

4. 检查流程能力，识别差距

这一步骤的主要目的是检查企业现有的流程能力能否满足客户需求。对流程能力定义，实质上是设定对该流程考核指标的过程。6σ 强调定义流程能力需要按照客户需求来定义，并且可以计量。如果指标没有以客户为导向，就不会生产出让客户满意的产品。

有了正确的评价指标，能否计量，也非常重要。组织实施改进，是有一个前提假设的，即组织现在做得不够好。而对于无数的人在无数次地重复完成差不多的产品，评价好坏的前提是，存在明确且可量化的指标。如果不存在一个明确的指标，很难去评价相关的流程是否有效。

5. 进行流程分析

当企业发现流程产出与顾客需求存在差距时，并且这一需求又是顾客急需的，企业就找到了一个值得改进的机会。企业应组织专家对流程进行细致的分析，通过分析流程，找出生产环节存在的问题和不足。

6. 改进方案设计

在找到流程问题的前提下，企业就可以进行流程的改进了。企业可以采用一系列方法来达到目的。科学技术的进步特别是信息技术的应用，给企业提供了很多改善服务质量、提高效率的机会，要尝试把一些新的技术加入企业的生产流程。

在寻找改进方法的过程中，企业需要注意现实与理想的区别。理论上的一个完美的方案，可能在现实中存在诸多问题，甚至根本就行不通。在项目实施中，企业宁可牺牲方案技术上的完美性，也要获得更高的可操作性。

7. 依靠行政努力，实施改进方案

改进方案只是一个比较理想和科学的实现目标的蓝图，必须经过很大努力，才能将其变为现实。在这一步骤中，精益6σ管理既强调项目负责人的责任，更加强调领导的力量。项目负责人应充分应用各种沟通手段和工具，通过宣传和培训使更多的人从心理及技术上接受改进方案。领导要发挥带头作用，在改进方案的实施过程中，重新划分责任、争取财务支持等。

8. 控制改进效果

改进措施落实后，项目责任人要对流程的效果进行持续的跟踪和评价，对于未达到期望或流程不稳的原因，进行数据收集和分析，持续对流程进行改进。

以上就是企业实施精益6σ流程改进项目的过程。在具体的项目改进实施中，这些步骤各有侧重，但都是不可缺少的。它通过 DMAIC 方法，对流程进行规范，通过一系列工具的应用，保证流程改进活动的结果与企业目标一致，保证改进活动是在一种理性且可控的过程中顺利进行。

## ➤本章小结

6σ管理已成为一种客户驱动下的持续改进管理模式。6σ管理提供了发现问题、分析问题和解决问题的模式和方法，可以帮助企业降低成本、提升效率、改善企业的经营绩效。在6σ管理的实施过程中，管理者都必须要为6σ管理活动的实施提供推动力和方向，并提供必需的资源支持。本章主要介绍了6σ管理的概念、特点、原则，对实施6σ管理的 DMAIC 模型及6σ项目管理的具体步骤进行了阐述，并介绍了精益6σ管理方法及其成功要素、实施过程。

## ➤思考题

1. 简述6σ管理的含义、特点与原则。
2. 简述6σ管理实施的具体步骤。
3. 简述 DMAIC 各阶段的主要工作。
4. 简述6σ项目管理的主要内容。
5. 简述精益6σ管理的含义、成功要素和实施过程。
6. 简述精益方法与6σ管理方法的区别。
7. 举例说明6σ管理在企业管理中的应用。
8. 举例说明精益6σ管理在企业管理中的应用。

# 第四篇　工　具　篇

# 第13章

# 质量管理老七种工具

**学习目标**

1. 了解质量管理老七种工具的含义和用途。
2. 理解质量管理老七种工具的具体应用步骤。
3. 理解质量管理老七种工具之间的区别。
4. 掌握质量管理老七种工具的应用。

**导读**

我国鼓励企业制定实施以质取胜生产经营战略，创新质量管理理念、方法、工具，推动全员、全要素、全过程、全数据的新型质量管理体系应用，加快质量管理成熟度跃升。质量管理作为一门科学，其发展过程大致经历了以下三个阶段：质量检验阶段、统计质量控制阶段和全面质量管理阶段。就解决质量问题所使用的技术和方法而言，上述三个阶段的后一阶段都是在前一阶段的基础上逐步发展而来。因此，在进行全面质量管理时，仍然会使用统计质量控制方法和抽样检验方法。本章介绍质量管理常用的七种简易工具，包括排列图、因果图、直方图、分层法、调查表、散布图、控制图。

## 13.1 概　述

20 世纪 60 年代，为适应全员参与日本刚刚开始推行的全面质量管理的需要，日本质量管理专家针对现场工人和初级技术人员的特点，开发出便于掌握的七种统计工具，即排列图、因果图、调查表、直方图、控制图、散布图和分层法，一般称为质量管理老七种工具，适用于现场的质量管理（马风才，2009）。

一般说来，老七种工具的特点是强调用数据说话，重视对制造过程的质量控制；而新七种工具则基本是整理、分析语言文字资料（非数据）的方法，着重用来解决全面质量管理中 PDCA 循环中的 P（计划）阶段的有关问题（表 13-1）。

表 13-1 质量管理的常用工具与特点

| 名称 | 内容 | 特点 |
|---|---|---|
| 老七种工具 | 排列图、因果图、调查表、分层法、直方图、散布图、控制图 | （除因果图外，都属于统计型方法）适用于现场质量管理活动，研究对象多可定量化表达，通过收集分析数据、统计计算的方法取得分析结果 |
| 新七种工具 | 网络图法、关联图法、系统图法、亲和图（KJ）法、矩阵图法、流程图法、PDPC 法 | 适合于管理层次的应用，多是定性的研究对象、很少进行计算，主要通过收集语言资料和图表使用提供思考方法 |
| 其他方法 | 简易图、正交试验设计法、优选法、水平对比法、头脑风暴法 | |

# 13.2 老七种工具介绍

## 13.2.1 排列图

### 1. 排列图的概念

排列图又称为主次因素分析图或巴雷特图，此图由发明者 19 世纪意大利经济学家巴雷特（Pareto）得名。巴雷特最早用排列图分析社会财富分布的状况，他发现 80%的社会财富被 20%的社会人员所占有，这就是著名的“二八原则”，也就是“关键的少数与无关紧要的多数”。人们发现很多场合都服从这一规律，例如，在质量管理方面，即 20%的原因往往造成 80%的质量问题。后来，美国质量管理专家朱兰博士把这个原理引进到质量管理，成为品质管制分析和找出影响产品质量主要因素的一种常用的有效工具（图 13-1）。

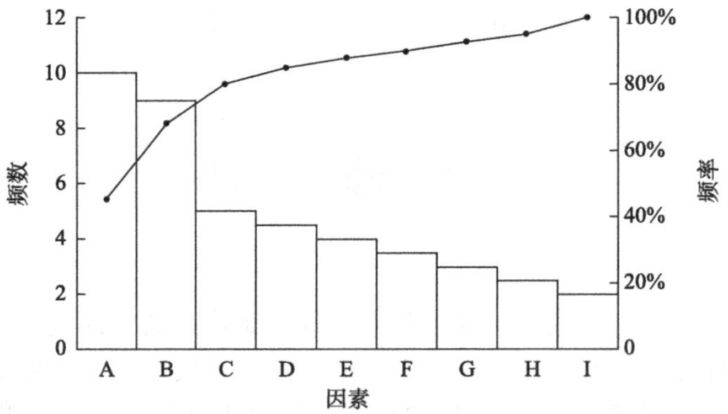


图13-1 排列图

排列图由两个纵坐标、一个横坐标、几个直方块和一条折线构成。排列图的横坐标表示影响产品质量的各个因素，按照其影响程度大小从左至右一次排列。排列图左边的纵坐标表示频数（如数量、重量、时间等），排列图右边的纵坐标表示频率（百分比），柱形条的高度表示某种因素的影响大小，折线表示各种影响因素大小的累计百分数，它从左往右逐渐升高，这条折线又被称为巴雷特曲线。

### 2. 排列图的作图步骤

（1）确定所要分析的对象并收集数据。

首先，做排列图的时候必须明确所要分析的对象是哪一类问题，如不合格品、时间、重量等。其次，收集数据时，确定必需哪些数据，将数据进行分类处理，如按照不合格品的种类进行划分，或按照操作者进行划分，或按照时间进行划分，或按照工序进行划分等。

（2）确定问题收集的时间区间并整理数据。

确定问题的调查时间区间，收集数据的时间没有固定的要求，具体问题具体分析。然后设计制作一张数据记录表，将收集的数据资料填入表中。

（3）统计频数，计算频数、频率和累计频率。

（4）画出排列图中的两个纵坐标，一个横坐标。

左边纵轴标上频数的刻度，右边的纵轴标上频率的刻度，最大频率刻度为 100%。横轴上将各项影响因素从小到大依次列出。

（5）做出排列图的柱形图。

柱形图的高度表示了各个影响因素的频数大小，底宽为各个横轴项目，每个项目的底宽都应一致，每个柱形图中间一般不留间隙。

（6）在每个柱形图上方表上累计值并描点，用折线相连，做出巴雷特曲线。

### 3. 排列图的观察分析

排列图中可以直观地确定每一个因素对质量产生的影响。排列图做好后，一般可以采用 ABC 法来确定重点项目。按照影响程度大小可将影响因素大致分为三个等级，具体做法如下。

（1）A 类等级因素是累计频率在 0～80%的若干因素，它们是影响质量的主要因素，是对质量问题的产生造成巨大影响的因素。在改进问题的过程中，应该将这些因素作为主要的分析对象，从而提高资源的利用率，解决问题。

（2）B 类等级因素是累计频率在 80%～90%的若干因素，它们是影响质量的次要因素，这类因素对质量问题的产生影响较小。

（3）C 类等级因素是累计频率在 90%～100%的若干因素，它们是影响质量的一般因素，同样，这类因素对质量问题的产生影响较小。

### 4. 注意事项

1）做好因素分类

做排列图的目的不只是简单地找出产品的质量问题，更重要的是解决这些问题。假如分类杂乱无章，关系不明，可能导致解决问题时南辕北辙，花费过多的成本在不重要的因素上，造成效率不高。所以一定要做好因素的分类。

2）主要因素不要过多

主要因素一般为一到两个，最多不能超过三个。相应的在排列图中主要因素位于前2～3项，解决问题时以这些因素为主要对象。

3）充足的数据收集

充足的数据收集是找到影响产品质量因素规律的保障。在进行数据收集时可以采用抽签法、随机抽样法等。

4）“其他”因素的合并

不太重要的项目很多时，为了使图面更加简洁，通常将其合并归入“其他”项目内，并放置在横轴的最末端。一些项目不容进行分类的也可将其合并归入“其他”项目内。

5）计量单位的合理选择

对于同一个质量问题，计量单位的变化可以决定主次因素的顺序变化，例如，某些因素按照时间单位进行划分为主要因素，但是按照重量单位进行划分可能就会变成次要因素，所以在具体过程中，哪种计量单位更能本质地反映质量问题，我们便采用哪一种。

6）重画排列图

采取措施后，重新画排列图，进行前后比较，来验证其实施效果。

#### 5. 适用范围

理论上来讲，排列图法可以进行任何问题的改善，其实质就是找出改进工作所出现问题的重点，并用图形的形式直观地表现出来。因此它不仅适用于工业企业的质量改进活动，而且适用于各种企业的质量问题及各方面的工作改进活动，例如，医生通过排列图分析病人的发病原因，销售人员通过排列图分析客流量的变化，经济学家通过排列图分析经济数据的走势等。

### 13.2.2 因果图

#### 1. 因果图的基本概念

对质量问题而言，其影响因素是多种多样的，这些影响因素之间的关系也是错综复杂的。在寻求属于横向层次的有关因素的主次关系时，一般采用排列图法进行分析。但对于同时存在纵向层次的有关因素，排列图法就显得心有余而力不足，这个时候就可以采用因果图来解决这个问题。

因果图是由日本质量管理大师石川馨先生所发明出来的，故又名石川馨图。因果图是一种发现问题根本原因的方法，它也可以称“鱼骨图”。它是整理和分析影响质量各个因素的一种工具，同排列图一样，因果图也是运用图形的方式形象直观地表示了探讨问题的思维过程。整个鱼骨图的“鱼骨”用射线画出，各个因素之间的关系层层递进、步步深入，在进行质量问题分析的时候首先可以清晰地看见机构主要的“鱼骨”分支，这就是大的因素，然后每个主要“鱼骨”上面还有小的“鱼骨”分支，这就是小的因素，按照“问题—大原因—小原因”的条理，整个问题的脉络就完全地显露出来了（图 13-2）。

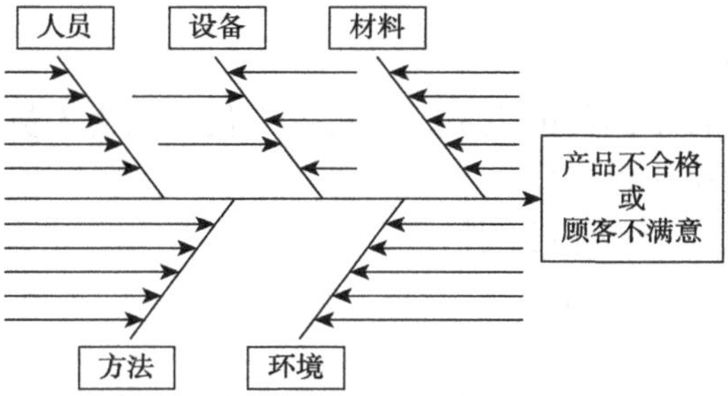


图13-2　顾客满意度原因分析

2. 分类

（1）整理问题型鱼骨图各要素与特性值间不存在原因关系，而是结构构成关系。
（2）原因型鱼骨图鱼头在右，特性值通常以“为什么……”来写。
（3）对策型鱼骨图鱼头在左，特性值通常以“如何提高（改善）……”来写。

3. 步骤

1）明确要解决的质量问题

确定要分析的质量特性问题，将其填入主干箭头所指的方框中去，如生产过程中出现次品、零件表面产生裂纹、顾客满意降低等。

2）确定要因

要因是指对质量特性起作用的因素，考虑到造成质量因素的类别，可大致分为人员（man）、材料（material）、机器（machine）、方法（methods）、测量（measurement）、环境（environment），通常归纳为“5M1E”。

3）记录分析意见

小组召开会议，针对所面临的质量特征问题提出相应的意见和建议。

4）作图

一般先画出一条指向右边矩形框的主干线，然后用长短不一的箭线标列在“鱼骨干线”的两侧，属于大原因的，用较长的箭线直接指向主干；属于中等原因的，用较短的箭线直接指向与之相关的大原因的箭线；属于小原因的，用更短的箭线直接指向与之相关的中等原因的箭线，依次深入、层层递进。

5）检查有无遗漏

对于会议上提出的原因重新梳理一遍，看是否有遗漏，如有遗漏及时补充。

6）必要事项的记录

与会人员、会议时间、绘图人员等。

4. 注意事项

1）熟悉工艺过程

因果图虽然简洁明了，但是绘制过程却非常复杂，这是因为许多质量影响因素并非凭空就能得出，必须建立在对工艺过程全面深入掌握的基础上，这就要求与会人员深入实际，熟悉工艺过程。

2）广泛征集各方意见

意见征集对象包括各个岗位的人员，如技术人员、销售人员、检验人员等，同时与会领导应该善于引导大家集思广益。

3）明确主要原因与大原因的区别

大原因不一定都是主要原因。

4）细化要因

细化要因是指对那些质量影响因素要进行深入分析，直到发现各类要因的产生根源，在分析时切忌停留在表面。

5）排列图法检查效果

对关键因素采取措施后，可以采取排列图法检查其效果。

## 13.2.3 直方图

### 1. 基本概念

如何把控及预测产品质量的状况？如何显示质量波动的状态？如何直观地传递有关过程质量状况的信息？这些问题都始终贯彻于质量管理的方方面面。然而要想有效地解决这些问题，就需要用到直方图法，直方图是能够把这些问题进行图表化处理的工具。通过对收集到的各种数据进行处理，它能够反映产品质量的分布情况，以及判断和预测产品质量及不合格率。

直方图又称质量分布图，它是随机从总体中抽取一定样本，将所收集到的样本资料进行整理、描绘、分析，进而表示质量数据变化规律的一种主要工具。用直方图可以解析出资料的规则性，比较直观地看出产品质量特性的分布状态，对于资料分布状况一目了然，便于判断其总体质量分布情况。在制作直方图时，牵涉统计学的概念，首先要对资料进行分组，因此如何合理分组是其中的关键问题。它以横轴上的连续区间来表示组，组的频数以相应区间为底的矩形表示，矩形高度就是组的频数（图 13-3）。

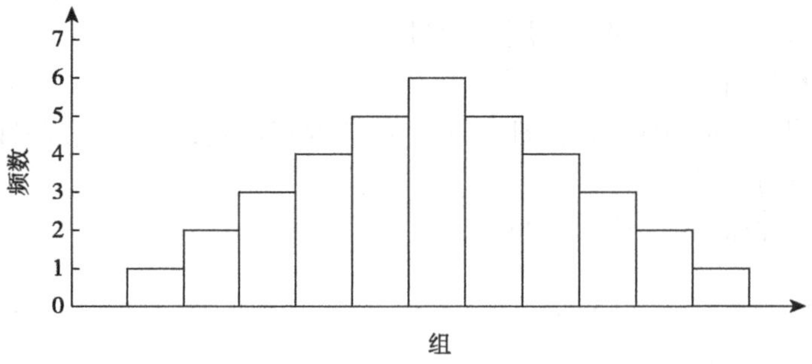


图13-3 直方图形式

2. 直方图的作用

（1）质量特性分布状态可以直观地显现出来，由此可以验证产品质量的稳定性。

（2）便于掌握工序能力，及时估算生产过程中的废品，了解工序能力保障产品质量的程度。

（3）从统计学的角度，比较简练精确地鉴定产品质量分布类型，以便分门别类的进行管理。

3. 绘制步骤

1）建立频数分布表的步骤

在建立频数分布表的时候应注意：每组组距应一致；保证每个数据都能且只能分入一个组；组限不能重叠；制表完成后检查总数是否与数据总数一致，避免重复计数或遗漏计数。

（1）统计样本观测值的个数 $n$。一般收集 50 ~ 100 个的数据，数据太少不足以反映出数据的特征；数据太多则会加重运算量。

（2）预定分组数 $k$。一般 $k=\sqrt{n}$（经验公式）或根据表 13-2 来取，$k$ 最好取奇数。

**表 13-2　数据个数与组数**

| 观测值个数 $n$ | 分组数 $k$ | 一般使用 $k$ |
| --- | --- | --- |
| 31 ~ 50 | 5 ~ 7 | 10 |
| 51 ~ 100 | 6 ~ 10 | |
| 101 ~ 250 | 6 ~ 12 | |
| 250 以上 | 8 ~ 20 | |

（1）计算极差：$R=X\max-X\min$。

（2）确定组距：$h\approx R/k$。式中，$k$ 为分组数；$h$ 为组距。

（3）确定组限。

第一组的下限 $\mathrm{LB}_1 = X\min - \dfrac{\text{最小测量单位}}{2}$；第一组的上限 $\mathrm{UB}_1 = \mathrm{LB}_1 + h$。

第二组的下限 $\mathrm{LB}_2 = \mathrm{UB}_2$；第二组的上限 $\mathrm{UB}_2 = \mathrm{LB}_2 + h$。

以此类推，直到最后一个组的上限超过所收集数据的最大值为止。

（4）绘制频数分布表并进行统计频数。

（5）加出各组累计频数。

2）绘制直方图

（1）作 $X$ 轴与 $Y$ 轴。$X$ 轴标上刻度与单位，表示质量特征值；$Y$ 轴标上刻度与单位，表示频数，注意 $Y$ 轴上的最大刻度要超过所收集数据的最大值。

（2）根据频数分布表绘制柱形图。

（3）相关信息的标注。如采集数据的原因、采集数据的方式及采集人员等。

4. 观察与分析

1）形状

一般而言，根据正常情况下的数据所绘制的直方图应该是呈现正态分布的。实际操作中，根据不同的工序稳定状态，可以得到以下几种常见的直方图（图 13-4），反映了产生异常分布的各种原因。

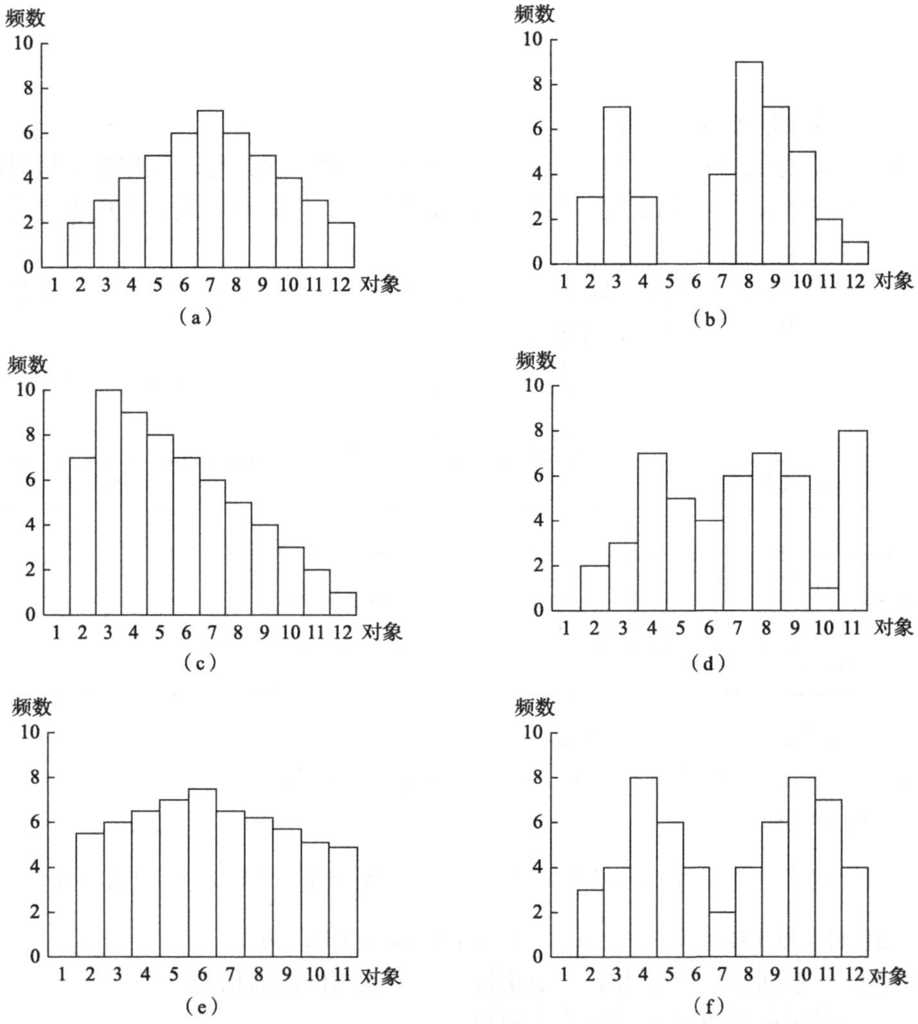


图13-4　直方图的形状

（1）标准型［图 13-4（a）］又称正态型，是在正常的生产条件下呈现出来的图形状态。这时工序处于稳定状态。

（2）孤岛型［图 13-4（b）］可以明显看出来，孤岛型直方图中左右两边会出现孤立的柱形区域。通常是测量误差、工艺条件（人、机、料、环等）发生突变或人为记录错误造成的。

（3）偏态型［图 13-4（c）］数据的平均值位于直方图的左侧（或右侧），形状不对称。通常是控制形位公差的上下限、工人加工习惯、剔除废品造成的。

（4）锯齿型［图 13-4（d）］直方图如同工匠手中锯齿的锯口一样凹凸不平。通常是分组不当、测量数据不准确造成的。

（5）平顶型［图 13-4（e）］直方图没有明显的顶峰。通常是生产过程中一些缓慢变化的因素造成的，如设备的损耗、工人的疲劳；非随机抽样也是造成平顶型直方图的原因之一。

（6）双峰型［图 13-4（f）］直方图上有两个顶峰。通常是因为观测值来自两个总体，如不同材料的混用、不同生产条件下的使用、对材料的分拣等。

2）对照规范要求进行分析比较

当直方图图形为正常型时，还需对照标准进行比较，以判定工序满足标准要求的程度，典型的直方图分布与规范相比较时的分布关系如图 13-5 所示。

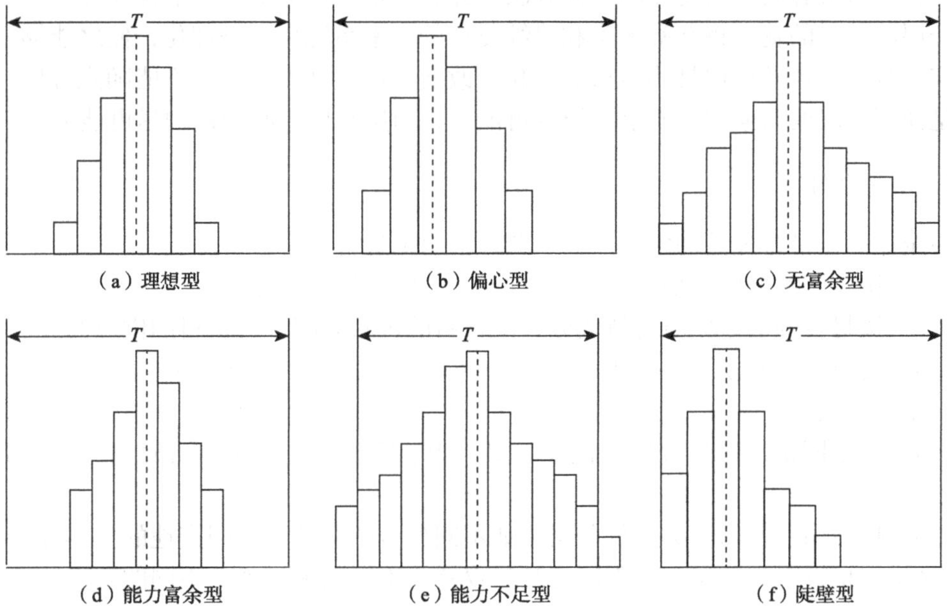


图13-5　与规范相比较时直方图的典型分布

相应的工序调整措施如下。

（1）理想型［图 13-5（a）］。图形对称分布，且两边有一定余量，是理想状态，此时应采取控制和监督办法。

（2）偏心型［图 13-5（b）］。调整分布中心 $X$，使分布中心 $X$ 与公差中心 $M$ 重合。

（3）无富余型［图 13-5（c）］。采取措施，减少标准偏差 $S$。

（4）能力富余型［图 13-5（d）］。已出现不合格品，应多方面采取措施，减少标准偏差 $S$ 或放宽过严的公差范围。

（5）能力不足型［图 13-5（e）］。已出现不合格品，应多方面采取措施，减少标准偏差 $S$ 或放宽过严的公差范围。

（6）陡壁型［图 13-5（f）］。已造成不合格品，应采取措施，使分布中心与公差中心重合。

### 13.2.4 分层法

1. 概念

在实际生产中，引发质量波动的原因往往很多，因而收集到的数据信息往往也异常复杂混乱，如果不把这些因素区别开来就难以得出变化的规律，为此必须对质量数据进行适当地整理，即分层。分层法又称为分类法，就是把相同条件下收集的数据，根据一定的目的和要求归纳在一起，按照性质、材料、生产方式等进行分类整理，以便进行比较分析，寻求最有效解决途径的一种方法。分层法是一种重要的质量管理方法。

分层法的目的就是将杂乱无章和错综复杂的因素系统化、条理化，使之能够反映客观事实。分层法通常根据具体需求的变化而改变，但应掌握要领，不能随意分层，大体原则是使同一层的数据在性质上差异尽可能小，而层与层之间的差别尽可能大。

2. 分层原则

在企业的质量管理活动中，一般按照以下原则进行分层。

（1）按生产线分层。如流水线型生产线、“U”形生产线等。

（2）按材料分层。如原材料成分、原材料的进料时间、原材料的供应商等。

（3）按操作人员分层。如熟练工人与非熟练工人、男性工人与女性工人、高学历工人与低学历工人等。

（4）按不同班次进行分层。比如，早、中、晚班次；正常上班时间与额外加班时间等。

（5）按使用设备的种类进行分层。如不同型号的机器、不同产地的机器等。

（6）按检查手段分层。如不同的测量仪器、不同的测量者、不同的测量地。

### 13.2.5 调查表

1. 概念

调查表又被称为检查表、核对表，是为了系统地收集数据，并按照可能的情况及分类预先设计的反映事物客观事实的统计图表。调查表是运用非常广泛的一种质量管理活动工具。

在使用调查表的时候，一般按照以下步骤进行应用。

（1）明确调查目的。

（2）明确为达到调查目的应收集哪些数据。

（3）明确收集资料及分析资料的人员。

（4）根据不同目的，设计使用不同类型的调查表。

（5）对所收集数据进行预检查，检验表格设计的合理性。

（6）必要时，可重新修改调查表格形式。

2. 分类

调查表的形式多种多样，应根据项目具体情况灵活运用。在现场质量管理中，常用的调查表有不合格品项目调查表、缺陷类别调查表、缺陷原因调查表、工序分布调查表、频数分布调查表等。表 13-3 是一个简单的某烟厂生产过滤嘴香烟产品外观缺陷类别调查表，从表中可以一目了然地看出出现的最多缺陷是划伤。

**表 13-3　过滤嘴香烟外观缺陷类别调查表**

名称：日期：

单位：××车间操作者：填表人：

| 项目 | 检查记录 | | | | 小计 |
|---|---|---|---|---|---|
| | Ⅰ | Ⅱ | Ⅲ | Ⅳ | |
| 划伤 | 正正 | 正 | 正 | 正一 | 26 |
| 裂口 | 正正 | | 一 | | 11 |
| 气泡 | 正正 | 一 | | 一 | 12 |
| 色差 | 正 | | 一 | | 6 |
| 杂质 | 一 | | | 一 | 2 |
| 总计 | 36 | 6 | 7 | 8 | 57 |

为了获得更好的效果，调查表的设计应该简洁明了、便于统计，并要考虑到资料与资料之间的相互关联。必要的时候，根据调查目的和数据类型，可自行设计需要的表格。

## 13.2.6　散布图

1. 概念

散布图又被称为相关图，是用来分析研究质量问题中某组成对的变量因素之间是否有相关性，从而控制影响产品质量相关因素的一种常用方法。

在实际生产中，大部分质量影响因素往往错综复杂的交织在一起，它们既相互联系也相互制约。这种成对的数据或许是“要因—特性”关系，如工艺过程对质量特性的影响；或许是“特性—特性”关系，如钢材的柔韧度与强度；“要因—要因”的关系，如影响某零件装配的零件的尺寸与光洁度之间的关系。通过将这些数据转变为图中的点，散布图能够一目了然地反映出两种数据的相关关系。

2. 绘制步骤

（1）确定研究对象。所确定的研究对象可以是质量特征值与质量影响因素，也可以是质量特征值与质量特征值，也可以是质量影响因素与质量影响因素。

（2）收集相关数据。数据容量不能太小，一般要求在 30 组以上，同时需记录所收集数据的日期、方法等相关事项。

（3）建立直角坐标系。一般横轴表示原因特性，纵轴表示结果特性；若分析对象是质量特性与质量影响因素，则用横轴表示质量影响因素，纵轴表示质量特性。建立的横、纵坐标的数值距离应保持基本相等。

（4）描点。根据所得数据在直角坐标系上标出相应点。

（5）检查。检查是否有错点、漏点，若有则及时改正。

3. 类型及其相关系数 $r$

根据上述步骤所做的散布图可以反映变量间关系的密切程度，具体内容见表 13-4。

**表 13-4 散布图**

| 图形 | $x$ 与 $y$ 的关系 |
|---|---|
| a.<br>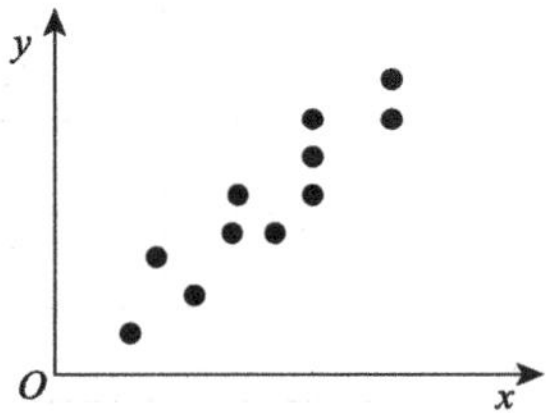 | 强正相关。$y$ 随 $x$ 的增大而增大，$y$ 随 $x$ 的减小而减小 |
| b.<br>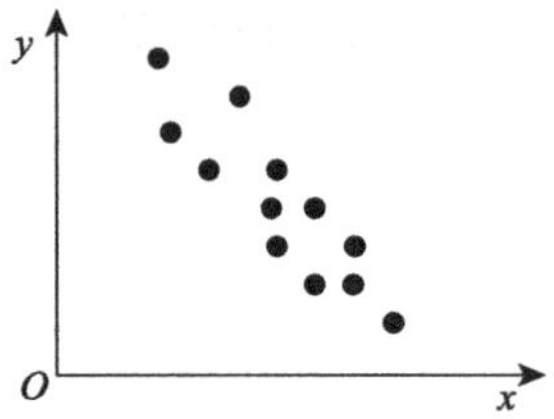 | 强负相关。$y$ 随 $x$ 的增大而减小，$y$ 随 $x$ 的减小而增大 |
| c.<br>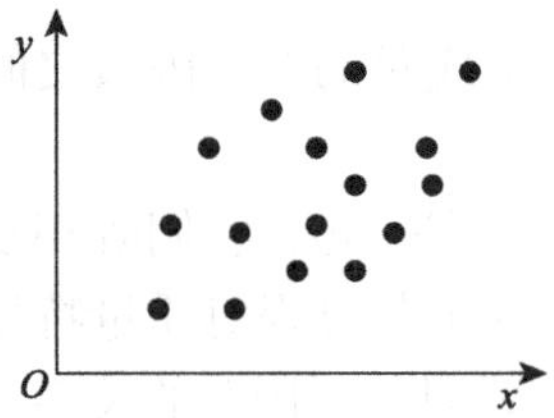 | 弱正相关。$y$ 随 $x$ 的增大而大致增大，$y$ 随 $x$ 的减小而大致减小 |

续表

| 图形 | $x$ 与 $y$ 的关系 |
|---|---|
| d. 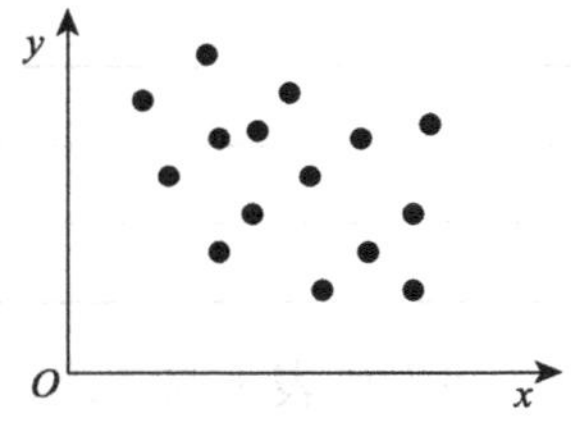 | 弱负相关。$y$ 随 $x$ 的增大而大致减小，$y$ 随 $x$ 的减小而大致增大 |
| e. 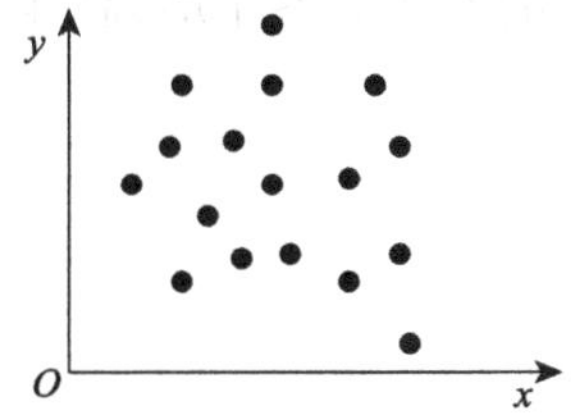 | 不相关。$y$ 与 $x$ 无任何关系 |
| f. 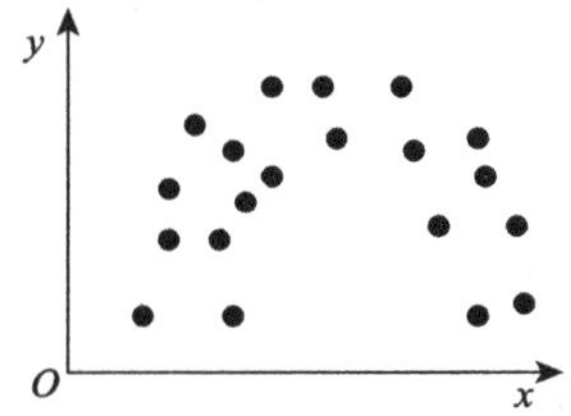 | $x$ 与 $y$ 不呈线性关系 |

为表示两个变量之间的相互关系的密切程度，通常我们用相关系数 $r$ 来量化这种关系，其计算公式为

$$r=\frac{\sum(x_i-\overline{x})(y_i-\overline{y})}{\sqrt{\sum(x_i-\overline{x})^2(y_i-\overline{y})^2}}$$

如果记

$$L_{xx}=\sum(x_i-\overline{x})^2=\sum x_i^2-\left(\sum x_i\right)^2/n$$

$$L_{yy}=\sum(y_i-\overline{y})^2=\sum y_i^2-\left(\sum y_i\right)^2/n$$

$$L_{xy}=\sum(x_i-\overline{x})(y_i-\overline{y})=\sum x_iy_i-\left(\sum x_i\right)\left(\sum y_i\right)/n$$

则

$$r=\frac{L_{xy}}{\sqrt{L_{xx}L_{yy}}}$$

$$L_{xy}=\sum x_iy_i-n\overline{x}\overline{y}$$

可根据 $r$ 的具体取值判断两个相关变量之间的关系（表 13-5）。

表 13-5 相关系数 $r$ 的取值

| $r$ 值 | 两变量之间的关系 |
|---|---|
| $r$=1 | 完全正相关 |
| 0<$r$<1 | 正相关（越接近 1 相关性越强；越接近 0 相关性越弱） |
| $r$=0 | 不相关 |
| −1<$r$<0 | 负相关（越接近−1 相关性越强；越接近 0 相关性越弱） |
| $r$=−1 | 完全负相关 |

值得注意：当 $r$ 的绝对值非常小，即非常接近 0 的时候，并不代表 $x$ 与 $y$ 之间不存在任何关系，因为 $x$ 与 $y$ 之间还有可能呈非线性关系。

除了相关系数外，还有很多用来判定两个变量之间关系的方法。鉴于篇幅所限，此处不做介绍，有相关方面兴趣的读者可自行查阅相关书籍。

## 13.2.7 控制图

控制图又称管理图，它是 1924 年由美国贝尔电话研究所休哈特博士所创立的。因此，又称休哈特控制图（简称控制图）。

控制图是生产过程质量的一种记录图形，如图 13-6 所示。

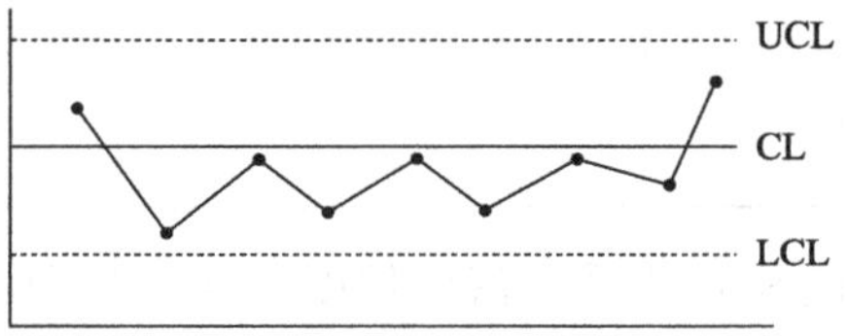


图13-6 控制图基本形式

图中中心线记为 CL（center line），上控制界限记为 UCL（upper control limit），下控制界限记为 LCL（lower control limit）。中心线是控制的统计量的平均值。上、下控制界限与中心线相距 3 倍标准偏差，它是用来区分质量波动究竟是偶然因素引起，还是系统因素引起的准则，从而判明生产过程是否处于控制状态。可见，控制图是能够提供系统因素存在的信息，便于查明系统因素和进一步采取对策的一种统计工具。

### 1. 控制图的控制界限

通常控制图根据 3σ 原则确定控制界限，如图 13-6 所示，$x$ 图的中心线和上、下控制界限如下。

中心线：$\mathrm{CL}=\mu\left(\text{或}\ \bar{x}\right)$。

上控制界限：$\mathrm{UCL}=\mu+3\sigma$。

下控制界限：$\mathrm{LCL}=\mu-3\sigma$。

2. 控制图的种类及用途

质量控制图数据有计量值与计数值之分，其中，计数值中又有计件值与计点值之分。因而，控制图分为计量值控制图、计数值控制图，计数值控制图又分为计点值控制图与计件值控制图。各类控制图有其特点和具体应用场合，分类具体内容见表 13-6。

**表 13-6　控制图的种类及用途**

| 控制图分类 | 控制图名称 | 代表符号 | 特点 | 适用范围 | 数据及分布 |
|---|---|---|---|---|---|
| 计量值控制图 | 平均值与极差控制图 | $\bar{x}-R$ | 最常用，判断过程是否正常效果好，但计算工作量较大 | 适用于产品批量较大，且稳定、正常的过程 | 计量值数据正态分布 |
| | 平均值与标准偏差控制图 | $\bar{x}-S$ | 比较常用，判断过程是否正常效果好，但计算工作量较大 | 适用于产品批量较大，且稳定、正常的过程 | 计量值数据正态分布 |
| | 中位数与极差控制图 | $\tilde{x}-R$ | 计算简便，但效果相对较差 | 适用于产品批量较大，且稳定、正常的过程 | 计量值数据正态分布 |
| | 单值与移动极差控制图 | $x-R_s$ | 简便省事，并能及时判断过程是否处于稳定状态，但是不易发现过程分布中心的变化 | 主要用于小批生产，检验费用高、产品加工周期长、短期不易取得大量数据，控制对象为连续体、均匀体或试验与检验破坏性的工序控制 | 计量值数据正态分布 |
| 计数值控制图 | 不良品数控制图 | $P_n$ | 较常用，计算简单，操作工人易于理解 | 样本数量 $n$ 相等的场合 | 计件值数据二项分布 |
| | 不良品率控制图 | $P$ | 计算量较大 | 关键件全检场合，样本数量可以不等 | 计件值数据二项分布 |
| | 缺陷数控制图 | $c$ | 较常用，计算简单，操作工人易于理解 | 样本数量 $n$ 相等的场合 | 计点值数据泊松分布 |
| | 单位缺陷数控制图 | $\mu$ | 计算量较大 | 全数检验，样本数量可以不等 | 计点值数据泊松分布 |

在工序控制中，利用控制图判断与区分工序质量的正常波动及异常波动，从而进行判断与分析的客观标准就是控制界限线。

## ➢本章小结

在进行质量管理活动时，往往需要用到一些简单有效且非常容易上手的方法及工具。这些简单的工具方法能够在解决质量管理实际问题中发挥重要作用，并且易于被广大一线员工接受使用。本章介绍了排列图、因果图、直方图、分层法、调查表、散布图、控制图等常用质量管理工具，帮助读者着重掌握质量管理老七种工具的概念、作用和应用。

## 思考题

1. 简述排列图的含义、绘制步骤和应用时的注意事项。
2. 简述因果图的含义、绘制步骤和应用时的注意事项。
3. 简述直方图的含义、作用和绘制步骤。
4. 简述分层法的含义和分层原则。
5. 简述调查表的含义和分类。
6. 简述散布图的含义和绘制步骤。
7. 简述控制图的含义和用途。

# 第14章 质量管理新七种工具

**学习目标**

1. 了解新七种工具的概念和应用范围。
2. 理解新七种工具的绘制步骤。
3. 掌握新七种工具的应用。

**导读**

“质量改进永无止境”是质量管理的基本信念，持续不断的质量改进是质量管理的基本特点。质量改进过程中各环节的工作，能使产品、服务质量不断提高，从而让企业不断地保持竞争优势。本章的任务是介绍质量管理与改进的新七种工具：关联图法、系统图（树图）法、矩阵图法、网络图法、PDPC 法、KJ 法、流程图法。这些方法不仅适用于质量改进阶段，而且适用于整个质量管理过程。

## 14.1 概　述

20 世纪 70 年代末 80 年代初，日本科学技术联盟的“质量管理研究会”，经过多年的研究和实践，提出了质量管理新七种工具，它们分别是：关联图法、系统图法、矩阵图法、网络图法、PDPC 法、KJ 法、流程图法（水野滋，1991）。

质量管理新七种工具是把统计方法和思考过程结合起来，充分体现全面质量管理“三全一多样”的思想。新七种工具把语言和数据等信息，用图表的形式表示出来，简洁明了。此外，通过使用这些工具，可以提高人们的思考能力，对问题进行深入、全面的分析研究，逐步接近问题的实质，以便找到解决问题的最佳方案。质量管理新七种工具主要用于质量计划的制订与实施、新产品开发或服务项目设计、质量保证、成本管理、环境或安全管理等方面。

# 14.2 新七种工具介绍

## 14.2.1 关联图

### 1. 概述

有大量的因果关系存在于影响质量的因素间，包括纵向关系和横向关系。纵向关系可以用因果分析法进行分析，但对于横向关系，因果分析法考虑不够充分，这时就应该使用关联图法。

关联图法又叫关系图法（relationship diagram），是指把客观存在的多方面问题与其主要原因的因果关系用箭头连接起来，作为找问题的核心及解决问题的方法。

关系图法不仅可用来解决各种企业管理问题及对社会现象进行分析，而且可应用在制订质量管理的计划、确定质量管理与质量保证方针、分析产生不合格品的原因、拟定生产过程质量改进措施、制定质量故障的对策等方面。

### 2. 关联图的绘制步骤

关联图法的使用非常简单，它首先把存在的问题和因素转化为短文或语言的形式，其次用圆圈或方框将它们圈起来，最后用箭头符号表示其因果关系，借此来进行决策、解决问题。绘制关联图一般有以下几个步骤。

（1）提出要达到的目的、需要解决的问题，以及与问题有关的各种因素。

（2）用确切的文字，对与问题有关的所有主要原因进行简明概要。

（3）把问题与原因之间、各主要原因之间、目标与手段之间的关系，用箭头符号做出逻辑上的连接（不是顺序关系，而是一种相互制约的逻辑关系。通常是由原因指向结果，目标指向手段）。

（4）根据图形，进行分析讨论，检查有无不够确切或遗漏之处，复核和认可上述各种因素之间的逻辑关系。

（5）进一步找出重点，确定从何处入手来解决问题，并拟订措施计划。

此外，在绘图时还应该注意，尽可能多地收集信息，集思广益，重视多方意见。

### 3. 关联图的应用范围与类型

关联图可用于解决单一目的型问题，也可用于多目的型问题。前者是要协调不同立场的人员所提出的各种意见，后者则涉及具有内在联系的多部门协作，在找出联系的同时，找出重点。关联图法在质量管理中，主要应用范围如下。

（1）推行全面质量管理工作、从何处入手、怎样深入。

（2）制定和实施质量保证的方针、目标。
（3）研究解决如何提高产品质量和减少不良品的措施。
（4）促进质量管理小组活动的深入开展。
（5）从大量的质量问题中，找出主要问题和重点项目。
（6）研究满足用户的质量、交货期、价格及减少索赔的要求和措施。
（7）研究、解决如何用工作质量来保证产品质量问题。

## 14.2.2 系统图法

### 1. 系统图的基本概念

系统图就是把达到目的所需的手段和方法按系统展开，然后利用系统图掌握问题的全貌，明确问题的重点，找到实现目的的最佳手段和方法。为了达到某种目的而选择某种手段，为了采取这种手段又必须考虑其下一水平的手段，这样，上一水平的手段对于下一水平的手段来说就成为目的。据此，可把达到某一目的所需的手段层层展开为图形，综览问题的全貌，明确问题的重点，合理地寻求达到预定目的的最佳手段或策略，如图 14-1 所示。

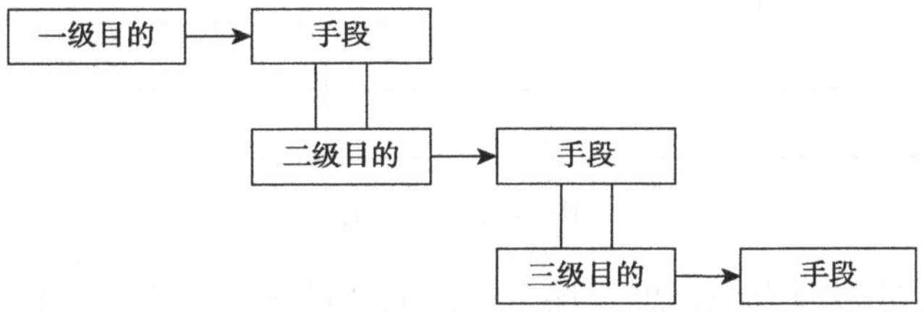


图14-1 系统图

所用的系统图大致有两类：一类是将问题的要素展开为“目的—手段”关系的“构成要素展开型”；另一类是将解决问题（目的）时所采取的手段和措施作系统展开的“措施展开型”。

### 2. 系统图的作图步骤

（1）确定目的或目标。最终目的要明确、具体化、数量化。若目标有约束条件，则也应一并标出。

（2）提出手段和措施。

（3）评价手段和措施，以决定取舍。对收集、罗列的各种手段进行初步评审、调查，确定其取舍。在取舍时，对离奇的设想要特别注意，不要草率否定，它一旦被证实或实现，往往在效果上是一个大的突破。

（4）手段措施卡片化。

（5）目的手段系统化。一般根据三个方面展开：①实现这个目的需要什么手段；

②把上一级手段看作目的，还需要什么手段；③采取了这些手段，目的是否能够达到。

（6）制订实施计划。即系统图中最末一级的手段（措施），必须逐项制订出实施计划，确定其具体内容、日程进度、责任者等。

## 14.2.3 矩阵图法

### 1. 矩阵图的基本概念

矩阵图法就是从作为问题的事件中，找出成对的因素，排列成矩阵图（图 14-2），然后根据矩阵图来分析问题，确定关键点的方法。

<table>
<tr><th colspan="2" rowspan="2">项目</th><th colspan="6">$A$</th></tr>
<tr><th>$A_1$</th><th>$A_2$</th><th>…</th><th>$A_i$</th><th>…</th><th>$A_n$</th></tr>
<tr><td rowspan="6">$B$</td><td>$B_1$</td><td></td><td></td><td></td><td></td><td></td><td></td></tr>
<tr><td>$B_2$</td><td></td><td></td><td></td><td></td><td></td><td></td></tr>
<tr><td>…</td><td></td><td></td><td></td><td></td><td></td><td></td></tr>
<tr><td>$B_j$</td><td></td><td></td><td></td><td></td><td></td><td></td></tr>
<tr><td>…</td><td></td><td></td><td></td><td></td><td></td><td></td></tr>
<tr><td>$B_n$</td><td></td><td></td><td></td><td></td><td></td><td></td></tr>
</table>

图14-2 矩阵图

矩阵图法是通过多因素综合思考探索解决问题的方法。在复杂的质量问题中，找出成对的质量因素，分别排列成行和列，交点处表示其关系程度，据此可以找出存在哪些问题和问题的形态，从而找到解决问题的思路。

### 2. 矩阵图的作图步骤

（1）列出质量因素。

（2）把成对因素排列成行和列，表示其对应关系。

（3）选择合适的矩阵图类型。

（4）在成对因素交点处表示其关系程度，一般凭经验进行定性判断，可分为三种即关系密切、较密切、一般（或可能有关系），并用不同符号表示。

（5）根据关系程度确定必须控制的重点因素。

（6）针对重点因素做对策表。

制作矩阵图的关键是将什么样的事项组合起来，以及应将哪些水平要素同所提出的事项相对应。应组合的事项需随问题的内容而定，不能一概而论。

如果做矩阵图所需对应的事件确定了，则可将每一事件的要素利用系统图展开，直到得出具有意义的末级水平的要素，然后将两事件的各要素对应起来，即可做出系统图与矩阵图结合使用的矩阵图，如图 14-3 所示。

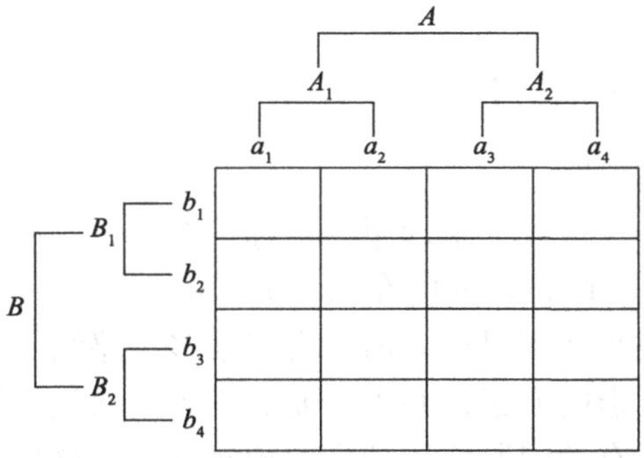


图14-3　系统图与矩阵图结合的矩阵图

## 14.2.4　网络图法

网络图法又称为矢线图法或箭条图法，是把计划评审法（program/project evaluation and review technique，PERT）和关键路线法（critical path method，CPM）用于质量管理，是用以制订质量管理日程计划、明确质量管理的关键和进行进度控制的方法。

## 14.2.5　PDPC 法

### 1. 基本概念

PDPC 法是指为了实现预定的质量目标，事先进行必要的计划或设计，预测可能出现的问题，分别确定每种情况下的对策和处理程序，以确定实现最佳结果的途径的方法。在过程进展中，如果出现意外的情况，也可用 PDPC 法迅速修整轨道，以达到理想结果。

### 2. PDPC 法的特征

1）全局性

PDPC 法能够从整体上掌握系统动态，并依此判断全局。

2）动态管理

PDPC 法是在运动的，而不像系统图是静止的。

3）可追踪性

PDPC 法很灵活，它既可以从出发点追踪到最后的结果，也可以从最后的结果追踪中间发生的原因。

4）预见性

PDPC 法能预测那些一般很少发生的重大事故，并在设计阶段预先考虑应对事故的措施。

3. PDPC 法的类型与应用范围

PDPC 法主要有两种类型。

一是顺向思维法，是指定好一个理想的目标，然后按顺序考虑实现目标的手段和方法（图 14-4）。这个目标可以是任何的东西，如大的工程、一项具体的革新、一个技术改造方案等。为了能够稳步达到目标，需要设想很多条路线。总而言之，无论怎样走，一定要走到目的地。但行走的方案，并不需要真正等到遇到问题以后才去解决，而应该事先就已经讨论过了，所有的问题应该预先都预测到了。这样的话，在计划的实施过程中，就不会害怕突发性的事故了。

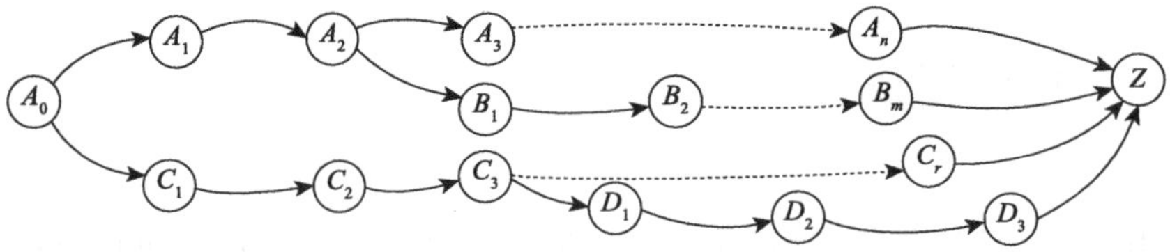


图14-4 顺向进行的PDPC法示意图

二是逆向思维法。当 $Z$ 为理想状态（或非理想状态）时，从 $Z$ 出发，逆向而上，从大量的观点中展开构思，使其和初始状态 $A_0$ 连接起来，详细研究其过程做出决策，这就是逆向思维法（图 14-5）。

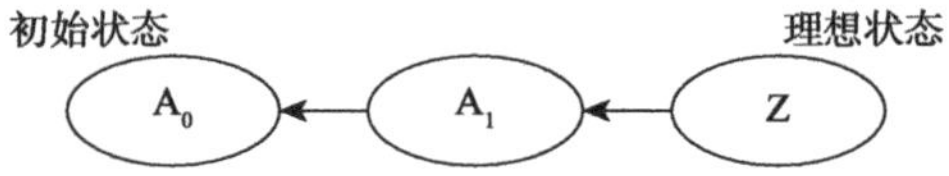


图14-5 逆向进行的PDPC法示意图

PDPC 法主要应用于以下几个方面。

（1）目标管理中实施项目的计划制订。

（2）对整个系统的重大事故的预测。

（3）过程中对于不良现象的防止及对策的制定。

（4）对工序控制措施的制定。

（5）对新产品、新技术的开发计划的制订。

实际上 PDPC 法的应用远不止这些。只要做事情，就可能有失败，如果能把可能失败的因素提前都找出来，制定出一系列的对策措施，就能够稳步地、轻松地到达目的地。

4. PDPC 法的应用思路与步骤

（1）根据有关信息提出问题和相应对策。在此，应根据已有资料预测各种可能遇到的问题，并准备好相应的对策，以提高达到目标的准确度。

（2）对于慢性质量问题，应随着时态的发展不断追加系列。如图 14-4 所示，若认为实现的难度大，则可考虑从这儿开始经由 $B_1, B_2, \cdots, B_m, B$ 系列达到 $Z$ 状态。如果上述两系列均行不通，尽管多花了一些费用，也要考虑采用 $C_1, C_2, \cdots, C_r$ 或 $C_1, C_2, C_3, D_1, D_2, \cdots, D_s$ 这两条途径来达到理想目标。

因此，在运用 PDPC 法时不仅要考虑一个手段系列，而且为了提高达到目标的明确度和可能性，有必要事先列出几个手段系列。当然随着事态的发展，还应根据所获得的信息追加系列，进而提高达到理想状态的可能性。

## 14.2.6　KJ 法

1. 概述

KJ 法（KJ method）又称为亲和图法，是由日本川喜二郎提出的，“KJ”二字取的是川喜（kawa ji）英文名字的第一个字母。它是指针对未来要解决的问题或未知领域的问题，搜集与之有关的事实、意见或设想的资料，并利用其相互间的“亲和性”做成归类合并图（A 型图解），从中找出应解决的问题或明确问题的形态的方法。

KJ 法不同于统计方法，统计方法强调一切用数据说话，而 KJ 法则主要靠事实说话，靠灵感发现新思想、解决新问题。KJ 法认为许多新思想、新理论，往往是灵机一动、突然发现的。但应指出，统计方法和 KJ 法的共同点，都是从事实出发，重视根据事实考虑问题（表 14-1）。

**表 14-1　KJ 法与统计方法比较表**

| 统计方法 | KJ 法 |
|---|---|
| ①假设查证型 | ①问题发现型 |
| ②现象数量化，收集数值性资料 | ②现象不需数量化，收集语言、文字、图像三类资料 |
| ③侧重分析和分层 | ③侧重综合，特别是不同质的综合 |
| ④用理论分析问题 | ④用感情归纳问题 |
| ⑤西方的思想方法 | ⑤具有创造性的思想方法 |

2. KJ 法的应用范围

KJ 法主要应用于以下几个方面。

（1）用于认识事物。收集、掌握处于不清楚状态的事实的实际资料，并从中理出其中的相互关系，例如，处理从未进入过的市场领域的问题。

（2）用于突破现状，提出新方案。固有观念有时会阻碍事物的进一步发展，所以需要突破现状，打破旧观念体系。然而，旧观念体系一旦破坏、崩溃，思路观念又会处于混乱状态，因而需要用 KJ 法重新确立思想，再次归纳使之系统化。

（3）促进协调，统一思想。把持有不同意见而能相互理解的人员组成计划小组，每个成员都为共同的目的提出自己的意见，然后把资料编成卡片，各自通过 KJ 法整理出自己的看法。

（4）有效贯彻方针。通过 KJ 法由上级到下级，再由下级反馈给上级，再修正，再向下，再反馈。应充分讨论、集思广益，从而将管理方针彻底贯彻下去。

3. KJ 法的作图步骤

1）确定课题

一般选择下述范围的题目来确定课题。

（1）澄清事实：事物表象处于杂乱无章的状态，希望进行系统整理，了解其规律性。

（2）形成构思：思想处于混乱状态，希望理出头绪，明确思路。

（3）变革现状：希望改变现状，摆脱成见束缚，建立新理论、新观念。

（4）创立体系：将已有的思想体系加以分解，创立新的体系。

（5）筹划组织：集合不同见解的成员，组成相互理解的小组，以便于解决问题。

（6）贯彻意图：通过倾听下级的意见，借以贯彻自己的意图和方针。

2）收集语言文字资料

一般有以下四种方法。

（1）直接观察法：亲自到现场观察了解。

（2）面谈阅读法：倾听别人意见，研究文献资料。

（3）个人思考法：可以采用备忘录式的记录方法，利用回忆和内心反省提出新的设想。

（4）头脑风暴法：通过集体讨论，进行智力激励。

3）语言资料卡片化

把收集到的语言资料，按内容逐个分类，并分别用独立的意义、确切的词汇和短语扼要地综合，制成卡片，真实地反映自然状态。

4）汇合卡片

将所有卡片汇合在一起，把内容相近的归为一类，并按顺序排列，进行编号。

5）做标题卡

同一类卡片放在一起，经编号后扎牢，作为一张卡片使用，把该类的本质内容用简单语言归纳出来，并记录在一张卡片上，称为标题卡。

6）作图

无法归类的卡片为“孤立”卡片，自成一组。把最终汇集好的卡片，按照比较容易寻找的相互位置进行展开排列，并按照既定的位置，把卡片粘到一张大纸板上，用适当的记号勾画其相互关系。

7）口头发表

一边看 A 型图解，一边按图内容进行讲解，说明卡片的内容和自己的理解。

8）写调查报告

一边看 A 型图解，一边构思结构内容，写成文章。事实要用是与否，解释要用我认为、似乎、好像等，以便区别。

KJ 法适用于横向协调较多、范围比较广泛的工作，如研究开发、质量保证、市场调查、推行全面质量管理、开展 QC 小组活动等。

### 14.2.7　流程图法

1. 流程图的基本概念

流程图就是将一个过程的步骤用图的形式表示出来的一种图示技术。通过对一个过程各步骤之间关系的研究，一般能发现故障问题存在的潜在原因，知道哪些环节可以进行质量改进。通常使用的图例如图 14-6 所示。

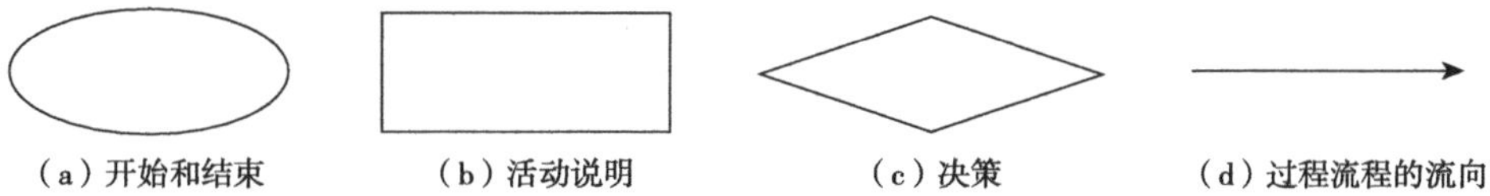


图14-6　流程图的图例

2. 流程图的作图步骤

（1）判别过程的开始和结束。
（2）观察或设想从开始到结束的整个过程。
（3）规定在该过程中的步骤（输入活动、判定、决定、输出）。
（4）画出表示该过程的一张流程图的草图。
（5）与该过程中所涉及的有关人员共同审核该草图。
（6）根据评审结果，改进流程图的草图。
（7）与实际过程比较，验证改进后的流程图。
（8）注明正式流程图的形成日期，以备将来使用和参考。

## ➢本章小结

全面质量管理是企业管理现代化的一种重要方法，也是一种高度科学性、系统性的质量管理手段。关联图法、系统图法、KJ 法、矩阵图法、PDPC 法、网络图法、流程图法等新七种工具都是从系统工程、价值工程和运筹学等科学中选出的，简单明了而又适用于全面质量管理的方法。这些方法主要用于计划管理和方针目标管理，能帮助管理人员理清思路、明确方针目标、安排时间进度等。随着全面质量管理的发展，新七种工具将在企业中得到更加普遍的应用。本章依次具体介绍了关联图法、系统图法、矩阵图法、网络图法、PDPC 法、KJ 法、流程图法等七种工具的含义、应用范围和绘制步骤。

## ➢思考题

1. 简述老七种工具与新七种工具的异同。
2. 简述关联图法的含义、应用范围和绘制步骤。

3. 简述系统图法的含义、应用范围和绘制步骤。
4. 简述矩阵图法的含义、应用范围和绘制步骤。
5. 简述 PDPC 法的含义、应用范围和绘制步骤。
6. 简述 KJ 法的含义、应用范围和绘制步骤。
7. 简述流程图法的含义和绘制步骤。
8. 举例说明新七种工具在实际中的应用。

# 参考文献


白宝光. 2012. 质量管理：理论与案例[M]. 北京：高等教育出版社.

陈国华，贝金兰. 2018. 质量管理[M].3 版.北京：北京大学出版社.

陈佳贵，冯虹. 2005.现代质量管理[M]. 北京：经济管理出版社.

陈俊芳. 2004. 质量管理学[M]. 北京：中国标准出版社.

陈俊芳. 2007. 质量改进与质量管理[M]. 北京：北京师范大学出版社.

陈运涛. 2008. 质量管理[M]. 北京：清华大学出版社;北京交通大学出版社.

戴明 W E. 2003. 戴明论质量管理[M]. 钟汉清，戴久永译. 海口：海南出版社.

方志耕，朱建军，陈洪转，等. 2015. 质量管理[M]. 北京：电子工业出版社.

福斯特 S T. 2006. 质量管理：集成的方法[M]. 何桢译. 北京：中国人民大学出版社.

龚晓明. 2004. 质量管理发展的回顾和新思考[M]. 北京：中国商务出版社.

龚益鸣. 2003. 现代质量管理学[M]. 北京：清华大学出版社.

龚益鸣. 2007. 现代质量管理学[M]. 北京：清华大学出版社.

龚益鸣，蔡乐仪，陈森. 2007. 质量管理学[M]. 上海：复旦大学出版社.

顾平. 2005. 现代质量管理学[M]. 北京：科学出版社.

郭庆华. 2017. 企业新版质量管理体系标准普及读本[M]. 北京：中国铁道出版社.

韩福荣. 2004. 现代质量管理学[M]. 北京：机械工业出版社.

韩可琦. 2008. 质量管理[M]. 北京：化学工业出版社.

胡铭. 2010. 现代质量管理学[M]. 武汉：武汉大学出版社.

焦叔斌，陈运涛. 2004. 质量管理学[M]. 武汉：武汉大学出版社.

坎帕内拉 J. 2004. 质量成本原理：原理、实施和应用[M]. 王鲜华译. 北京：机械工业出版社.

郎志正. 2003. 质量管理及其技术和方法[M]. 北京：中国标准出版社.

李钧. 2006. 质量管理学[M]. 上海：华东师范大学出版社.

李晓春，曾瑶. 2007.质量管理学[M]. 北京：北京邮电大学出版社.

梁工谦. 2010.质量管理学[M]. 北京：中国人民大学出版社.

梁文宾. 2007. 基于 QFD 与 TRIZ 的服务创新方法研究[D]. 天津：天津大学.

刘川明. 1992. 质量成本管理概论[M]. 北京：经济科学出版社.

刘广第. 2018. 质量管理学[M]. 3 版. 北京：清华大学出版社.

刘鸿恩，张列平. 2000.质量功能展开（QFD）理论与方法：研究进展综述[J]. 系统工程，(2)：1-6.

刘继民. 2002. 认识、理解、应用 ISO 9001：2000 质量管理体系标准[M]. 北京：中国标准出版社.

刘金兰. 2006. 顾客满意度与 ACSI[M]. 天津：天津大学出版社.

刘书庆，杨水利. 2003. 质量管理学[M]. 北京：机械工业出版社.
刘文卿. 2004. 六西格玛过程改进技术[M]. 北京：中国人民大学出版社.
刘宇. 2003. 顾客满意度测评[M]. 北京：社会科学文献出版社.
洛温塔尔 J N. 2004. 六西格玛项目管理[M] .郭锐译.北京：机械工业出版社.
马风才. 2009. 质量管理[M]. 北京：机械工业出版社.
马林，何桢. 2004. 六西格玛管理[M]. 北京：中国人民大学出版社.
潘迪 S P，纽曼 R P，卡瓦纳 R R. 2008.六西格玛管理法[M]. 北京：机械工业出版社.
亓四华. 2008. 六西格玛管理概论[M]. 合肥：中国科学技术大学出版社.
乔治，罗兰兹，卡斯特勒. 2004. 什么是精益六西格玛[M]. 郭锐，赵海峰译. 北京：电子工业出版社.
秦静，方志耕，关叶青. 2005. 质量管理学[M]. 北京：科学出版社.
秦现生. 2002. 质量管理学[M]. 北京：科学出版社：190-223.
上海质量管理科学研究院. 2006. 六西格玛核心教程：黑带读本[M]. 北京：中国标准出版社.
邵国湘. 2004. DCS 系统可靠性分析[J]. 发电设备，(S1)：106-109.
邵家骏. 2004. 质量功能展开[M]. 北京：机械工业出版社.
沈艳. 2005. 中国企业如何有效实施六西格玛质量革新战略[J]. 电子质量，(2)：39-41.
水野滋. 1991. 新 QC 七种工具[M]. 北京：机械工业出版社.
宋明顺. 2005. 质量管理学[M]. 北京：科学出版社.
宋明顺. 2012. 质量管理学[M]. 2 版. 北京：科学出版社.
苏秦. 2006. 质量管理与可靠性[M]. 北京：机械工业出版社.
苏秦. 2013. 现代质量管理学[M].2 版.北京：清华大学出版社.
孙骞. 2000. 企业推行 ISO9000 中的质量控制和质量改进[J]. 电子质量，(8)：41-44.
孙磊，崔有祥，隋丽辉，等. 2017. ISO9001：2015 质量管理体系标准理解与实施[M]. 北京：中国质检出版社.
孙文清. 2007. 供应链管理中最佳客户服务水平的研究[J]. 中国市场，(15)：88.
谭满红. 2012. ISO9000 族标准与全面质量管理（TQM）对比研究[J]. 商品与质量，(S1)：1-2.
汤万金，咸奎桐，郑兆红，等. 2009. 顾客满意测评理论与应用[M]. 北京：中国计量出版社.
唐家驹，刘书庆，程幼明. 2004. 质量管理学[M]. 北京：中国计量出版社.
唐晓芬. 2001. 顾客满意度测评[M]. 上海：上海科学技术出版社.
唐晓芬. 2002. 走进 WTO 后的质量管理[M]. 北京：中国标准出版社.
同淑荣. 2011. 质量管理学[M]. 北京：科学出版社.
温德成. 2003. 中小企业质量管理[M]. 北京：中国计量出版社.
温德成. 2009. 质量管理[M]. 北京：中国计量出版社.
温德成. 2014. 质量管理学[M]. 北京：机械工业出版社.
温德成. 2018. 质量管理学[M]. 北京：机械工业出版社.
温德成，张守真，刘永贵. 2004. 质量管理体系的有效性控制[M]. 北京：中国计量出版社.
温小云，师宇杰，牛忠霞. 2005. 系统可靠性模型综述[J]. 电子产品可靠性与环境试验，(3)：57-62.
吴嘉晟，郑大兴. 2004. 制造业六西格玛应用手册[M]. 北京：中国人民大学出版社.
熊伟. 2005. 质量机能展开[M]. 北京：化学工业出版社.

熊伟. 2009. 质量功能展开——从理论到实践[M]. 北京：科学出版社.
熊勇明，杨锴. 2007 质量功能展开在服务业中的应用研究[J]. 管理科学文摘，(1)：61-64.
许金钊，席宏卓. 1994. 产品质量控制[M]. 北京：机械工业出版社.
应可福. 2005. 质量管理[M]. 北京：机械工业出版社.
尤建新. 2003. 顾客抱怨管理[M]. 北京：石油工业出版社.
尤建新，杜学美，张建同. 2008. 质量管理学[M]. 2 版.北京：科学出版社.
尤建新，郭重庆. 2003. 质量成本管理[M]. 北京：石油工业出版社.
尤建新，周文泳，武小军，等. 2014. 质量管理学 [M]. 3 版.北京：科学出版社.
张公绪. 1992. 质量管理学[M]. 北京：高等教育出版社.
张公绪，孙静. 2003. 新编质量管理学[M]. 2 版. 北京：高等教育出版社.
张晓东. 2002. 从 QFD 的中文译名谈起[J]. 中国质量，(8)：40-42.
中华人民共和国国家质量监督检验检疫总局，中国国家标准化管理委员会. 2007. 合格评定 管理体系审核认证机构的要求（GB/T 27021-2007/ISO/IEC 17021:2006）[M]. 北京：中国标准出版社.
中华人民共和国国家质量监督检验检疫总局，中国国家标准化管理委员会. 2009. 质量管理体系 基础和术语（GB/T 19000-2008/ISO 9000:2005 代替 GB/T 19000-2000）[M]. 北京：中国标准出版社.
中华人民共和国国家质量监督检验检疫总局，中国国家标准化管理委员会. 2012. 质量管理体系 要求（GB/T 19001-2008/ISO 9001:2008）[M]. 北京：中国标准出版社.
中华人民共和国国家质量监督检验检疫总局、中国国家标准化管理委员会. 2007. 合格评定 管理体系审核认证机构的要求（GB/T 27021-2007/ISO/IEC 17021:2006）[M]. 北京：中国标准出版社.
中华人民共和国国家质量监督检验检疫总局、中国国家标准化管理委员会. 2009. 质量管理体系 质量计划指南（GB/T 19015-2008/ISO 10005:2005）[M]. 北京：中国标准出版社.
中华人民共和国国家质量监督检验检疫总局. 2003. 质量管理体系文件指南（GB/T 19023-2003/ISO/TR 10013:2001）[M]. 北京：中国标准出版社.
周纪芗，茆诗松. 1999. 质量管理统计方法[M]. 北京：中国统计出版社.
朱兰 J M. 2000. 朱兰论质量策划[M]. 杨文士，等译. 北京：清华大学出版社.
朱兰 J M. 2003. 朱兰质量手册[M]. 5 版. 焦叔斌译. 北京：中国人民大学出版社.

# 附录　不合格品百分数的计数标

| $P_0$/% \ $P_1$/% | 0.75 | 0.85 | 0.95 | 1.05 | 1.20 | 1.30 | 1.50 | 1.70 | 1.90 | 2.10 | 2.40 | 2.60 | 3.00 | 3.40 | 3.80 | 4.20 | 4.80 |
|---|---|---|---|---|---|---|---|---|---|---|---|---|---|---|---|---|---|
| 0.095 | 750.2 | 425.1 | 395.1 | 370.1 | 345.1 | 315.1 | 280.1 | 250.1 | 225.1 | 210.1 | 185.1 | 160.1 | 68.0 | 64.0 | 58.0 | 54.0 | 49.0 |
| 0.105 | 730.2 | 665.2 | 380.1 | 355.1 | 330.1 | 310.1 | 275.1 | 250.1 | 225.1 | 200.1 | 185.1 | 160.1 | 150.1 | 60.0 | 56.0 | 52.0 | 48.0 |
| 0.120 | 700.2 | 650.2 | 595.2 | 340.1 | 320.1 | 295.1 | 275.1 | 245.1 | 220.1 | 200.1 | 180.1 | 160.1 | 150.1 | 130.1 | 54.0 | 50.0 | 46.0 |
| 0.130 | 930.3 | 625.2 | 580.2 | 535.2 | 305.1 | 285.1 | 260.1 | 240.1 | 220.1 | 200.1 | 180.1 | 160.1 | 150.1 | 130.1 | 115.1 | 48.0 | 45.0 |
| 0.150 | 900.3 | 820.3 | 545.2 | 520.2 | 475.2 | 270.1 | 250.1 | 230.1 | 215.1 | 195.1 | 175.1 | 160.1 | 140.1 | 130.1 | 115.1 | 100.1 | 43.0 |
| 0.170 | 1105.4 | 795.3 | 740.3 | 495.2 | 470.2 | 430.2 | 240.1 | 220.1 | 205.1 | 190.1 | 175.1 | 160.1 | 140.1 | 125.1 | 115.1 | 100.1 | 92.1 |
| 0.190 | 1295.5 | 980.4 | 710.3 | 665.3 | 440.2 | 415.2 | 370.2 | 210.1 | 200.1 | 185.1 | 170.1 | 155.1 | 140.1 | 125.1 | 115.1 | 100.1 | 92.1 |
| 0.210 | 1445.6 | 1135.5 | 875.4 | 635.3 | 595.3 | 395.2 | 365.2 | 330.2 | 190.1 | 175.1 | 165.1 | 155.1 | 140.1 | 125.1 | 115.1 | 100.1 | 92.1 |
| 0.240 | 1620.7 | 1305.6 | 1015.5 | 785.4 | 570.3 | 525.3 | 350.2 | 325.2 | 300.3 | 170.1 | 160.1 | 145.1 | 135.1 | 125.1 | 115.1 | 100.1 | 90.1 |
| 0.260 | 1750.8 | 1435.7 | 1165.6 | 910.5 | 705.4 | 510.3 | 465.3 | 310.2 | 290.2 | 265.2 | 150.1 | 140.1 | 130.1 | 120.1 | 110.1 | 100.1 | 90.1 |
| 0.300 | 2055.10 | 1545.8 | 1275.7 | 1025.5 | 810.5 | 625.4 | 450.3 | 410.3 | 275.2 | 260.2 | 240.2 | 135.1 | 125.1 | 115.1 | 110.1 | 98.1 | 88.1 |
| 0.340 |  | 1820.10 | 1385.8 | 1145.7 | 920.6 | 725.5 | 555.4 | 400.3 | 365.3 | 250.2 | 230.2 | 210.2 | 120.1 | 110.1 | 105.1 | 96.1 | 86.1 |
| 0.380 |  |  | 1630.10 | 1235.8 | 1025.7 | 820.6 | 640.5 | 490.4 | 355.3 | 330.3 | 220.2 | 205.2 | 190.2 | 110.1 | 100.1 | 92.1 | 86.1 |
| 0.420 |  |  |  | 1450.10 | 1100.8 | 910.7 | 725.6 | 565.5 | 440.4 | 315.3 | 295.3 | 195.2 | 180.2 | 165.2 | 95.1 | 88.1 | 82.1 |
| 0.480 |  |  |  |  | 1300.10 | 985.8 | 810.7 | 545.5 | 505.5 | 390.4 | 285.3 | 260.3 | 175.2 | 165.2 | 150.2 | 84.1 | 80.1 |
| 0.530 |  |  |  |  |  | 1165.10 | 875.8 | 715.7 | 495.5 | 454.5 | 350.4 | 255.3 | 230.3 | 155.2 | 145.2 | 135.2 | 76.1 |
| 0.600 |  |  |  |  |  |  | 1035.10 | 770.8 | 640.7 | 435.5 | 405.5 | 310.4 | 225.3 | 205.3 | 140.2 | 125.2 | 115.2 |
| 0.670 |  |  |  |  |  |  |  | 910.10 | 690.8 | 570.7 | 390.5 | 360.5 | 275.4 | 200.3 | 185.3 | 125.2 | 115.2 |
| 0.750 |  |  |  |  |  |  |  |  | 815.10 | 620.8 | 510.7 | 350.5 | 320.5 | 250.4 | 180.3 | 165.3 | 110.2 |
| 0.850 |  |  |  |  |  |  |  |  |  | 725.10 | 550.8 | 455.7 | 310.5 | 285.5 | 220.4 | 160.3 | 146.3 |
| 0.950 |  |  |  |  |  |  |  |  |  |  | 650.10 | 490.8 | 405.7 | 275.5 | 255.5 | 195.4 | 140.3 |
| 1.05 |  |  |  |  |  |  |  |  |  |  |  | 580.10 | 435.8 | 360.7 | 245.5 | 225.5 | 175.4 |
| 1.20 |  |  |  |  |  |  |  |  |  |  |  | 715.13 | 515.10 | 390.8 | 280.6 | 220.5 | 165.4 |
| 1.30 |  |  |  |  |  |  |  |  |  |  |  |  | 635.13 | 465.10 | 350.8 | 250.6 | 195.5 |

# 准型一次抽样检验程序及抽样表

| 5.30 | 6.00 | 6.70 | 7.50 | 8.50 | 9.50 | 10.5 | 12.0 | 13.0 | 15.0 | 17.0 | 19.0 | 21.0 | 24.0 | 26.0 | 30.0 | 34.0 | $P_1$/% \ $P_0$/% |
|---|---|---|---|---|---|---|---|---|---|---|---|---|---|---|---|---|---|
| 45.0 | 41.0 | 37.0 | 33.0 | 30.0 | 27.0 | 24.0 | 22.0 | 19.0 | 17.0 | 15.0 | 13.0 | 11.0 | 10.0 | 9.0 | 8.0 | 7.0 | 0.091 ~ 0.100 |
| 44.0 | 40.0 | 37.0 | 33.0 | 29.0 | 27.0 | 24.0 | 21.0 | 19.0 | 17.0 | 15.0 | 13.0 | 11.0 | 10.0 | 9.0 | 7.0 | 7.0 | 0.101 ~ 0.112 |
| 43.0 | 39.0 | 36.0 | 33.0 | 29.0 | 26.0 | 24.0 | 21.0 | 19.0 | 17.0 | 15.0 | 13.0 | 11.0 | 10.0 | 9.0 | 7.0 | 7.0 | 0.113 ~ 0.125 |
| 41.0 | 38.0 | 35.0 | 32.0 | 29.0 | 26.0 | 23.0 | 21.0 | 19.0 | 17.0 | 15.0 | 13.0 | 11.0 | 10.0 | 9.0 | 7.0 | 6.0 | 0.126 ~ 0.140 |
| 40.0 | 37.0 | 33.0 | 31.0 | 28.0 | 26.0 | 23.0 | 21.0 | 19.0 | 16.0 | 15.0 | 13.0 | 11.0 | 10.0 | 9.0 | 7.0 | 6.0 | 0.141 ~ 0.150 |
| 38.0 | 35.0 | 33.0 | 30.0 | 27.0 | 25.0 | 23.0 | 21.0 | 18.0 | 16.0 | 15.0 | 13.0 | 11.0 | 10.0 | 9.0 | 7.0 | 6.0 | 0.161 ~ 0.180 |
| 82.1 | 34.0 | 31.0 | 29.0 | 25.0 | 24.0 | 22.0 | 21.0 | 18.0 | 16.0 | 14.0 | 13.0 | 11.0 | 10.0 | 9.0 | 7.0 | 6.0 | 0.181 ~ 0.200 |
| 82.1 | 72.1 | 30.0 | 28.0 | 25.0 | 23.0 | 22.0 | 20.0 | 18.0 | 16.0 | 14.0 | 13.0 | 11.0 | 10.0 | 9.0 | 7.0 | 6.0 | 0.201 ~ 0.224 |
| 82.1 | 72.1 | 64.1 | 27.0 | 25.0 | 23.0 | 21.0 | 19.0 | 18.0 | 16.0 | 14.0 | 12.0 | 11.0 | 10.0 | 9.0 | 7.0 | 6.0 | 0.225 ~ 0.250 |
| 80.1 | 72.1 | 64.1 | 56.1 | 24.0 | 22.0 | 20.0 | 19.0 | 17.0 | 16.0 | 14.0 | 12.0 | 11.0 | 10.0 | 9.0 | 7.0 | 6.0 | 0.251 ~ 0.280 |
| 80.1 | 70.1 | 64.1 | 56.1 | 50.1 | 21.0 | 19.0 | 18.0 | 17.0 | 15.0 | 14.0 | 12.0 | 11.0 | 10.0 | 9.0 | 7.0 | 6.0 | 0.281 ~ 0.315 |
| 80.1 | 70.1 | 62.1 | 56.1 | 50.1 | 45.1 | 19.0 | 17.0 | 16.0 | 15.0 | 13.0 | 12.0 | 11.0 | 10.0 | 9.0 | 7.0 | 6.0 | 0.316 ~ 0.355 |
| 78.1 | 70.1 | 62.1 | 56.1 | 50.1 | 45.1 | 40.1 | 17.0 | 15.0 | 14.0 | 13.0 | 12.0 | 11.0 | 10.0 | 9.0 | 7.0 | 6.0 | 0.356 ~ 0.400 |
| 76.1 | 68.1 | 62.1 | 56.1 | 49.1 | 45.1 | 40.1 | 35.1 | 15.0 | 14.0 | 12.0 | 11.0 | 10.0 | 9.0 | 8.0 | 7.0 | 6.0 | 0.401 ~ 0.450 |
| 74.1 | 68.1 | 62.1 | 56.1 | 49.1 | 44.1 | 40.1 | 35.1 | 31.1 | 13.0 | 12.0 | 11.0 | 10.0 | 9.0 | 8.0 | 7.0 | 6.0 | 0.451 ~ 0.500 |
| 70.1 | 64.1 | 60.1 | 54.1 | 49.1 | 44.1 | 39.1 | 35.1 | 31.1 | 28.1 | 11.0 | 11.0 | 10.0 | 9.0 | 8.0 | 7.0 | 6.0 | 0.501 ~ 0.560 |
| 68.1 | 62.1 | 58.1 | 54.1 | 48.1 | 44.1 | 39.1 | 35.1 | 31.1 | 27.1 | 24.1 | 10.0 | 9.0 | 9.0 | 8.0 | 7.0 | 6.0 | 0.551 ~ 0.630 |
| 105.2 | 59.1 | 56.1 | 52.1 | 47.1 | 43.1 | 39.1 | 35.1 | 31.1 | 27.1 | 24.1 | 21.1 | 9.0 | 8.0 | 8.0 | 7.0 | 6.0 | 0.631 ~ 0.710 |
| 105.2 | 94.2 | 54.1 | 49.1 | 46.1 | 42.1 | 38.1 | 35.1 | 31.1 | 27.1 | 24.1 | 21.1 | 19.1 | 8.0 | 7.0 | 7.0 | 6.0 | 0.711 ~ 0.800 |
| 100.2 | 90.2 | 84.2 | 47.1 | 44.1 | 40.1 | 38.1 | 34.1 | 31.1 | 27.1 | 24.1 | 21.1 | 19.1 | 17.1 | 7.0 | 7.0 | 6.0 | 0.801 ~ 0.900 |
| 130.3 | 86.2 | 82.2 | 74.2 | 42.1 | 39.1 | 36.1 | 34.1 | 30.1 | 27.1 | 24.1 | 21.1 | 19.1 | 17.1 | 15.1 | 6.0 | 6.0 | 0.901 ~ 1.00 |
| 125.3 | 115.3 | 78.2 | 72.2 | 64.2 | 37.1 | 35.1 | 32.1 | 30.1 | 27.1 | 23.1 | 21.1 | 19.1 | 17.1 | 15.1 | 6.0 | 6.0 | 1.01 ~ 1.12 |
| 155.4 | 115.3 | 105.3 | 70.2 | 64.2 | 58.2 | 33.1 | 31.1 | 29.1 | 26.1 | 23.1 | 21.1 | 18.1 | 17.1 | 15.1 | 6.0 | 6.0 | 1.13 ~ 1.25 |
| 150.4 | 135.4 | 100.3 | 66.2 | 62.2 | 58.2 | 52.2 | 30.1 | 28.1 | 25.1 | 23.1 | 21.1 | 18.1 | 16.1 | 15.1 | 13.1 | 5.0 | 1.26 ~ 1.40 |

续表

| | | | | | | | | | | | | | | | | | |
|---|---|---|---|---|---|---|---|---|---|---|---|---|---|---|---|---|---|
| 1.50 | | | | | | | | | | | | | 825.18 | 565.13 | 410.10 | 310.8 | 220.6 |
| 1.70 | | | | | | | | | | | | | | 745.18 | 505.13 | 360.10 | 275.8 |
| 1.90 | | | | | | | | | | | | | | | 660.18 | 445.13 | 325.10 |
| 2.10 | | | | | | | | | | | | | | | | 585.18 | 400.13 |
| 2.40 | | | | | | | | | | | | | | | | | 520.18 |
| 2.60 | | | | | | | | | | | | | | | | | |
| 3.00 | | | | | | | | | | | | | | | | | |
| 3.40 | | | | | | | | | | | | | | | | | |
| 3.80 | | | | | | | | | | | | | | | | | |
| 4.20 | | | | | | | | | | | | | | | | | |
| 4.80 | | | | | | | | | | | | | | | | | |
| 5.30 | | | | | | | | | | | | | | | | | |
| 6.00 | | | | | | | | | | | | | | | | | |
| 6.70 | | | | | | | | | | | | | | | | | |
| 7.50 | | | | | | | | | | | | | | | | | |
| 8.50 | | | | | | | | | | | | | | | | | |
| 9.50 | | | | | | | | | | | | | | | | | |
| 10.50 | | | | | | | | | | | | | | | | | |
| $P_0$/% / $P_1$/% | 0.71 ~ 0.80 | 0.81 ~ 0.90 | 0.91 ~ 1.00 | 1.01 ~ 1.12 | 1.13 ~ 1.25 | 1.26 ~ 1.40 | 1.41 ~ 1.60 | 1.61 ~ 1.80 | 1.81 ~ 2.00 | 2.01 ~ 2.24 | 2.25 ~ 2.50 | 2.51 ~ 2.80 | 2.81 ~ 3.15 | 3.16 ~ 3.55 | 3.56 ~ 4.00 | 4.01 ~ 4.50 | 4.51 ~ 5.00 |

续表

| | | | | | | | | | | | | | | | | | |
|---|---|---|---|---|---|---|---|---|---|---|---|---|---|---|---|---|---|
| 175.5 | 130.4 | 120.4 | 90.3 | 58.2 | 54.2 | 50.2 | 47.1 | 26.1 | 24.1 | 22.1 | 20.1 | 18.1 | 16.1 | 14.1 | 13.1 | 5.0 | 1.41 ~ 1.60 |
| 195.5 | 155.5 | 115.4 | 110.4 | 78.3 | 52.2 | 49.2 | 45.2 | 41.2 | 23.1 | 21.1 | 20.1 | 18.1 | 16.1 | 14.1 | 13.1 | 11.1 | 1.61 ~ 1.80 |
| 245.8 | 175.6 | 140.5 | 105.4 | 95.4 | 73.0 | 47.2 | 44.2 | 41.2 | 35.2 | 21.1 | 19.1 | 18.1 | 16.1 | 14.1 | 13.1 | 11.1 | 1.81 ~ 2.00 |
| 290.10 | 200.8 | 155.6 | 125.5 | 95.4 | 86.4 | 62.3 | 42.2 | 39.2 | 36.2 | 32.2 | 18.1 | 17.1 | 16.1 | 14.1 | 13.1 | 11.1 | 2.01 ~ 2.24 |
| 360.13 | 260.10 | 195.8 | 140.6 | 110.5 | 84.4 | 76.4 | 56.3 | 37.2 | 34.2 | 31.2 | 28.2 | 16.1 | 15.1 | 14.1 | 12.1 | 11.1 | 2.25 ~ 2.50 |
| 470.18 | 320.13 | 230.10 | 175.8 | 125.6 | 100.5 | 74.4 | 54.3 | 50.3 | 33.2 | 30.2 | 28.2 | 25.2 | 15.1 | 13.1 | 12.1 | 11.1 | 2.51 ~ 2.80 |
| | 415.18 | 280.13 | 205.10 | 155.8 | 110.6 | 86.5 | 66.4 | 48.3 | 44.3 | 29.2 | 27.2 | 25.2 | 22.2 | 13.1 | 12.1 | 11.1 | 2.81 ~ 3.15 |
| | | 350.17 | 250.13 | 180.10 | 140.8 | 100.6 | 78.5 | 60.4 | 42.3 | 39.3 | 26.2 | 24.2 | 22.2 | 20.2 | 11.1 | 10.1 | 3.16 ~ 3.55 |
| | | | 310.17 | 225.13 | 165.10 | 125.8 | 90.6 | 70.5 | 52.4 | 37.3 | 35.3 | 23.2 | 21.2 | 20.2 | 17.2 | 10.1 | 3.56 ~ 4.00 |
| | | | | 275.17 | 200.13 | 145.10 | 110.8 | 78.6 | 62.5 | 46.4 | 33.3 | 31.3 | 20.2 | 19.2 | 17.2 | 10.1 | 4.01 ~ 4.50 |
| | | | | | 245.17 | 180.13 | 130.10 | 100.3 | 70.5 | 54.5 | 41.4 | 30.3 | 28.3 | 18.2 | 17.2 | 15.2 | 4.15 ~ 5.00 |
| | | | | | | 220.17 | 160.13 | 115.10 | 86.8 | 62.5 | 48.5 | 37.4 | 27.3 | 25.3 | 16.2 | 15.2 | 5.01 ~ 5.60 |
| | | | | | | | 195.17 | 140.13 | 100.10 | 68.7 | 54.6 | 43.5 | 33.4 | 23.3 | 22.3 | 14.2 | 5.61 ~ 6.30 |
| | | | | | | | | 175.17 | 120.12 | 82.9 | 60.7 | 48.6 | 38.5 | 29.4 | 21.3 | 14.2 | 6.31 ~ 7.10 |
| | | | | | | | | | 150.16 | 105.12 | 74.9 | 54.7 | 44.6 | 34.5 | 25.4 | 18.3 | 7.11 ~ 8.00 |
| | | | | | | | | | | 130.16 | 90.12 | 66.9 | 48.7 | 39.6 | 30.5 | 23.4 | 8.01 ~ 9.00 |
| | | | | | | | | | | | 115.16 | 82.12 | 58.9 | 43.7 | 34.6 | 27.5 | 9.01 ~ 10.0 |
| | | | | | | | | | | | | 105.16 | 74.12 | 52.9 | 38.7 | 26.5 | 10.1 ~ 11.2 |
| 5.01 ~ 5.60 | 5.61 ~ 6.30 | 6.31 ~ 7.10 | 7.11 ~ 8.00 | 8.01 ~ 9.00 | 9.01 ~ 10.0 | 10.1 ~ 11.2 | 11.3 ~ 12.5 | 12.6 ~ 14.0 | 14.1 ~ 16.0 | 16.1 ~ 18.0 | 18.1 ~ 20.0 | 20.1 ~ 22.4 | 22.5 ~ 25.0 | 25.1 ~ 28.0 | 28.1 ~ 31.5 | 31.5 ~ 35.5 | $P_0$/% $P_1$/% |